KB084511

Digital Teaching Platforms

스마트 교육을 위한
디지털 티칭 플랫폼

Digital Teaching Platforms

스마트 교육을 위한 디지털 티칭 플랫폼

Chris Dede, John Richards 편저

송기상 · 채창환 · 김순화 옮김

아카데미프레스

디지털 티칭 플랫폼을 번역하면서

IBM이 연례적으로 발표해 온 'IBM 5 in 5'의 2013년 말의 8차 보고서에서는 앞으로 5년 안에 인류의 삶을 바꿀 다섯 가지 혁신 기술 가운데 한 가지로 '교실이 학생을 학습한다(classroom learns students)'라는 주제를 선정하였다. '교실이 학생을 학습한다'는 제목을 통하여 IBM이 제시하고 있는 미래상은 모든 커리큘럼을 각 개인에게 맞춤형으로 제공하게 되는 교실을 전망하고자 한 것이다. 즉, 향후 5년 내에 교실은 이러닝 플랫폼에서 학생의 시험 성적, 출석 상황, 행동 데이터를 활용해 각 학생에 관한 것을 파악하게 될 것이며 이를 활용하여 수집된 개인의 데이터 분석을 통해, 어떤 학생이 실패할 위기에 처해 있는지, 그들의 이탈 요인은 무엇인지 등을 교사가 파악하게 될 것으로 보고 있다. 이 같은 개인 맞춤형 교육 시스템은 단지 미래에 이루어질 것으로만 소개한 것이 아니라, 이미 미국에서 14번째로 큰 교육구인 조지아 주 퀴넷 카운티 공립학교들과 여기에 소속된 17만 명 학생 각자의 성적을 향상시키기 위한 프로젝트를 추진하면서 실험되고 있다고 하였다.

2013년의 IBM의 '5 in 5' 비전 제시는 지금까지 정보기기나 테크놀러지를 교육에 적용하고자 시도해 온 50여 년간의 노력과는 또 다른 매우 독특한 새로운 기술의 이용 시대가 오고 있음을 보여준다. 즉, 컴퓨터로 대별되는 '기술을 이용한 학습'에서는 컴퓨터를 튜터로 보는 관점이 지배적이었다. 그리하여 CAI나 WBI, CBT 또는 지능형 교수 시스템에서와 같이 컴퓨터를 통하여 제공되는 콘텐츠를 학습하는 학습자의 상태를 파악하여 적절한 피드백을 제공하게 하고 콘텐츠와 상호작용하게 하여 컴퓨터가 교사의 역할을 할 수 있도록 하는 체제를 발전시켜 왔다. 이 수업체제는 상호작용의 한계와 기계가 제시할 수 있는 피드백의 제한으로 인하여 인간 교사를 대체할 수 없음은 물론이고 학습 동기나 수업의 지속성 면에서 많은 한계를 노출하고 있다.

이러닝에서 채용하고 있는 콘텐츠를 기반으로 하는 전통적인 테크놀러지 기반 수업 방법과 달리 IBM이 주창하고 있는 방법은 '교실이 학생을 학습한다'라는 말에서 의미하듯이 학습자에 관한 사항을 컴퓨터가 파악하고 그 내용을 교사에게 전달하여 인간 교사가 적절한 교수 활동을 수행할 수 있도록 오히려 인간 교사의 교실 수업 능력을 더 신장시키는 체제를 의미한다. 이는 지난 50여 년간 컴퓨터를 인간 교사화시키는 접근에서 컴퓨터를 이용하여 인간 교사의 교수 능력을 강화시키는 체제로의 전환을 통한 개인 맞춤형 수업을 학습자들에게 제공하겠다는 것이므로, 근본적인 패러다임이 변화된 것을 의미한다. 이는 곧 컴퓨터를 중심으로 교수 학습을 보던 기술 중심주의적인 관점에서 교사의 교수 능력 강화 중심으로 교수 학습을 바라보는 인간 중심 모델로의 전환을 의미하는 매우 중요한 변화이다.

한 사람의 교사가 교실에서 수십 명을 대상으로 수업을 진행할 때, 진도에 따른 학생들의 반응을 파악하는 데는 한계가 있을 수밖에 없다. 이 같은 교실 수업 환경에서 학생 개개인의 학습 진도에 맞추어 수업을 진행하기 위한 교사의 능력을 키우기 위하여서는 개별 학생의 이해나 어려운 점 등을 파악하여 교사에게 제공해 주는 체제가 필요하게 된다. 이러한 체제는 지금까지 개발되어 온 LMS를 활용하여 다양한 방법으로 구현될 수 있을 것이다.

이 책에서는 이 같은 교사의 교수 능력을 강화시켜 줄 수 있는 수업 체제를 가능하게 하면서도 학습자 개개인의 학습 속도에 맞추어 개별화 수업이 가능하게 하는 이스라엘 타임투노우(Time to Know) 사의 디지털 티칭 플랫폼(Digital Teaching Platform: DTP)을 소개하고자 한다. DTP는 아직 그 개념이 완성된 것이 아니지만 학습자들이 주어진 과제를 수행하는 과정을 컴퓨터가 관찰하여 학습자가 처한 강점과 약점을 교사에게 리포트하여 교사가 수업에 활용할 수 있도록 한다는 점에서는 일치를 보고 있다. 이에 이 책은 컴퓨터를 활용하여 교수에 적용하고자 연구해 왔던 다양한 연구자들의 연구 경험에 기초하여 이스라엘 타임투노우 사의 DTP의 의미를 고찰한 것이다.

이 책은 하버드 대학의 'Technology, Education-Connections'라는 주제의 TEC 시리즈의 일환으로 이루어진 심포지움에서 2010년에 발표된 컴퓨터를 교육에 접목시키고자 연구해 온 주요 연구자들의 연구 논문을 책으로 엮은 것이다. 연구자 중에는 Becky Bordelon, Jere Confrey, Michele Bennett Decoteauis, Arthur Graesser, Thomas Greaves, Cristina L. Heffernan, Neil T. Heffernan, Stephen J. Hegedus, Marcia C. Linn, Alan Maloney, Danielle McNamara, Matthew Militello, Saul Rockman, Jeremy Roschelle, Michael Russell, Brianna Scott, Joseph Walters, Dovi Weiss 등이 포함되어 있다. 이 가운데 미국 멤피스 대학의 Arthur Graesser 박사는 Auto Tutor라는 인간을 닮은 대화형 상호작용적 교수 시스템 개발의 선구자로 역자가 방문연구 교수로 함께 일했던 경험이 있기도 하다. 논문 기여자들은 각기 자기 연구 분야를 지닌 연구자들이 DTP를 전망한 것이므로 문체나 기술하는 형식이 다양하다는 것을 유의할 필요가 있겠다.

1장에서는 전체적으로 DTP를 전망하면서 DTP를 정의하는 세 가지 특징들을 기술하고 있다. 첫째, DTP는 교사와 학생 모두를 위한 상호작용적 인터페이스를 포함하는 완전히 네트워크화된 디지털 환경을 필요로 한다. 이 환경에서 교사들은 수업을 준비하고 학생들에게 실시하며 학생들이 제출하는 작업을 관리하기 위해 주어진 디지털 환경의 관리 도구들을 사용한다. 둘째, DTP는 교수와 학습을 위한 교과과정 콘텐트와 평가를 디지털 방식으로 제공한다. 셋째, DTP는 교실에서 실시간적으로 교사 주도의 상호작용을 지원한다. 이 같은 교실 환경은 결국 21세기 교실에서 갖추어져야 할 상호작용 디지털 환경, 교사 관리 도구들, 학생 도구들, 교육과정 저작 도구들, 교과과정 콘텐트, 평가 콘텐트, 교실 지원, 그리고 교육적 지원과 같은 내용을 필요로 하며 이 장은 이런 점에 대하여 자세히 기술하고 있다.

2장에서는 기술 집약적 교실들이 어떻게 변화되어 왔는지에 대한 역사적 진화를 설명하고 있고 여기에서는 궁극적으로 각 학교가 학생 일인당 컴퓨터를 한 대씩 갖는 1:1 구조로 갈 것임을 보여준다. 또한 이런 체제 속에서 기기가 충분히 보급된다 하더라도 테크놀러지를 교육에 접목하는 데 있어서 성공적인 학교와 그렇지 못한 학교의 차이가 무엇인지를 설명한다.

3장에서는 웹 기반의 탐구 과학 환경(WISE) 프로젝트에서 예시된 바와 같이 교사 주도의 개별화 학습에 중점을 둔다. WISE의 교수적 모델은 지식 통합 프레임워크에 의해 정보가 제공되는 탐구 활동 위주의 수업에서 교사가 주도하되 학습자의 속도에 맞춘 개별화 수업이 가능한 조건을 검토하였다.

4장에서는 수학이나 과학 과목뿐만 아니라 언어를 가르치는 과목에서도 DTP와 같은 디지털 환경이 유효할 것인가 하는 질문에 답하기 위하여 DTP 맥락에서 읽기 교수를 지원하는 다양한 테크놀러지들을 설명하고 있다. 필자들은 여러 레벨에서 텍스트를 분석하기 위한 컴퓨터 도구들이 어떻게 학생들과 교사들에게 풍부한 피드백을 제공할 수 있는지를 논의하였고, 이러한 피드백은 교사에 의한 맞춤형 교수를 보완하여 읽기 지도도 테크놀러지에 기반한 적절한 교사-학생 간 상호작용이 가능함을 보이고 있다.

5장에서는 수업에 따른 학생의 반응에 기반한 튜터링뿐 아니라 학생들과 교사들 모두에게 학습자의 성취 수준 진단 결과를 제공하는 웹 기반 시스템인 ASSISTments를 설명하고 있다. ASSISTments는 미국에서 수백 명의 교사들이 사용하고 있는 비영리 단체 ASSISTments. org의 연구 프로젝트로서 교사들로 하여금 무료로 접속하여 학생을 대상으로 한 질문을 올리고 관련된 힌트, 해답 및 웹 기반 비디오를 제공할 수 있게 하는 웹 플랫폼이다. 이 사이트는 학생을 '돕는다(assistance)'와 '평가(assessment)를 교사에게 보고한다'의 두 단어를 결합하여 만든 단어가 의미하듯이, 교사와 학생 모두를 위한 시스템이며 수학뿐만 아니라 영어 등 모든 과목의 내용이 제공되는 교육적 생태계이다. 교사들은 ASSISTments를 다양한 방법으로 사용할 수 있는데, 이는 분산된 DTP의 한 형태로서 학교 밖에서도 학생 지도 기능을 제공할 수 있음을 보여주는 것이다. DTP는 교사들이 생각하는 능력을 끌어내고 그 질을 평가하는 것을 돕는 도구들을 제공하는데 교사들은 ASSISTments의 다양한 측면들을 이용하여 수업 계획, 전달, 그리고 평가뿐 아니라 숙제를 하는 학생들을 지원하는 도구로 활용할 수 있다.

6장에서는 DTP를 활용하여 수업을 실행할 때 요구되는 시스템 구축을 위한 교실 내의 컴퓨터 기기의 연결성, 교과과정, 그리고 학생들과 교사들 간의 상호작용들에 대하여 기술하고 있다. 이러한 디지털 기기의 연결을 통하여 저자들은 현대의 디지털 인프라가 어떻게 풍부하게 사회적인 교실 의사소통의 새로운 형태들을 지원할 수 있는지를 논의하고 있다. 수학 과목을 예로 하여 수학 수업에서 깊이 있는 학습을 유도하기 위해 발표의 다양한 유형과 의미와 사용을 통하여 지속적인 학생들과 교사들 간 상호작용을 유발할 수 있다고 주장한다. 이는 각 학생이 DTP 없이는 가능하지 않았던 방법인데, 저자들은 DTP가 교사의 안내 아래 개인적, 참여적 학습을 통해 개별화를 지원할 수 있다고 주장한다.

7장에서는 몰입적 학습 환경에 대하여 기술하고 있다. 저자는 다수 사용자 가상 환경들(MUVEs)이 어떻게 강력한 교수법에 의존하는 기술 집약적 교육 경험을 가능하게 하는지를 자세히 설명한다. 또한 DTP가 제공하는 학생들의 삶과 연계된 근거가 있는 상황제시와 공동으로 수행하는 상황적 학습 및 활동들, 그리고 전문가 모델링과 멘토링으로부터 안내와 함께 엮인 평가를 통하여 얻어지는 몰입적 환경은 학생들로 하여금 교실 수업에 깊이 참여하게 하며 동시에 맞춤화된 학습 경험을 가능하게 할 수 있다고 한다. 그리고 형성적이고 총괄적인 평가를 통하여 학습자들에게 자세하고 풍부한 피드백을 제공할 수 있다.

8장에서는 교실 수업에서 이루어지는 평가의 세 가지 핵심 기능에 집중하면서 교과과정 모니터링, 형성적 또는 내재된 평가, 그리고 진단적 평가를 지원하는 DTP의 기능을 설명하고 있다.

9장에서는 DTP에서 핵심적인 기능을 수행하는 형성 평가의 세 가지 특성을 묘사하고 있다. 즉, 교사에게 제공되는 정보는 현재 학습 목표에 연계되어야만 하고, 평가 정보는 적시에 전달되어서 교사가 대상이 되는 학생 또는 학생 그룹에 개입할 기회를 줄 수 있어야 하며 교사에게 제공되는 정보는 교사 또는 학생에게 시행될 수 있을 만큼 충분히 구체적이어야 한다는 것이다. 이 장에서는 DTP를 통하여 이득을 볼 수 있는 다양한 형성 평가 전략들을 보여주고 있다.

10장에서는 타임투노우 사가 개발한 DTP가 1장에 나열된 모든 특징들을 실현한 방법들을 설명하고 있다. 필자들은 어떻게 포괄적 교과과정을 교사들이 학생들의 학습 경험에 맞추어 개별화할 수 있게 하는 도구들을 네트워크화된 인프라로 통합하여 제공하게 되었는지를 보여준다. 이 독특한, 1세대 DTP의 연구는 11장에서 묘사된 바와 같이 상당한 희망을 보여 주었다. 즉 타임투노우 사의 DTP는 단지 시스템상으로만 존재하는 것이 아니라 미국 텍사스 주에서 파일럿 테스트를 거쳤다. 이 테스트에 참가한 대부분의 교사들은 교사의 촉진자/안내자 교수법 모델에 따라 충실하게 교과과정을 실행할 수 있었음을 보여 주었다. DTP를 사용함으로써 교사들은 학생들과 개인적으로 더 많은 시간을 작업할 수 있었을 뿐만 아니라 학생들은 표준 교과과정보다 타임투노우의 DTP를 가지고 중요성이 강조되는 표준화된 시험들에서 더 높은 성취를 이룰 수 있음을 입증하였다. 그러나 11장에서는 타임투노우의 DTP를 사용할 때 나타날 수 있는 몇 가지의 도전도 지적하고 있다.

마지막으로 12장에서는 DTP의 발전 방향에 대하여 기술하고 있다. 비록 DTP가 2010년에 이루어진 기술을 사용하는 교실 수업에서 학습자들을 참여시키고 학습의 주도권을 학생에게 주며 학생들의 수업에 중요한 것을 측정하여 활용하고 테크놀러지를 이용하여 교사가 준비하고 학습자와 연결시키고자 하는 미국 교육부의 국가교육기술계획(NETP)의 제안들과 유사하다 할지라도 여전히 진화의 여지가 남아 있음을 보이고 있다. 그것은 교사를 위해 오늘날의 때때로 혼란스러운 교실 환경에서 수업을 주도적으로 이끌어 가되 학습자 개인에게 맞춘 수업을 할 수 있도록 하는 수업의 계획, 교수, 관리에 필요한 실시간 지원을 제공하는 보다 나은 환경일 것이다.

한국의 경우 ICT 활용 교육에서부터 이러닝, 유러닝, 스마트 러닝에 이르기까지 1990년대 중반 이후 테크놀러지를 교실 수업에 적용하고자 다양한 방법이 시도되었었다. 변화가 크고 빨랐던 만큼 교단에서 수업을 감당해야 하는 교사들의 부담은 클 수밖에 없었다. 그러나 스마트 기기들이 실생활에 광범위하게 사용되는 시점에서 나타난 스마트 러닝은 기존의 이러닝 등과 다르게 그 정의부터 쉽지 않은 현상을 낳고 말았다. 이는 결국 발전하는 기술을 교육 현장에 그대로 도입하여 사용하는 것의 위험성을 보여주는 동시에, 발전하는 기술을 이용하여 어떻게 가르치는 교사의 '가르치는 능력을 신장시킬 수 있는가' 하는 문제를 먼저 생각해야 함을 의미한다고 볼 수 있다.

아직은 우리에게 생소한 디지털 티칭 플랫폼(DTP)이지만 컴퓨팅 기술이 발전하면 할수록 교육에서의 빅 데이터(Big data)의 활용 역시 증가할 것이며, 이는 결국 학습자들의 강점과 취약점을 정확하게 파악하게 하여 인간 교사들로 하여금 학생들을 가르치는 일의 중심에 서게 하는 방향으로 나아가게 할 것이다. 이것이 인간 교사의 필요성 및 공교육의 활성화라는 한국 교육이 회복해야 할 부분을 달성하는 길이라고 믿으며, 역자들은 이 책이 그 같은 원대한 목표를 이루는 데 자그마한 기여라도 했으면 한다.

2015년 2월
대표 역자 송기상

차례

DTP의 기회와 도전

_ John Richards, Chris Dede

이 책은 테크놀러지의 교육적 적용이라는 전 세계적 연구의 발전과 학생의 1:1 컴퓨터 사용 학교 환경의 구축으로 가능하게 된 새로운 형태의 교육용 테크놀러지의 출현에 대해 기술하고 있다. 디지털 티칭 플랫폼(DTP: Digital Teaching Platform)*은 교실 내 교수·학습 과정에 있어 상호작용 기술을 적용하여 디자인된 제품이다. DTP는 학생과 교사가 네트워크에 연결된(노트북) 컴퓨터 또는 컴퓨터 기기를 이용하여 구성된다. DTP는 교사가 이끌어 나가는 교실에서 교육내용을 전달하는 주된 매체로 작동하고, 동시에 기술 집약적인 오늘날의 교실에서 기본적인 교육 환경으로 사용되도록 디자인되었다.

---

* DTP는 Chris Dede과 John Richards에 의해 편집되었다. Copyright © 2012 by Teachers College, Columbia University. All rights reserved. Prior to photocopying items for classroom use, please contact the Copyright Clearance Center, Customer Service, 222 Rosewood Dr., Danvers, MA 01923, USA, tel. (978) 750-8400, www.copyright.com.

DTP는 현대의 교실에서 필요로 하는 다음 세 가지 사항을 만족시킨다. 첫째, DTP는 교사와 학생 모두를 위한 상호작용 인터페이스를 포함한 실제적이고, 네트워크화된 디지털 환경이다. 교사들은 DTP를 이용하여 교육내용과 학생들에게 줄 과제를 생성하고 학생들이 제출하는 산출물을 관리하고 평가하기 위해 DTP가 제공하는 디지털 환경의 관리 도구들을 사용한다. DTP는 평가를 위한 구체적 도구들을 제공하며 시험 문제를 만들고, 학생들에게 제시하고 그 결과를 검토한다. 교사용 도구는 또한 학생의 진도나 보충 학습 요구에 대해 적시에 보고서를 제공한다. 관리 도구들은 학생들이 과제와 평가를 끝낼 수 있도록 해준다. 더 중요한 것은, 이러한 도구들이 개인 및 모둠 활동 모두를 가능하게 한다는 점이다. 어떤 학생들은 개별 과제들을 독립적으로 학습할 수 있고, 또 어떤 학생들은 공통 과제들을 협력해서 학습할 수 있다.

둘째, DTP는 교수·학습에 있어 교육내용과 평가를 디지털 형태로 제공한다. 이 교육내용에는 교육과정, 지도안, 연습, 평가에 대한 모든 정보가 포함된다. 교육내용 관련 콘텐츠는 또한 상호작용 요소, 조작 활동, 특정 목적의 애플리케이션, 멀티미디어 자료를 포함하고 있다.

셋째, DTP는 교실에서의 교사 주도 실시간 상호작용을 지원한다. 이는 교실 활동 관리, 과제 진도 모니터링, 학생 산출물, 시연, 심화과제를 상호작용이 가능하도록 디스플레이에 제시하고 모둠 토론 관리, 대집단(교실 전체)과 소집단(모둠) 활동을 조정할 수 있는 특별한 도구들을 포함하고 있다.

DTP의 이 모든 기능들은 전통적 교실의 상호작용적 환경에서도 효과적으로 작용하도록 디자인되었다. 교사는 학급 전체를 대상으로 한 시연으로부터 소집단 활동, 개인별 연습이나 평가로 빠르게 수업을 전환시킬 수 있다. 학생들은 컴퓨터 기기를 이용한 개별 활동 중에도 컴퓨터를 사용하지 않는 면대면 토론에 자연스럽게 참여할 수 있다. 교사는 과제를 주고, 개별 학생들을 멘토링하고, 토론을 이끌어 나가면서 학생 활동들을 완전하게 관리할 수 있다. DTP에 기반을 둔 교육과정의 교수법은 유도된 사회적 구성주의(guided social constructivism)이며 이 원칙들을 이용하여 설계된 시스템을 통하여 교수·학습의 변화를 가져온다.

이 책은 현재까지의 DTP 설계 및 연구 상황에 대해 기술하고, 이러한 형태의 통합적 교육용 테크놀러지의 평가를 위한 원칙들을 정립하고자 했으며, 교실에서의 교수법 개선을 위한 이러한 강력한 매체가 어떻게 진화할지에 대한 개요를 제시할 것이다.

미 교육부가 최근 발간한 2010 전미 교육용 테크놀러지 계획(NETP: National Educational Technology Plan)에서는 교수·학습 및 평가에 있어 DTP의 출현 배경에 대해 다루고 있다. 이 책의 편집자 중 한 명인 Chris Dede는 NETP 초안을 작성한 15인 테크놀러지 워킹 그룹에서 일했으며, 이 책은 DTP와 관련된 연구, 정책 및 적용이라는 보다 큰 맥락에서 논의의 틀을 제시할 것이다.

DTP의 진화

종합적 교육과정과 평가 시스템들의 개발은 40년의 역사를 가지고 있으며, 컴퓨터 기반 훈련(CBT: Computer Based Training)을 소개한 1960년대의 Patrick Suppes로부터 시작되었다. 1980년대에 CBT는 통합 학습 시스템(ILS: Integrated Learning System)으로 진화하였다. 이러한 시스템들은 현재 학습 관리 시스템(LMS: Learning Management System)으로 지칭

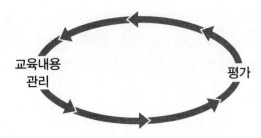

그림 I.1. 교육내용과 평가 사이의 강한 관련성은 기존의 컴퓨터 기반 제품들에서 풍부하게 활용되고 있다.

되며(우리는 이 용어를 사용할 것이다.), 교육내용 전달과 학생 평가는 밀접하게 관련되어 왔다. LMS 모델은 그림 I.1에서 보는 것처럼 학습 평가에서 얻은 정규적인 피드백을 제공하기 때문에 교육과정의 적용이 제한적일 수밖에 없었다.

이러한 시스템들의 한계는 컴퓨터의 진단에 전적으로 의존한다는 점이다. 예를 들면, LMS가 전달하고 평가할 수 있는 시험은 하나의 정답을 가진 선다형 문제와 같은 폐쇄적 문항들로만 구성되어 있다. 게다가, 각각의 문항들은 교육과정의 특정한 부분들과 직접적으로 관련되어 있다. 이 같은 특징들은 학생의 학습 진단에 있어 융통성이 없는 평가 모델을 낳게 된다. 이러한 측면은 모든 LMS 제품들이 동일하게 지니고 있는 한계이다.

이 설계는 행동주의 심리학 이론과 그것에 기초한 프로그램 학습 모델과 일치한다. 그러나 구성주의 이론들에서 보이는 것과 같이 학습에 대한 다른 접근법들에 의하면 깊이 있는 학습은 이러한 융통성 없는 시스템을 통해서는 일어나지 않는다. 구성주의 시스템들은 쓰기, 프로젝트, 브레인스토밍, 문제 해결, 창의성, 발명 등 학생들에게 보다 개방적인 반응을 요구한다. 그렇지만 개방적 반응은 컴퓨터에 의해 효과적으로 평가될 수 없으며 따라서 깊이 있는 학습을 시스템이 지원할 수 있게 하기 위해서는 교실에서 학습자의 학습 과정을 진단할 수 있는 인간 교사를 필요로 한다.

DTP는 이러한 구성주의적 접근법의 필요에 부응하여 폐쇄적인 피드백 루프뿐 아니라 전통적 교실 환경 내의 전형적 상호작용 매체인 교사를 통하는 또 다른 피드백 루프를 제공한다(그림 I.2). 교사는 학생 반응을 평가하고 이 평가에 기초하여 각각의 학생에 대한 처방적 결정을 내린다.

DTP는 전통적 기술과 대비되는 혁신적(disruptive) 기술이다. 전통적 기술은 어떤 의미에서는 기존 제품의 성과 향상을 촉진한다. 이러한 성과 향상은 일반적으로 점진적 진화와 제품 개선에 초점을 두게 된다. 이와 반대로, 혁신적 기술은 "이전에 있던 것과는 매우 다른 가치 변화를 시장에 가져오는" 급속한 전환이 눈에 띈다(Christianson, 2003, p. xviii ff.). 이러한 혁신은 K-12 교육을 변화시킬 다음과 같은 세 가지 동시적 패러다임으로 전환되면서 나타난 결과이다.

- 종이에서 디지털로의 전환: 교육내용의 전달 매체가 종이에서 디지털로 전환되고 있다. 종이에서 디지털로 전환됨에 따라 학생들과 교사들은 디지털 콘텐트를 교실, 집, 도서관 그리고 기타 필요한 어느 장소에서든 접속할 수 있게 되었다.
- 1:1 컴퓨터 사용: 저렴하면서도 성능이 좋은 컴퓨터 기기 조달이 가능해짐에 따라 점점 더 많은 교실들과 학교들에서 유비쿼터스 컴퓨터 환경이 현실화되고 있다. 1:1 유비쿼터스 컴퓨터 활용은 테크놀러지와 교육과정 및 교수법 사이에 실제적인 깊은 통합을 요구하게 되었다.

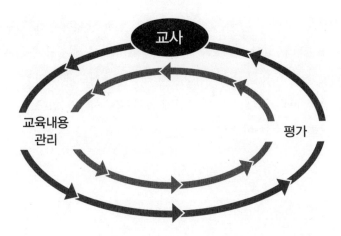

그림 I.2. DTP는 개방적인 활동들을 지원하기 위해 교사를 통하는 두 번째 루프를 추가하였다.

- 상호작용 디스플레이 기술: 디지털 칠판과 같은 강력한 교실용 디스플레이의 등장이 교사의 지도 역량을 강화시켜 주고 교실 내 상호작용의 성격을 변화시키고 있다.

이러한 전환들이 교사의 지도 역량을 강화시켜 줄 때 더욱 효과적인 수업이 이루어지는 교실이 될 수 있다.

DTP는 교육과정과 교수법의 성격이 바뀜을 나타내는 혁신적 기술이며, 종합적인 교수·학습 환경에서 행동주의 초기 방식과 극명한 대조를 보인다. DTP는 개별 학생을 놓치지 않으면서도 여러 학생으로 구성되는 모둠들을 관리할 수 있도록 교사를 도와준다. 동시에 교사가 자유롭게 모둠 활동과 개별 지도를 할 수 있도록 해준다. 이러한 방법들을 이용하여, 이 플랫폼은 국가나 각 주에서 요구하는 표준에 부합하게 가르치게 할 수 있으므로 현재의 학교 정책을 존중하면서 국가적 일제시험과 같은 중요한 시험에 학생들이 대비할 수 있도록 해준다.

그러므로, DTP의 기술은 전체적 목표 달성과 개별적 이해 모두를 지원한다고 할 수 있다. DTP는 교실 내에서 교사를 지원하기 위해 설계되었지만 동시에 또한 언제, 어디서나 학생들이 학습에 접근할 수 있도록 해준다. 따라서 DTP가 가능하게 해준 학습의 개별화를 통해서 모든 학생들의 교수와 학습을 변화시킬 수 있다고 말할 수 있다.

이 책의 구조

DTP는 디지털 콘텐츠, 디지털 프로세스들, 21세기 교실 현장의 완전한 통합에 의해서라기보다는 구체적 이슈들에 대한 많은 연구의 결과로서 발달해 왔다. 지금까지 이루어진 많은 선행 연구들은 학생들에게 도전적인 특정 주제에 대한 상호작용 환경을 제공하고, 교실에서 교사를 지원하기 위한 방안들을 제시해 왔다. 이 책은 이들을 통합함으로써 어떻게 DTP를 가능하게 하는지를 보여주기 위해 다양한 분야의 연구 주제들을 모았다.

지난 20년 동안, 연구자들은 교실 환경에서 유비쿼터스 기술을 이용한 교수 기술에 대한 혁신적 해결책을 개발해 왔다. 이러한 해결책들은 계속적으로 진화하는 이런 기술이 어떻게 학습을 지원할 수 있는가, 평가가 교실 수업에 통합되는 방법은 무엇인가, 교실 토론을 유발시키는 경험에는 어떤 것들이 있는가, 어떤 방식으로 테크놀러지가 교사에게 도움이 될 수 있는가와 같은 질문들에 대답하는 데 초점을 맞췄다.

DTP 개념은 이러한 연구 노력들의 결과물이라고 할 수 있다. 이 책은 2010년 3월에 하버드 대학에서 DTP의 다양한 측면들을 논의하기 위해 열린 초청 컨퍼런스의 결과물이다. 이 컨퍼런스는 포괄적이고 확장 가능한 DTP를 처음으로 개발한 타임투노우(Time To Know Inc.)가 후원하였다.

DTP는 교실 내 테크놀러지에 있어서 혁신적 변화라고 할 수 있다. DTP의 설계에는 교육내용, 평가 및 수업 간에 새로운 형태의 상호작용들을 요구한다. 이에 따라 이 책은 4부로 구성, 편집되었다. 1부 〈혁신의 프레임 짜기〉에서는 DTP를 정의하고 이의 발전에 대한 현재의 맥락을 제공한다. 2부의 초점인 〈교육내용과 교수법〉은 3부 〈개별화〉의 초점인 지속적 형성 평가와 깊게 연관되어 있다. 마지막으로 4부 〈실행〉에서는 포괄적이고 확장 가능한 DTP에 대해 좀 더 자세히 알아본다. 또한 각 부의 각 장에서는 학교에서 DTP를 실제적으로 적용하고자 할 때 교수법, 교실 관리, 기술의 전문성 개발에 있어 어떤 기회와 도전을 어떻게 동시에 제공하는지에 대해서도 설명하고 있다.

전반적으로, 이 책에서는 테크놀러지가 어떻게 지금의 교실 환경에 효과적인 교실 수업을 위한 해결책을 제공할 수 있는지 살펴보기 위해 "마술 대 무용지물(magic vs. useless)"이라는 이분법적 논란을 넘어서는 테크놀러지의 효과에 대해 논의한다. DTP는 교과과정, 교수법 및 평가에 있어 교사를 지원하기 위해 설계되고, 21세기 교실만의 독특한 요구를 다루기 위해 개발되었다.

학생들, 교사들, 관리자들은 학교 밖 디지털 세계에서 살고 있다. 이러한 외부 현실은 교실 내에서 일어나는 일들에 영향을 미친다. 미국에서는 디지털 자료들을 교실 수업에 도입하기 시작하고 있다. 또한 각교실은 1:1 컴퓨터 사용방식으로 옮겨 가고 있다. 뿐만 아니라 상호작용 칠판을 어디서나 볼 수 있다. 그럼에도 불구하고 교사들은 여전히 학생들의 교육에 있어 가장 중요한 요소로 남아 있다. DTP는 이러한 진화하는 디지털 세계에서 교사와 학생을 지원하기 위해 설계되었고 이 책은 디지털 환경에서의 학습을 효과적으로 어떻게 지원할 것인지에 대한 과거 20년간의 연구조사를 수집하고 이를 교실 수업에 통합하고자 집필된 것이다.

감사의 글

편집자로서, 우리는 이 책을 발간하는 데 있어 많은 도움을 주신 분들의 공헌에 대해 깊은 감사의 말씀을 드리고 싶다. 우리는 교육의 질 개선의 방법으로 DTP를 옹호하는 기업 비전에 대해 타임투노우(특히 Shmuel Meitar, Yosi Ben-dov, Louise Dube, Catherine Page, Ziv Carthy)사에 감사한다. 또한 이 책 저자들이 글을 쓸 수 있도록 동사에서 자료를 제공해준 것에 대해서도 감사한다. 우리는 또한 이 책이 속한 뉴욕의 Teachers College 출판부 TEC 시리즈의 수석 편집자 Marcia Linn과 이 책의 초고를 질적으로 향상시켜 준 동사의 모든 직원들에게 감사한다. 우리는 특히 공사다망한 전문인들로서 서로 협력하고 DTP 주제에 통합된 각 장을 개발하기 위해 소중한 시간과 노력을 아끼지 않은 각 장의 저자들에게 감사한다. 마지막으로, 원고를 완성하기까지 교열하고 이끌어준 Kurt Moellering에게 감사한다.

참｜고｜문｜헌

Christianson, C. (2003). *The innovator's dilemma: The revolutionary book that will change the way you do business.* New York: Harper.

Suppes, P. The uses of computers in education. (1966). *Scientific American, 215,* 206–220. *(doi:10.1038/scientificamerican0966-206).*

U.S. Department of Education, Office of Education Technology. (2010). *National education technology plan 2010: Transforming American education: Learning powered by technology.* Washington, DC: U.S. Government Printing Office.

1부에서는 DTP의 역사적, 개념적 출현 배경을 살펴본다. 학교에서의 테크놀러지 사용은 교실 풍경을 바꿔 왔으며 학습에 있어 근본적 변화의 발판을 마련하였다. 1장에서는 혁신적 기술로서 DTP의 역사적 부상과 이것이 교사와 교실에 미치는 영향을 살펴보고자 한다. 다른 종합적 교육과정과 평가 제품과 달리, DTP에서는 수업을 이끄는 교사가 교육내용의 주된 매개체가 되도록 설계되었다. DTP는 교육과정 계획, 교실 관리, 학생 평가를 위한 통합된 도구들로 교사를 지원한다. 1장에서는 다른 형태의 포괄적 시스템들의 맥락에서 기술적 관점과 교육학적 관점 모두에서 DTP 설계를 가져온 여러 가지의 연구를 검토한다. 그리고 이 세 가지 관점에서 변화하는 21세기 교실에 대해 평가해 보고, DTP가 교육방법과 학생들의 학습을 변모시킬 것이라는 예측을 도출하게 된다.

2장에서는 학교에서 1:1 컴퓨터 사용을 향한 계속적인 기술 발전 동향과 이것이 결국에는 자연스럽게 교실을 위한 DTP 개발로 이어짐을 살펴본다. 이 장에서는 그 같은 결론을 얻기 위하여 잠재적 도전과 성공 요인을 부각시킨 프로젝트인 RED에서 실시한 1,000개 학교 대상의 설문조사를 살펴본다. 높은 성취를 보인 1:1 컴퓨터 사용 학교에서 이용하는 프로세스와 기술들이 제대로 이해되고 있지 않으며 문서화되고 있지 않음을 언급하고, 주요 실행 요소들이 성공에 있어 핵심적임을 살펴볼 것이다.

저자는 DTP가 어떻게 1:1 환경을 이용하며 학생 성취의 개선점을 제공하는 교육 기반 시설의 한 형태인지를 논의한다. 이들은 교사가 단지 현명한 사람에 머무는 것이 아니라 멘토나 안내자로 역할이 변화해야 함을 주장한다. DTP가 없는 상태에서, 교사가 효과적인 1:1 프로그램을 실행하기 위해서는 많은 어려움과 추가적인 업무 부담에 시달리게 된다. 이에 더해서, DTP는 학생의 교육 경험에서 완전한 개별화를 실현하는 데 핵심적인 역할을 할 수 있다. 개별화는 학생 성취를 향상시키고자 하는 노력에 있어서 필수적이다. 저자는 우리가 테크놀리지를 사용하여 학교를 변모시키는 노력에 있어서 전환점에 와 있음을 가정하고, 변모를 위한 2차적 변화를 살펴보면서 논의를 마무리한다.

교육용 테크놀러지 내에서의 DTP

_ John Richards, Joseph Walters

DTP는 오늘날의 기술 집약적 교실에서 주요한 교육 환경을 제공하는 새로운 범주의 교육용 제품이다. 종전의 컴퓨터 기반 종합적 교육과정 및 평가 제품들과 달리 DTP에서는 교사가 이끄는 교실이 교육내용의 주된 매개체가 되도록 설계되었다. 이는 교육과정 계획, 학급 관리, 학생 평가를 가능케 하는 통합적 도구들이 한 개의 패키지로 지원됨을 의미한다.

이에 따라 타임투노우(T2K) 제품은 대규모로 운영되는 상업적이고 광범위한 DTP의 최초 사례이다. 타임투노우는 교실 상호작용의 매개를 교과서에서 포괄적이고, 상호작용하는 디지털 교과과정으로 대체하였다. 동시에, 이는 학급 관리를 능률화하고, 모둠 학습과 개인 학습 간의 자연스러운 흐름을 만들며, 맞춤화된 활동들과 멀티미디어 그래픽 자료들을 지원하는 등 시간을 절약할 수 있는 도구들을 제공한다.

이 장에서는 우선 DTP에 대해 서술하고 T2K 제품 사례를 들어 이의 구체적 특징들을 보여주려 한다. DTP는 역사적 부상과 제품 범주 양면에서 학교에서의 가르치고, 배우고, 평가하는 업무에 대응하는 새로운 총체적 시스템들의 맥락에 포함된다. 다음으로 테크놀러지, 교사, 교수법의 시각에서 이루어진 DTP 설계에 대한 연구를 살펴본다. 이 장 마지막에서는 1:1 컴퓨터 사용, 디지털 자료, 그리고 역동적인 상호작용 디스플레이를 통하여 서로 지원되며 변화하는 21세기 교실의 미래상을 예측해 본다. DTP는 교수법과 학생의 학습을 변모시킬 수 있는 잠재력을 가지고 있다.

DTP의 실행

DTP는 1:1 컴퓨터 사용 교실에서 교사들과 학생들을 지원한다. 이런 환경에서, 각각의 학생들은 무선 네트워크로 연결된 노트북 컴퓨터 또는 이와 비슷한 다른 컴퓨터 기기를 사용하게 된다. 교사는 상호작용 디스플레이 또는 프로젝터에 연결된 네트워크 워크스테이션을 사용한다. 교사의 지시하에, 교사와 학생, 학생들 간의 상호작용은 네트워크 컴퓨터들의 클러스터에 의해 가능하게 된다.

DTP는 각 수업시간에 교육내용을 전달한다. 콘텐트에는 애플릿이 포함된 다양한 수업 활동들, 멀티미디어 프레젠테이션들, 연습 문제, 게임 등을 포함하는 안내된 학습 시퀀스의 종합적 교육과정이 포함되어 있다. 다음에 소개한 일화는 5학년 교실 수학 수업시간에 이 플랫폼이 어떻게 사용되는지 잘 보여주고 있다.

DTP를 이용하는 수업에서 수업 전 교사는 준비를 위해 계획 도구들을 사용한다. 수업 중에는 교사는 학습 주제를 소개하기 위해 멀티미디

일화 1

Jones 선생님은 5학년의 [공통 분모를 찾는 수학 수업]을 준비하고 있다. 이는 학급에서는 새로운 분수 관련 개념으로, 그는 학생들이 같은 값을 가지는 분수들을 탐구하기 위해 분수 막대 애플리케이션을 사용하게 할 계획이다(그림 1.1). 통합적 교육과정 자료는 또한 개념을 소개하기 위한 애니메이션과 몇 가지 관련 연습 활동들을 포함한다.

Jones는 DTP가 제공하는 수업 계획 도구를 열고 공통 분모에 대한 학습 시퀀스를 선택한다. 이 활동 집합으로부터, 그는 애니메이션 하나와 몇 개 연습을 선택하고 이들을 수업 계획에 더한다.

학생들은 분수 막대를 사용해서 각각 다른 분자와 분모를 가진 분수들을 만든다. 첫 번째 활동으로 분모를 선택하고, 애플리케이션은 상응하는 숫자만큼의 네모 칸을 가진 수평 막대를 생성한다. 그러고 나서, 그들은 막대를 색으로 채우기 위해 네모 칸을 클릭한다. 상응하는 분수를 보여주기 위해 분자가 증가한다. 학생들은 또한 네모 칸을 클릭하여 색을 없애서 분자 수를 줄여 나갈 수도 있다. 애플릿으로 평행한 두 개의 막대를 생성하고, 학생들은 채워진 칸들의 길이를 비교하면서 두 분수가 같은지를 시험할 수 있다.

Jones는 애플리케이션을 미리 보고 나서는 학생들과의 토론을 안내할 질문들과 같이 이를 수업할 내용에 추가한다. 그는 수정된 학습 시퀀스를 저장하고 학급에 활동들을 분배한다.

다음날 아침 수학시간에, Jones는 한 분수를 다른 등가의 분수로 바꿔주는 "마술 기계" 애니메이션—1/2이 3/6이 된다—을 보여주는 것으로 수업을 시작하였다. 다음으로 Jones는 분수 막대 애플릿을 어떻게 사용하는지 설명하고 학생들에게 첫 번째 활동을 시작하라고 말하였다. 학생들은 노트북을 열고 자신들이 보는 컴퓨터 화면에서 [활동], 몇 개의 [연습 문제]들, [학급 토론]을 안내하는 질문들을 보게 된다.

학생들은 제공되는 인터페이스에 익숙하므로, 바로 [활동]을 선택하여 그것을 열고 작업을 시작한다. 그들은 분모는 다르지만 길이가 동일한 분수를 생성하기 위해 분수 막대를 사용한다. 학생들이 [보기]를 찾으며, 자신들의 결과를 [갤러리]에 저장한다. 나중에, Jones는 갤러리를 상호작용 칠판에 디스플레이하고 학급은 보기들을 놓고 토론한다."

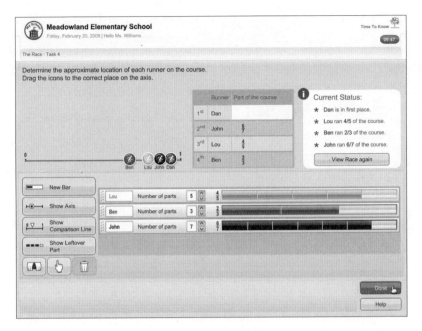

그림 1.1. 분수 막대 스크린은 학생들이 다른 분모를 가진 분수들을 탐구할 수 있게 한다.

어를, 수학 개념을 탐구하고 연습하기 위해 애플릿을 사용할 수 있다. 수업 후 교사는 각 학생들의 진도와 학급의 성취도를 검토하고, 내일의 수업을 계획하는 프로세스를 이용할 수 있다.

〈일화 1〉에서 알 수 있듯이, 교사들은 수업을 계획하고 학습 시퀀스를 개인들에게 맞춤화하기 위해 DTP를 사용한다. DTP는 또한 학생 평가를 가능하게 해주고 학생 진도 보고서를 생성한다. 각각의 학생들이 수업 중에 노트북이나 그에 상응하는 기기를 사용하기 때문에 교사는 개인별 진도를 모니터링할 수 있고 각각의 학생과 개별적으로 의사소통할 수 있다. 학생들의 작업공간은 간단하면서도 일관성 있게 설계되어 있다. 학생들은 각자가 분배받은 [활동]들만을 볼 수 있기 때문에 다른 학생들을 위한 것이나 나중에 쓰일 [활동]들을 위한 자료에 방해

받지 않는다. 그들은 과제를 찾고 완성하기 위한 인터페이스에 금세 적응한다.

일화 2

Jones 선생님의 수학시간에, 학생들은 짝을 지어 [등가 분수 탐색 애플리케이션]을 사용하고 있다. 등가 분수에 관한 "마술 기계" 수업은 학생들로 하여금 어떤 분수들이 등가인지를 결정하기 위한 규칙을 찾게 도전하도록 할 것이다. 그저 규칙을 얘기해 주고 난 다음 많은 연습 문제를 풀도록 하기보다는, 이 수업은 등가 분수들을 탐색할 수 있는 도구를 학생들에게 제공하는 것으로 시작하고 그 다음 규칙을 탐색할 수 있도록 열어준다.

한 학생이 [분수 막대 애플릿]으로 분수들을 생성하고 있다. 이 학생은 색깔을 교대로 쓰는 패턴으로 블록을 채우면서 분수들을 만든다. 4/8 분수를 그리기 위해서, 이 학생은 8개 블록을 가진 막대를 생성하고 왼쪽부터 첫 번째, 세 번째, 다섯 번째, 일곱 번째를 채운다. 이렇게 함으로써 재미있는 조각보식 디자인을 만들어낸다. 다음 그 학생은 3/6 분수도 비슷한 식으로 만든다. 그러나 이 두 분수 막대들은, 이런 식으로 채울 경우, 길이를 비교하여 등가인지를 비교하기가 어렵다.

이 점에 대해 몇 분간 곰곰히 생각해 본 뒤, 분수들의 길이들을 비교하기가 너무 어렵다는 결론에 도달하게 된다. 학생은 칸에 색들을 없앤 뒤 체계적으로 왼쪽부터 오른쪽으로 채워 간다. 이는 두 분수가 같은 길이를 가지는지에 따라 등가인지 판단하는 데 똑바른 시각적 비교를 가능하게 한다.

학생들이 이 [활동]을 해 나가면서 찾은 것들을 [갤러리]에 올리는 동안, Jones는 질문을 던지고 개별 멘토링을 한다. 여러 예들이 [갤러리]에 제출되고 나면, Jones는 학급 전체 토론을 시작한다. 학생들에게 여러 다른 분수들이 등가인지를 예측할 수 있는 규칙이 무엇이냐는 질문이 주어진다. 이에 따라 활발한 토론이 유발된다. 분자와 분모를 곱하거나 나누는 몇몇 대안 규칙들이 제시되게 된다. 어떤 학생들은 거의 모든 예들이 분모 2나 3을 사용했음을 알고, 이들이 규칙에 맞는 유일한 숫자가 아닌지 추측해 본다. 다른 학생들은 이 결론에 도달하기 전에 다른 분모들을 테스트해 보기를 제안한다.

[분수 막대 애플릿]을 사용한 문제의 안내된 탐구는 전체 학급이 수학적 속성을 탐구하고, 찾은 것을 토론하며, 이러한 [활동]들에 전제되어 있는 수학적 원칙들을 깊이 있게 이해할 수 있는 기회를 제공한다. 시각적 패턴을 만든 소년은 구성주의 접근법에서는 학생들이 언제나 문제에서 해결책에 곧바로 이르지는 못함을 보여 준다. 교사가 있기 때문에 DTP 내용에는 개방형 답안 [활동]들을 포함시킬 수 있다. 〈일화 2〉에서는 DTP Time to Know 버전이 강력한 구성주의 교육법을 기반으로 콘텐트로 구현함으로써 어떻게 이런 측면을 활용했는지를 볼 수 있다.

DTP에서는 학생들이 수학과 언어 과목의 원칙과 개념들을 탐구하기 위해 개방형-종결 도구를 사용할 수 있다. 교사 지도하에 탐구, 실험, 토론을 거치고, 학생들은 이러한 개념들에 대한 보다 깊은 이해를 구성하고 새로운 상황에 연장해 나가는 것을 배울 수 있다. 일화에서 사용된 [분수 막대]와 같이 [애플리케이션]과 [애플릿]들은 구성주의 학습 기회를 제공한다. 전통적인 수학 수업에서 사용하는 손으로 조작하는 구체물처럼, 이러한 [애플릿]들은 탐구와 발견을 촉진시킨다.

일화 3

Jones는 그 다음 학생들이 각자의 과제를 시작하도록 지도한다. 이는 학생들에게 [등가 분수] 개념의 연습 기회를 주는 [연습]과 [게임] 형태의 선정된 활동들이다. 이 수업을 계획했을 때, Jones는 학생들의 관심과 실력에 따라 구체적 [활동]들을 각각 개별 학생들에게 부여하였다. 예를 들면, 그는 몇몇 학생들은 분수 개념들을 상당히 잘 이해하고 상당히 어려운 문제들을 풀 준비가 되어 있으며, 다른 학생들은 더 진도를 나가기 전에 보다 낮은 단계를 밟고 선행 기술을 익혀야 함을 파악하고 있다. 이 점을 염두에 두고, Jones는 학생들에게 다른 활동들을 부여한다.

DTP 시스템은 또한 과거 학생들의 학습 성취에 의해 과제를 조정할 수 있다. 이 시점에서 학생들은 자신의 노트북을 열고, 부여된 과제를 선택하고, 학습을 시작한다. 각 학생은 자기에게 부여된 [활동]만을 볼 수 있다. 학생들은 각자 독립적으로 학습하며, 보통은 각자가 다른 [활동]들을 끝내야 한다는 것을 깨닫지 못한다.

학생들이 이러한 연습들을 해 나가는 동안, Jones는 교실을 걸어 다니면서 그들의 진도를 모니터링한다. 그는 한 특정한 학생을 몇 분간 도와주고 난 뒤 교실 앞에 있는 자신의 워크스테이션으로 가는데, 여기서 그는 전체 학생들의 진도 현황 보고를 검토한다. 그는 협업하고 있는 두 학생이 어려운 과제에 막힌 것을 보고, 그들에게 다른 과제를 부여하거나 왜 어려움을 겪고 있는지 직접 가서 살펴볼 수도 있다.

교사는 자신의 컴퓨터 디스플레이 앞에서 여러 학생들의 진행 상황 화면을 검토해 보고 많은 학생들이 이 문제에 막혀 있음을 알게 된다. 그는 자신의 상호작용 디스플레이 기기 화면에 학생 짝들 중에서 하나의 작업을 올리고, 자기 화면에서 각 학생들에게 보내지는 "앞으로 주목" 버튼을 누른다. 학생들은 Jones가 그 문제에 대하여 학급 전체를 대상으로 잠시 전체 토론을 갖기 원한다는 것을 알기 때문에 자신들의 학습을 중지하고 자신들의 컴퓨터를 닫는다.

그날 저녁, Jones는 학생 활동 리포트를 검토하고 다음 날 준비를 시작한다. 그는 [등가 분수]에 대한 [매칭 게임]으로, 분수 수업을 계속할 것이다. 학생들은 제시되는 콘텐트의 활동에서 종이 조각을 잘라내는 것과 같은 [활동]을 하면서 이런 구체적인 컴퓨터 작업과 비교할 것이다.

이 일화는 DTP가 어떻게 교사로 하여금 수업을 매끄럽게 진행하는데 필요한 도구들과 자원들을 제공하면서 교사가 수업을 어떻게 이끌어 가는지를 보여준다. 이러한 자원들은 전체 학급을 대상으로 한 멀티미디어 시연들로부터 소그룹 프로젝트와 개인별 과제에 이르기까지 동일하게 적용된다. 플랫폼은 학생들이 과제를 이해하고, 한 [활동]에서 다음 [활동]으로 시간과 학습의 흐름을 잃지 않고 옮겨갈 수 있도록 보장한다.

DTP는 또한 교사가 학생들에게 제시하는 과제를 개별화하는 것을 돕는다. 개별화[1]는 개별화 학습의 핵심 요소이다. 전통적 교실 수업 세

---

1. [역주] 개별화(individualization)는 학생의 흥미와 능력에 따라 학습 활동들을 달리 제공하는 것을 의미함.

팅에서 개별화는 실행하기에 복잡하거나 수업의 흐름을 방해할 수 있으나 DTP로는 간단하게 수업 시작 전에 세팅될 수 있다.

맥락상의 DTP

이 부분에서는 우리의 관심을 종합적 교육과정과 평가 시스템—일부 학교에서 교수·학습을 지원하기 위해 사용하는 정교한 컴퓨터 제품들—으로 돌려 보고자 한다. 이러한 시스템들은 교사들에게 과제를 생성하고 학생들의 결과를 검토할 수 있는 관리도구들을 제공한다. 시스템들은 학생들이 수업에 참여하고, 과제를 완성하고, 시험을 치르는 메커니즘을 포함한다. 그러나 이런 제품군은 보다 제한적이고 특정한 목적의 도구들인 과학 시뮬레이션, 성적표 애플리케이션, 평가 제품들, 동영상 스트리밍 서비스 등은 포함하지 않는다. 그렇기 때문에 우리는 가르치고 배우는 일 전체를 다루는 제품들에 집중하고자 한다.

이를 위하여 우리는 세 가지 다른 유형의 포괄적인 제품들의 특징을 분석하였다. 우리는 또한 전통적 교과서와 이의 디지털 형태인 e-교과서도 이 분석에 포함시켰다.

과정 플랫폼 학습 관리 시스템

과정 플랫폼 학습 관리 시스템(Course Platform Learning Management Systems)은 [학습 과정 콘텐트의 제작과 수정], [평가의 설계 및 관리], [의사소통 및 협업] 관련 소프트웨어를 제공한다. 과정 플랫폼 시스템들은 교사와 학생 계정을 생성 및 관리하고, 콘텐츠를 불러오고, 결과를 관리하는 도구들을 보유하고 있다. 이들은 새로운 과제를 생성하는 데 사용되는 상세한 보고서를 제공한다.

이러한 시스템들은 또한 학생들에게도 일부 도구들을 제공하는데, 학생들은 제공된 도구를 이용하여 주어진 활동이나 시험을 보거나, 완성된 작업을 교사에게 제출하는 메커니즘을 제공한다. 교사는 활동 결과물을 채점하고 그 결과들을 시스템에 입력하여야만 한다. 대부분의 시험 형식은 폐쇄형 문항들로 되어 있으며 시스템에 의해 수정될 수 있다. 이 데이터를 사용하여 시스템은 학생 성취에 대한 상세한 보고서를 생성한다.

그러나 이러한 시스템들은 [활동], [연습 페이지], [읽기 과제], [평가 문제] 등과 같은 교육과정 콘텐츠는 제공하지 않는다. 콘텐츠는 교육청 또는 교사에 의해 생성되고 입력된다. 교육청들은 또 다른 제3의 공급업체들이나 교육청에서 콘텐츠를 구매할 수 있다. 이 범주의 제품 예는 블랙보드(Blackboard), 디자이어투런(Desire2Learn), 무들/무들룸즈(Moodle/Moodlerooms), 사카이(Sakai), 프로젝트(Project), 스쿨 타운(School Town), 피어슨/태피스트리(Pearson.Tapestry), 에드민(Edmin), 에드라인(Edline), 스쿨넷(SchoolNet) 등을 포함한다.

이 시스템들은 이미 많은 양질의 콘텐츠를 보유하고 있기 때문에 학교들은 이것들을 온라인 과정으로 조직화하거나 이 과정들을 보다 효율적으로 공급할 시스템을 찾는 것이 시급하다. 예를 들면, 과정 플랫폼 시스템은 가상 고등학교나 다른 온라인 커리큘럼들에서 자주 사용되는데 이 시스템들은 적절한 수준의 기술이 필요하다. 즉, 교사는 컴퓨터 접속이 가능해야 하나 반드시 교실 안에서만 접속해야 하는 것이 아니고 학생들도 컴퓨터 접근이 가능해야 하나 수업 중에 컴퓨터를 사용해야 하는 것도 아니다. 일반적으로 이들 시스템은 설치하는 과정이 매우 복잡한데, 이는 교육행정 정보 시스템(NEIS: National Education Information System)과 유사한 학생 정보 시스템(SIS: Student Information System)과 인적 자원(HR: Human Resource) 시스템과도 통합될 수 있다.

과정 전달 학습 관리 시스템

과정 전달 학습 관리 시스템(Course Delivery Learning Management Systems)은 교육과정과 관련된 콘텐츠와 교수를 위한 플랫폼 모두를 제공한다. 과정 플랫폼과 마찬가지로 이들 시스템은 교사와 학생 계정을 모두 가지고 있으며 시스템은 학생들에게 과제를 부여하고 시험 문제를 생성하고 부여하며 결과를 검토한다.

이 시스템들은 과정을 위해 필요한 [지도 콘텐츠], [연습 과제], [시험 문제] 같은 모든 콘텐츠를 제공한다. 종종 정교한 멀티미디어 요소들도 제공한다. 그렇지만 이 시스템들은 교육청이나 교사들이 자신의 콘텐츠를 추가하는 것을 허용하지 않는다.

과정 전달 학습 관리 시스템은 과정 플랫폼 학습 관리 시스템과 마찬가지로, 교사 없이 작동하도록 설계되었다. 이러한 제품군의 예는 콤파스러닝/오디세이(CompassLearning/Odyssey), 플래토 러닝(Plato Learning), 리버딥 데스티네이션 시리즈(Riverdeep Destination Series), 이그나이트! 러닝(Ignite! Learning), K-12, 어메리칸 에듀케이션 코퍼레이션의 에이플러스(American Education Corporation's A+), 맥그로 힐의 에스알에이 리얼 매스(McGraw Hill's SRA Real Math), 피어슨 노바넷(Pearson NovaNet), 피어슨 석세스메이커(Pearson SuccessMaker) 등을 포함한다.

이 시스템들은 교실 밖에서의 사용을 위해 설계되었고, 교사가 추가적으로 관리할 필요가 없다. 그러한 이유로, 과정 전달 컴퓨터 실습실이나 방과 후 환경에 이상적이지만 교실에서는 거의 사용되지 않는다. 이 시스템들의 도입은 특정 학생들의 보충 학습에 대한 요구를 만족시키고, 시험 준비 교육과정을 보충하거나, 컴퓨터 실습실 사용을 위한 효율적인 방법을 제공하기 위한 목적의 프로그램들을 통해 가능하다. 실제로 이 시스템들은 이미 과정을 실패해서 학점을 다시 취득해야 하거나 진도가 빠르거나 늦어서 방과 후 교정 지도가 필요한 학생들을 위해 자주 사용된다. 컴퓨터 실습실이 있는 학교는 과정 전달 학습 관리 시스템을 효과적으로 운영할 수 있다.

DTP

DTP는 과정 전달 시스템과 마찬가지로 교사들과 학생들에게 필요한 도구들과 함께 종합적인 코스웨어를 제공한다. 둘 사이의 차이점은 DTP는 교실 내 사용을 위해 설계되었으며 1:1 하드웨어와 무선 환경을 요구한다는 점이다. DTP에서의 교육과정은 교사 중심이며 교사를 배제하는 것이 아니다.

타임투노우는 지금까지 종합적 DTP를 구현한 유일한 상업적 사례이며, 그 외에 르네상스 러닝(Renaissance Learning), 디스커버리 사이언스(Discovery Science), 카네기 앨지브라 튜터(Carnegie Algebra Tutor) 등 세 가지 제품들이 DTP의 일부 특징을 가지고 있으며 이를 통하여 DTP로의 방향 전환을 대변하고 있다고 볼 수 있다. 이 책의 3장과 4장에서는 한 가지 교육과정 분야의 연구에 기반한 DTP에 대해 논의할 것이다.

DTP는 교실 내에서 사용되는 특징을 갖고 있다. 그렇기 때문에 이 제품은 교사들이 정규적인 학급 지도 시 정규 수업의 일부분으로 컴퓨터를 사용하기 원하는 교육청이 주된 사용자가 될 수 있다. 학교에서 DTP를 사용하자면 모든 교실에 1:1 컴퓨터 기기가 있어야만 한다. 비록 수업시간 사이에 Computers on wheels²처럼 필요할 때마다 컴퓨터를 학급별로 이동하는 방식으로 노트북을 공유할 수 있으나 이는 최적의 방식은 아니다.

종이 및 디지털 교과서

교과서는 주어진 과목에 대해 교수를 지원하는 모든 콘텐트를 제공하는 종합적 학습 시스템의 아날로그 형태이다. 교과서는 또한 교사에게 [지도 가이드라인], [채점 메커니즘], [연습 문제], [수업 순서] 등 많은 도구들을 제공한다. 대부분의 경우에 교사용 교과서는 학생용보다 내용이 훨씬 더 많다.

이에 비하여 디지털 교과서는 일반적으로 PDF나 다른 기기로 읽을 수 있는 형태, 인쇄된 책 형태를 그대로 복사한 것으로 교실 내에서 교사들과 학생들에 의해 사용되도록 고안된 것이다. 디지털 교과서의 정확한 용도는 분명하지 않다. 거의 모든 학교에서 교과서를 사용하고 있는데 종이 교과서는 어떤 기술도 필요 없으나 디지털 교과서는 웹사이트, 온라인 사전, 디지털 칠판, 평가 프로그램과 같은 다른 기술을 이용한 서비스와 결합될 수 있다는 특징을 갖고 있다.

---

2. [역주] 여기에서 Computers on wheels란 컴퓨터들을 카트에 실어 필요한 교실로 이동하여 사용하는 것으로 볼 수 있음.

21세기 교실의 여덟 가지 특징

표 1.1에서, 우리는 다른 종합적 교육과정과 평가 시스템들의 특징들을 분석, 비교하였다. 이 분석을 구조화하기 위해, 우리는 21세기의 교실이 갖게 될 여덟 가지 측면을 검토하였다.

1. **상호작용 디지털 환경**: 사용할 제품이 학교와 교사를 위해 어떤 디지털 도구들을 제공하는가? 교사가 디지털 입력을 할 수 있게 하는가? 학생 계정들과 학생 입력을 가능하게 하는가?

2. **교사용 관리 도구**: 사용할 제품이 교사가 가르치는 데 사용할 구체적 도구들, 수업 배정과 관리, 평가 배정, 자동화된 시험 보고서, 채점 도구들을 제공하는가?

3. **학생용 관리 도구**: 선택할 제품이 학생들에게 개별화 교수법을 제공하는가? 과제를 부여받고 제출할 수 있는 도구들을 제공하는가? 평가 시스템을 포함하는가?

4. **과정 저작 도구**: 시스템이 원본 콘텐트 입력 도구를 제공하는가? 수업과 평가 템플릿으로 콘텐트 입력을 구조화할 수 있는가? 시스템이 제3자 콘텐트 도입 도구를 포함하는가?

5. **교육과정 콘텐트 특징**: 시스템이 교육과정과 평가와 관련된 교육 콘텐트를 제공하는가? 그 콘텐트가 멀티미디어 요소와 상호작용하는 애플릿을 포함하는가? 시스템이 개별화 교수법을 가능하게 하는가? 국가 표준에 부합하는가?

6. **평가 콘텐트 특징**: 시스템이 시험 문제들을 포함한, 교육과정 평가 콘텐트를 제공하는가? 그 질문들에 기반한 자동화된 보고서를 제공하는가? 평가는 개별화되어 있는가? 평가 결과들은 교육과

정으로 다시 연결되어 있는가?

7. **교실 지원 도구**: 교사가 학급을 관리하면서 교실 안에 있어야만 하는가? 시스템이 실시간 학급 관리 도구들을 제공하는가? 교사가 과제와 평가들을 모니터링하기 위해 수업 중에 시스템을 사용할 수 있는가? 시스템이 상호작용 디스플레이 기술을 통합한 도구들을 제공하는가?

8. **교수법 지원 도구**: 시스템이 개방형 응답 문제들을 지원하는가? 이것이 창의적 문제해결, 프로젝트 작업, 브레인스토밍, 그리고 다른 독특한 학생 응답을 위한 기회들을 가능하게 하는가? 전체 학습과 모둠 학습 둘 다를 가능하게 하는가? 협업과 해결책 공유를 위한 도구들을 제공하는가?

특징별 비교

표 1.1은 21세기 교실의 여덟 가지 특징을 중심으로 각각의 시스템들을 비교하여 요약한 것이다. 세 가지의 종합적 시스템 모두가 상호작용 디지털 환경과 교사 및 학생용 도구들을 포함하고 있다. 하지만 이들은 콘텐트의 원천에서 매우 다르다. 과정 플랫폼 LMS는 콘텐트를 포함하지 않으나 콘텐트를 저작하고 다른 자료원에서 가져올 수 있으며 그 콘텐트를 맞춤화하기 위한 도구들을 제공한다.

과정 전달 LMS와 DTP 두 가지 모두 모든 콘텐트를 제공한다. 이 시스템들은 교육과정과 평가 모두를 포함하고 있으며 교수를 개별화하고 상호작용 애플릿을 전달하기 위한 도구들도 포함하고 있다. 그렇지만 과정 전달 LMS는 교사가 직접 자신의 콘텐트를 입력하거나 맞춤화

표 1.1. 종합적 학습 시스템들의 비교

21세기 교실 환경	과정 플랫폼 학습 관리 시스템	과정 전달 학습 관리 시스템	DTP	교과서	e-교과서
1. 상호작용 디지털 환경				아니오	아니오
컴퓨터 기반 전달	☑	☑	☑		☑
교사 계정	☑	☑	☑		
학생 계정	☑	☑	☑		
디지털 학생 상호작용	☑	☑	☑		
원격학습 상황에서 사용	☑	☑			
2. 교사용 관리 도구					
수업 배정/관리	☑	☑	☑	☑	☑
평가 배정/관리	☑	☑	☑	☑	☑
자동화된 진도 보고서	☑	☑	☑		
채점 도구	☑	☑	☑	☑	☑
3. 학생용 관리 도구					
개별화 학습	☑	☑	☑		
과제 보관함	☑	☑	☑	☑	☑
평가 전달 시스템	☑	☑	☑	☑	☑
4. 과정 저작 도구		아니오		아니오	아니오
콘텐트 입력 시스템	☑		☑		
수업 템플릿	☑		☑		
평가 템플릿	☑		☑		
콘텐트 입력 메커니즘	☑		☑		
5. 교육과정 콘텐트 특징	아니오			일부	
교수용 콘텐트 제공		☑	☑	☑	☑
과제 콘텐트 제공		☑	☑	☑	☑
통합된 멀티미디어 콘텐트 포함		☑	☑		
상호작용 애플릿 포함		☑	☑		
개별화 교수법 가능		☑	☑		
표준에 부합		☑	☑	☑	☑

21세기 교실 환경	과정 플랫폼 학습 관리 시스템	과정 전달 학습 관리 시스템	DTP	교과서	e-교과서
6. 평가 콘텐트 특징	아니오				
시험 문제 포함		☑	☑	☑	☑
평가 보고서 템플릿		☑	☑	☑	☑
개별화된 평가		☑	☑	☑	
결과의 교육과정 연계		☑	☑	☑	
7. 교실 지원 도구	아니오	아니오			
교사가 교실에서 학습을 관리			☑	☑	☑
실시간 학급 관리 도구			☑		
교실 내 과제 모니터링			☑		
교실 내 평가 모니터링			☑		
상호작용 디스플레이 통합			☑		
8. 교수법 지원 도구	아니오	아니오			
교육과정이 개방형 응답 허용			☑	☑	☑
문제 해결, 창의성 등 가능하게 함			☑	☑	☑
대·소집단 작업 가능하게 함			☑	☑	☑
협업과 공유 도구			☑	☑	☑

하는 것을 허용하지 않는다. 이에 비해 DTP는 수업 콘텐트를 조작하거나 새로운 형태의 콘텐트를 입력하는 도구들을 제공한다. 또한 DTP는 과정 전달 LMS와 교실 운영 및 교수법 지원에서 차이가 있다. 과제와 평가 모니터링을 통하여, DTP 시스템은 교사에 의한 학급 관리와 실시간 학생 평가를 위한 도구들을 제공한다.

　학습이 이루어지는 동안 교사가 함께 있기 때문에, DTP 시스템은 개방형 문제(open-ended questions)들을 포함할 수 있다. 따라서 교육과정이 요구하는 직접 교수와 선다형 평가를 넘어서 창의성, 브레인스토밍, 프로젝트 작업, 모둠 문제 해결방식 모두를 지원할 수 있게 되어 있다. DTP 시스템은 또한 소그룹 활동, 협업, 학생 활동의 공유를 위한 도구들을 제공한다.

또한 제품들의 비교에서는 종이 및 e-교과서를 포함했는지를 설명하는 것이 중요하다. 교과서는 100년 이상 교사 및 관리자의 요구들에 부응해서 크게 발전해 왔다. 비용이 많이 든다는 점, 무게가 무겁다는 점 외에 분명한 단점들이 있음에도 불구하고, 교과서는 교사 중심의 종합적 교수와 학습 환경에서의 중요한 특징들을 고려하는 데 기준들을 제공한다.

e-교과서는 잠재적으로는 비용 절감, 무게를 줄이는 데에는 이점이 있지만, 교과서를 복제하는 것만으로는 DTP의 특징인 상호작용의 장점을 확보할 수 없다. 다른 종합적 시스템들은 심지어 교과서와 비교해 볼 때도 부족하다는 것을 알 수 있는데, 이는 필요한 기능들을 시스템화하기보다는 정보 처리 관점에서 단순히 각각의 기능을 자동화하거나 확대하였기 때문이다. 제품 설계의 핵심은 기능이지 갖추어야 할 특징이 아니다. 교과서와 DTP는 둘 다 전자와 후자 모두를 가진다.

표에서 가장 중요한 패턴은 학습 관리 시스템들이 표 상단의 범주인 상호작용과 학생, 교사 관리 부분에서 강하다는 것이다. 그리고 교과서는 하단 범주인 교실 내와 교사 지원 도구들에서 강세를 보임을 알 수 있다. DTP는 교사를 지원하는 설계이기 때문에 양쪽 범주를 모두 포함한다.

DTP는 연습과 개별화를 돕는 "닫힌 평가-교사 피드백 순환고리 (closed evaluation-teacher feedback)"를 제공하지만(그림 I.1 참조), 여기에 더하여 일반적인 교실에서의 전형적 상호작용인 교사를 통하는 두 번째

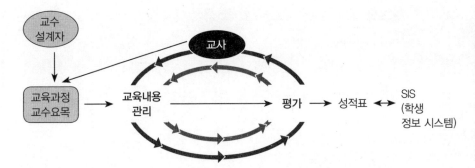

그림 1.2. DTP는 개별화와 관련된 내부 순환고리와 교사를 통한 개방형 탐색을 포함한다. 이 시스템은 학교 구조 내에 내장되어 있다.

피드백 순환고리를 포함한다. 교사는 학생 반응들을 평가하고 그 평가에 의해 각 학생에 대한 처방적 결정들을 내린다(그림 I.2 참조).

그렇기에 DTP는 다양한 비교대상 제품들의 특징들을 결합한 종합적 해결책이라고 볼 수 있다. 그림 1.2는 학교라는 보다 큰 맥락에서 DTP를 포함시키고 있다. 우리는 DTP 설계에서 이러한 하위 시스템의 일부 요소들이 어떻게 포함되어 있는지를 알 수 있다. 이러한 하위 시스템들은 다음과 같은 사항들을 포함한다.

- 지도 과정 시스템: 주로 관리 기능과 관련된 요소이다(SchoolNet, Riverdeep Learning Village, Edmin Inform, Pearson eCollege, eSchool 참조).
- 과정/콘텐트 저작/창작: 모든 학습 관리 시스템 플랫폼의 구성 요소는 아니지만, 일부 LMS 플랫폼 시스템의 중요한 요소이다.
- 콘텐트 관리 시스템: 콘텐트 관리 시스템(CMS: Content Management Systems)은 과정들로 조직화되어 있지 않다(Discovery Streaming 참조).
- 웹 콘텐트 제공 웹사이트: 대부분 도서관/매체 전문가들을 대상으로 하며, 교육과정 부분 또는 코스로 조직화되어 있지 않다(Hot Chalk 참조).

- **포탈**: 모듈 또는 코스로 조직화되어 있지 않다(School Fusion, School Wires, Edline 참조).
- **학생 지원 시스템**: 교사 또는 부모의 도움이나 간섭을 가능하게 하며 동시에 학생들이 사용하도록 의도되어 있다(Study Wiz, K-12 참조).

DTP의 설계

이 절에서는 교실 내 DTP 시스템 사용에 대한 연구를 테크놀러지, 교실 적용, 교육학적 관점이라는 세 가지 측면에서 살펴보고자 한다.

연구: 테크놀러지

DTP에 사용된 하드웨어인 노트북 컴퓨터 또는 이와 유사한 기기와 무선 네트워크는 교실에 본격적으로 사용된 것이 10년이 채 안 되었으며 이런 인프라 구조가 교수와 학습에 미치는 영향에 대한 연구 결과들 역시 별로 없다. 그럼에도 불구하고, 1:1 컴퓨터 사용 환경과 관련한 많은 연구들이 존재하는데, 이런 연구 결과들이 고무적이라 하더라도, 결과들은 한계가 있으므로 결론을 이끌어내는 데에 신중해야 한다(이 책 2장 참조).

1:1 컴퓨터 사용에 대한 많은 연구가 교실 내 컴퓨터들에 대해 비슷한 시각에서 바라보고 있다. 이 연구들에서는 기술 집약적인 교실들과 기술을 사용하지 않는 교실들을 자주 비교하는데, 비교연구들에는 [어떻게 컴퓨터가 실제로 사용되는지] 또는 [교사가 어떤 역할을 하고 있

는지] 또는 [교수용 소프트웨어]에 대한 분석이 별로 포함되어 있지 않다. 사실, 대부분의 1:1 교실에서는 웹 리서치 또는 전형적인 마이크로 소프트 도구들인 워드 프로세싱, 스프레드시트, 프레젠테이션을 위해 컴퓨터를 사용한다(이 책 2장 참조).

이에 비하여 지금 이루어지고 있는 연구들은 테크놀러지의 사용을 넘어서 어떻게 인프라 구조가 교수와 학습을 가능하게 하는지를 정밀하게 검토하기 위해 다양한 영향 요인들에 집중하기 시작하였다. 이들 연구들이 공통적으로 찾아낸 것은 교사가 어떻게 테크놀러지를 사용하는지가 그 테크놀러지의 효과성에 지대하게 영향을 미친다는 점이다.

테크놀러지 사용 교실 대 테크놀러지를 사용하지 않는 교실 많은 연구들이 상위 단계 비교에서 발견한 것들과 그것들의 한계점들을 보여주고 있다. 예를 들자면 보스턴 칼리지의 한 연구 팀은 매사추세츠 서부에서 학생들이 무선 노트북 컴퓨터를 장착한 수업환경인 [무선 이니셔티브]에 대해 평가하였다. 그 연구에서는 매사추세츠 주 시험(MCAS: Massachusetts Statewide examination)에서 참가 학생 성적들을 검토하였는데 2년간 기술을 사용한 교실에서 상당한 향상을 발견하였다고 보고하였다(Bebell and Kay, 2008).

캘리포니아 중학생들을 대상으로 한 연구에서는 노트북을 사용하는 학생들이 수학과 언어 과목에서 전통적 교실 학생들을 상당히 앞지른 것을 발견하였다(Gulek & Demirtas, 2005). 독일에서는, 한 연구에서 노트북 사용 학생들, 특히 여학생들이 생산성 도구들, 인터넷 사용 기술, 하드웨어, 소프트웨어, 운영 시스템들에 대한 지식과 같은 기술적 소양에서 비교 집단 학생들보다 더 많은 것을 얻었음을 발견하였다(Schaumburg, 2001).

이에 비하여 많은 수의 학생들을 대상으로 한 테크놀러지 사용 교실에 대한 최근의 두 가지 연구는 교실에서 적용되고 있는 테크놀러지가 지속적으로 효과적임을 보여주는 데는 실패하였다. 예를 들면, 텍사스에서 4년간의 테크놀러지 적용 수업에 대한 평가에서는 몇 가지 경우에 있어서 비교 집단에 비해 처치 집단이 앞질렀지만, 두 집단이 동일한 경우도 있었다. 이 연구는 또한 테크놀러지 적용 교실 교사들의 사용 수준과 능숙함은 연구기간 4년 동안 높아지기는 하였지만 단지 25%만이 높은 단계의 테크놀러지를 사용하였음을 발견하였다(Shapely, Sheehan, Maloney, & Caranikas-Walker, 2009). 또한 (미) 교육부 산하 교육과학연구소(IES: Institute of Education Science)의 한 연구에서는 비교 연구의 처치 집단에서 별다른 향상을 발견하지 못하였다(Dynarski, Agodini, Heaviside, Novak, Carey, Campuzano, et al., 2007).

테크놀러지 실행의 변수들이 효과에 영향을 미친다 또한 연구자들이 컴퓨터 사용 교실과 그렇지 않은 교실을 단순 비교하는 것 이상의 방법으로 연구 방향을 전환함에 따라 다른 중요한 변수들이 발견되고 있다. 1:1 컴퓨터 사용 연구에서는 [테크놀러지가 효과적으로 사용되었는가? 교사들이 이에 숙달되었는가? 과정 프로그램이 얼마나 철저했는가?]와 같은 수업 실행 변수의 중요성을 지속적으로 지적하고 있다.

1:1 컴퓨터 사용 연구에 대한 최근의 한 검토(Lemke & Fadel, 2006)에서는 학습 시 학생 몰입이 증가하는 요인에 대한 몇 가지 연구 결과들을 제시하였다. 이 연구들에서는 기술 집약적 교실에서 효과적으로 수업이 실행될 경우 보다 많은 협업이나 소집단 활동을 가능하게 한다는 것이 입증되었다. 그들은 보다 학생 중심이며 문제 중심인 교육과정을 이용했고 보다 많은 고차원적인 사고 기술을 사용하도록 유도할 수 있었는

데, 이러한 이점들은 교육 프로그램이 설계된 대로 충실하게 실행된다는 점에 근거하고 있다.

보다 효과적으로 테크놀러지를 사용하는 교사들이 테크놀러지를 잘 사용하지 못하는 교사들보다 학습 효과를 잘 이끌어낼 확률이 높다. 또한 학교 리더십과 문화는 교사들의 실행에서의 충실함과 강력한 상관관계를 가지고 있다.

Lemke와 Fadel(2006)은 이러한 요인들에 보다 주의 깊게 주목해서 특히 리더십의 역할, 교사 훈련, 학교 문화, 교육과정 재설계를 검토해야 한다고 결론지었다. 동시에, 이 논문에서는 1:1 모델에 관한 소수의 연구 결과를 발견하고 이들 제한된 논문의 결과를 일반화하는 데 주의할 것을 권고하였다.

몇몇 고등학교를 대상으로 한 1:1 노트북 사용에 초점을 둔 보다 최근의 연구(Zucker & Hug, 2007)에서는 기술 하나만으로는 학생의 학습과 교사의 효과성에 이점을 가져오기에는 충분치 않음이 발견되었다. 이를 위해서는 하드웨어 제공뿐만 아니라 교수, 시험, 교사 훈련의 변화가 동반되어야 한다. 실제로, 기술의 복잡성은 기술을 사용하는 것만으로 성취를 어렵게 만들었다. 이 연구에서, 교사들은 다른 방법들로 학급을 관리하는 법을 배워야 했는데, 그들은 하드웨어가 작동되도록 유지해야 했고, 적합한 소프트웨어를 찾고 사용법을 배워야 하였다. 이러한 어려움을 극복한 교사들이 가장 훌륭한 결과를 만들어 냈다.

프로그램의 현장 실행에서 고려해야 하는 다양한 요인들의 중요성은 기술 코디네이터들에 의해 문서화되어 있다. 한 설문조사에서, 1:1 컴퓨터 사용 프로그램의 코디네이터들은 그들 관심 분야에 대해 순위를 매겼다. 그 결과, 비록 교사의 전문성 개발이 높은 위치에 있었지만, 64%는 콘텐트 자원에 대한 필요를 보고하였다(Wilson, 2008). 주 전체 중학교에서 이루어진 1:1 컴퓨터 사용 실행인 [메인 랩톱 이니셔티브 (Maine Laptop Initiative)]의 예비 연구에서는 테크놀러지에 능숙한 교사가 보다 효과적으로 이를 사용했음이 보고되었다. 이들은 노트북 컴퓨터가 학생들에게 긍정적인 영향을 끼친다고 보고하고, 동료들 및 학생들과 협력하고, 온라인 평가를 실행할 가능성이 더 높다는 것이 나타났다 (Sargent, 2003).

이러한 결과들은 DTP 설계 시 분석한 내용과 큰 상관관계를 갖는다. 즉, 하드웨어와 교육과정 콘텐츠는 대체로 이 도구들을 다루는 교사의 능력에 의존할 것이며 교사의 중요성을 인식하기에 타임투노우에서는 기술뿐 아니라 플랫폼의 교수법을 다루는 전문성 개발을 위한 광범위한 프로그램을 포함하고 있다(Rockman & Scott, 이 책 11장 참조). 갈수록 1:1 컴퓨터 사용에 대한 연구는 증가하고 있고 교수와 학습에 관한 테크놀러지의 영향은 전 세계의 연구자들에 의해 예측되고 있다(관련된 연구는 Chan, Roschelle, Hsi, Kinshuk, Sharples, Brown, et al., 2006 참조).

연구: 교실

교실에서의 DTP 사용은 교수와 학습을 위한 새로운 기회들을 제공해 주지만, 보다 복잡한 교수법에 대하여 교사들 역시 도전이 필요하다 (Zucker & Hug, 2007). 이 부분에서는 테크놀러지를 활용한 교실 관리 업무에 내재되어 있는 새로운 도전들을 고려할 필요가 있다.

Jon Saphier와 Robert Gower는 그들의 중요한 연구인 『The Skillful Teacher』(1997)에서 효과적인 교실 관리에서 직면할 수 있는 여섯 가지 도전 과제들을 확인하였다. 그것은 주목, 모멘텀, 시간, 공간, 루틴, 규율 등이다. 기술은 교사들에게 교실 관리 업무에 대한 많은 기회를 제공하며, 아래 논의는 타임투노우 DTP의 특징들이 각 영역에서 어떻게 교사를 돕도록 설계되었는지 보여준다.

주목 학생들은 배우는 것에 주의를 기울일 때에만 제대로 배울 수 있다. 교사들은 학생들로 하여금 수업 중에 타당한 교육과정 활동에 참여하게 해야만 한다. 사실, 연구자들은 학습 시간이 성취와 긍정적으로 상관되어 있음을 입증하였다(Bennett, 1978). 타임투노우는 학생들에게 시각적 데모와 애니메이션을 통해 교사의 수업에 참여하도록 한다. DTP가 제공하는 [상호작용 애플릿]이 학생들이 문제와 패턴을 탐색하도록 돕는다. [라이브텍스트] 기능이 그들의 읽기 기술의 발판이 되어 도와주고 계속 읽어가도록 동기를 부여한다. 동시에, [실시간 진도 보고서]가 학생들이 생산적인 활동을 하도록 확인하는 기능을 제공한다. 타임투노우 DTP의 모든 작업들과 자료들은 서로 관련성이 있으며 몰입할 수 있게 고안되어 있다.

모멘텀 교사는 수업 중 일어나는 일들의 흐름을 조정하고 활동들 간에 자연스럽고 신속한 전환이 이루어질 수 있도록 해야만 한다(Kounin, 1970). 모멘텀 간에 나타나는 공백은 학생들의 집중을 방해하기 때문에 타임투노우는 교사에게 [그룹 토론]에서 [개별 연습]으로의 전환을 통해 학생들을 이끄는 도구들을 제공함으로써 수업 모멘텀을 유지하도록 돕는다. 선생님께 주목하게 하는 DTP 도구는 학생들이 노트북에서 각자 독립적 작업을 중지하고 학급 전체 집단 활동에 참여하도록 학생의 개별 컴퓨터에 신호를 보낸다. 마찬가지로 각각의 [학습 시퀀스] 내 [활동]들도 의미 있는 방식으로 흐르도록 설계되었다.

공간과 시간 교사들은 모멘텀과 루틴을 유지하기 위해 교실의 물리적 공간을 조직화해야 한다. 그들은 수업 이벤트를 관리하고, 일정을 통제하며, 시간을 적절히 배분해야 한다. 교사들은 그 시간을 효율적으로 사용해야 하며, 학생 개인들뿐 아니라 학급 전체의 필요를 만족하는 모든 활동을 위해 학습 속도를 정해야 한다(Stallings, 1980). 교실 내 컴퓨터 사용을 분석하는 데 있어서, Roschelle과 Pea(2002)는 학생들과 교사들 간 필요한 정보를 교환함으로써 물리적 공간을 확장하는 1:1 컴퓨터들의 능력을 제시하고 있다.

타임투노우와 학생들의 무선 컴퓨터는 물리적 공간을 조직화하는 메커니즘을 제공한다. 학생들은 [개인] 또는 [그룹]으로 활동한다. 그들은 교실 앞 칠판으로 오고 간다. 그들은 교사 워크스테이션에 의해 모니터링되지만 활동 시 각각의 학생들을 위해 쉽게 개인 컴퓨터를 옮길 수도 있다. 또한 T2K [계획] 도구들은 교사로 하여금 수업시간을 보다 효율적으로 사용할 수 있게 돕는다.

루틴 수업은 절차상 루틴을 정하고 이들을 효율적으로 사용할 때 가장 효율적으로 관리된다. 학생들은 이러한 루틴들을 알고 어떻게 관여할 것인지 알아야 한다. 타임투노우는 모든 [활동]들과 [애플릿]들을 위해 동일한 유저 인터페이스를 배치함으로써 이러한 루틴들을 개발하도록 돕는다. 예를 들면 교사의 요구에 따라 학생들이 노트북을 열었을 때, 그들은 빠르게 [과제]들을 살펴보기 시작한다. 비록 그 [과제]들 안에 [활동]들이 완전히 새로운 것들일지라도 이러한 루틴은 수업 중 많은 변화들을 단순화시켜 준다.

규율 때때로, 교사들은 반항하는 학생들에게 대응할 필요가 있다. 이를 위하여 설정된 규칙들은 분명하고 구체적이어야 한다. 또한 긍정적 기대가 반복되어야 하며 학생들은 교실 생활에 대해 영향을 준다는 느낌을 가져야 한다(Gordon, 1974). 학생들은 흔히 너무 어려운 과제를 할 때 좌절하거나, 너무 쉬운 과제를 할 때 지루해질 수 있다. 모든 과제들을 각 학생에게 개별적으로 맞춤으로써, 그리고 수업 중에 이 과제들을 조정함으로써, 교사는 학생들이 최적의 수준에서 활동할 수 있도록 유지하며, 이는 규율 문제의 수를 감소시킨다.

교실은 교사가 수업을 위한 계획에 있어서 사려 깊은 준비와 뒤따르는 실행에서는 능숙한 적용을 요구하는 복잡한 환경이다. 다음의 여섯 가지 속성들과 그 적용을 자세히 설명하면서, 타임투노우 플랫폼이 어떻게 이러한 과제들을 지원하며, 효과적으로 사용되었을 때 교사를 어떻게 더 생산적으로 만드는지 설명하고 있다. 이 모든 것들이 전부 이루어졌을 때, 학생들은 더욱 독립적으로 학습에 참여하며 학습에 지장 없이 한 유형의 [활동]에서 다음으로 전환을 하게 된다.

연구: 개별화, 연습, 평가

수많은 교육 연구들이 기능들과 개념들을 익히는 데 [안내된 연습]의 중요성을 입증하고 있다. 2008년, 수학 교육에 관한 어떤 토론에서는 "교육과정은 충분한 연습을 제공해야 하는데 사실 미국 교육과정은 그렇게 하는 데가 거의 없다. 교수법은 학생들의 능숙함을 발전시켜야 한다. 이때 능숙함이란 학생들이 주요 개념들을 이해하고, 자동화되도록 습득하며, 융통성 있고 정확하며 자동적인 표준 알고리즘 실행을 개발하고, 이러한 역량을 문제를 풀 때 사용하는 것을 의미한다"고 결론지었다(National Mathematics Advisory Panel, 2008).

읽기에 대한 연구에서도 연습이 특히 즉각적 피드백과 결합될 때 기량이 향상되는 것을 발견하였다(National Institute of Child Health and Human Development, 2000). 연구 결과 학생들의 학습에 관한 빈번한 피드백이 학습에 상당한 도움을 줌을 발견하였다(Black & William, 1998).

전문성을 개발하는 데 있어 연습의 역할은 이미 광범위하게 연구되었다. 연구 결과는 많이 생각하고 교사의 피드백으로 지원되는 주의 깊은 연습이 음악, 스포츠, 수학, 체스, 외과수술을 포함하는 많은 분야에서 전문성을 개발하는 데 필수적임을 보여준다(Ericsson, Charness, & Feltovich, 2006). 다시 말하면 연습은 즉각적 피드백과 함께 할 경우에만 효과적이라는 것이다.

수학교육 관련 연구에서는 평가 결과가 개별화된 과제에 사용될 때, 형성 평가를 관리하는 기술 사용이 효과가 있음이 발견되었다(National Mathematics Advisory Panel, 2008). 유사하게, 읽기에도 진단 평가와 결합된 연습의 역할이 중요하다. 이 평가들은 실시간으로 학습을 안내할 수 있으며 개별적 요구에 대응할 수 있다(National Institute for Literacy, 2007).

또한 현대의 연구는 평가와 학생의 산출물 사이에 강한 관계성이 있음을 발견하였다. 학생들은 학습 과정 중에 자신의 작품을 평가하는 것을 학습해야 한다. 이 평가는 주의 깊은 연습의 순간들을 포함하여 생산적 행동 과정 중에 일어나야 하는데, 그러자면 학생들은 생산하면서 활동을 수정하는 데 사용할 전략이 있어야만 한다. 이러한 기술 또는 전략은 직접적이고 실제적인 평가 경험 그리고 이러한 것들을 공급할 수 있는 교수 시스템으로 개발될 수 있다(Sadler, 1989).

정확하고 즉각적인 평가는 또한 개별화된 연습의 효과적인 사용과도 연관되어 있다. Stiggins(2004)는 교사와 학생 간에 긴밀한 연결이 있을 때 최적의 학습이 이루어짐을 서술하였다. 이러한 연결은 학생들이 성공할 수 있을지, 그리고 기준을 만족시키는 노력을 기울일 만한지를 결정한다. 다른 말로 하면, 학생들은 개인적 수준에서 이러한 평가 요인들을 검토한다는 것이다.

Stiggins는 현재의 많은 평가의 실행들이, 특히 중요한 시험들의 경우에, 이러한 종류의 정보를 학생들에게 제공하지 않고 있다고 결론짓는다. 그렇지만 교육적 의사결정은 매일매일 접하고 있는 교육 환경에서 가장 잘 일어나는 것이지, 일년에 한 번 있는 시험을 통해서 이루어지는 것은 아니다. 그렇기 때문에 온라인 평가 도구들을 사용하면, 교사들과 학생들은 신속하고 효율적으로 개인 학습과 교육 진도를 평가할 수 있다. 평가에 대한 이런 시각은 교사에게 추가적인 분석에 대한 지원을 제공해 주는데, 이는 분석 결과들이 학생별로 개별화되어 있으며 교실 수업의 분석과도 결합되어 있기 때문이다. 이런 식으로 평가 데이터를 취합하는 것은 집단 학습 계획에 중요할 수 있다(Roschelle & Pea, 2002).

마지막으로, 기술을 통한 개별화의 역할은 "개별화 학습"이라는 시각을 제공한다. Howard Gardner(2009)는 이에 대해 다음과 같이 언급하였다.

제대로 프로그램된 컴퓨터는 자료를 익히는 데 많은 방법들을 제공한다. 학생들 또는 교사들은 자료를 프레젠테이션하는 데 최적의 방법들을 선택할 수 있다. 평가를 위한 적절한 도구들이 실행될 것이다. 무엇보다도 좋은 것은, 컴퓨터는 끝없이 기다려 주며 유연하다는 것이다. 효과적일 것으로 예상되는 접근법이 처음에 제대로 작동하지 않는다면, 이는 반복될 수 있고, 만약 실패한다면, 다른 대안이 활용 가능할 것이다(p. 86).

Gardner의 연구는 타임투노우 플랫폼과 같은 도구들을 이용하여 맞춤화된 교수와 연습의 중요성을 분명하게 보여주고 있다. 교사들은 계획과정에서 개별 학생들에게 과제를 제시해 주고, 학생 작업과 평가를 바탕으로 수업 중에 이 과제들을 조정할 수 있다. 이 과정에서 연습과 평가 과제들을 밀접하게 관련시키며, 교사가 모든 학생들이 항상 최적의 수준에서 작업하는 것을 유지하는 것을 도와준다.

연습 요소들은 또한 다른 형태의 활동들과 결합될 수 있다. 다른 학생들이 [개방형 애플릿]을 사용하거나 [게임] 활동을 하거나, 미디어를 보거나 또는 지문을 읽는 동안, 어떤 학생들은 연습 과제를 수행할 수 있다. 이 모든 활동들이 진행되는 동안, 교사는 도움을 필요로 하는 학생들을 개별적으로 지도해 주는 시간을 가질 수 있다. 이와 같이 DTP에 의해 가능해진 맞춤화는 활동들의 유형뿐 아니라 이러한 활동들의 발전까지도 포함한다.

연구: 교수법

타임투노우 시스템과 DTP는 사회적 구성주의(social constructivism)라는 특정한 교육학적 접근에 의해 설계되었다. 구성주의적 관점에서는 개인이 지식과 의미를 생성한다고 본다. 이는 지식이 개인과 동떨어져 존재하는 그 어떤 것이 아니라 학생들이 이미 알고 있는 것을 바탕으로 새로운 지식을 구성하고 이해한다는 관점이다. 학생의 학습은 발달 수준과 경험에 의해 형성된다. 사회문화적 배경지식은 학생들에게 내재되어 있으며 학생의 현실과 밀접한 과제들을 통해 숙달된다. 학습자들은 현실 속에서 개인적 지식을 만들고 새롭게 상황에 맞는 이해를 이끌어

내게 된다. 이를 위하여 교사는 특정한 지식과 기술을 강요함 없이 의미를 만드는 것을 도울 수 있는 풍부하고 개방적이며 구조화된 경험들을 제공해야 한다. 이러한 안내는 코칭, 멘토링 또는 도제 수업의 형태로 나타날 수 있다(Dede, 2008). 따라서 구성주의 원칙으로 만들어진 교육과정은 개방성과 함께 수반되는 [개념적 이해]와 [문제해결 기술]과 같은 속성들이 상호간에 지원하는 방식으로 개발되어야 한다(National Mathematics Advisory Panel, 2008).

구성주의 접근법에서, 가르치는 것은 지식을 전달하는 것이라기보다는 지식 구성을 지원하는 프로세스의 일환이라고 볼 수 있다. 따라서 교사는 학생들에게 지식 전달의 전문가라기보다는 안내자로 간주된다. [학습 활동]들은 유의미한 것이며 잘못되거나 불완전한 지식 역시 학생들의 예측을 방해했을 때 혼란스러움이 호기심에 영향을 미칠 수 있다. 교사들은 학생들이 이러한 경험에 대해 숙고하고, 다른 관점을 찾도록 하며, 여러 다양한 아이디어들을 시험해 보도록 격려한다. 이러한 목표들을 달성하려는 학생들의 동기는 도전, 호기심, 선택, 환상, 사회적 인정과 같은 요인들에 의해 결정된다(Malone & Lepper, 1987; Pintrich & Schunk, 2002).

National Research Council에서는 구성주의 접근법에서 이루어지는 학습의 필수적 목표를 나열하고 있다. 즉, 사실적 지식과 과정적 기술의 깊은 토대 쌓기, 개념적 프레임워크 발달, 전문가들처럼 영역 지식 구조화하기, 사고 프로세스 향상시키기(National Research Council, 2005)가 그것들이다.

이러한 목표들을 달성하려는 학생의 동기는 성취에서 오는 만족, 다른 이들에게 공헌, 그리고 도전과 호기심 같은 다양한 내적, 외적 요인들에 의해 결정된다(Pintrich & Schunk, 2002).

이러한 관점을 가진 학파의 발달에 중요한 이론을 제공한 연구자들은 Anderson(1993), Bruner(1960, 1968), Piaget(1967, 1974), Mayer(1977), Norman(1980), Newell과 Simon(1972), Palincsar와 Brown(1984), Vygotsky(1986)와 같은 이들이다. 이러한 이론들에 바탕을 둔 많은 교수 설계 전략들은 학생들에게 과목 지식을 이해시키는 것을 돕는 데 목표를 두는 경우가 많았다(Case, 1992; Hunt & Minstrell, 1994; Lee & Ashby, 2001). 이 이론은 특별히 수학교육에서 영향력이 컸다(Glaserfeld, 1995a & 1995b).

최근 연구자들은 특정한 환경 속에서 구성주의를 분석하였다. Dede는 이 관점을 정보통신 기술에 적용한 연구들을 검토하고, 다양한 범위 주제들을 다룬 이 연구들이 긍정적 결과를 내는 경향이 있음을 발견하였다(Dede, 2008). 다른 연구자들은 일반적인 교실 수업에서 구성주의 접근법을 적용하는 기술에 대해 서술하였다(Brooks & Brooks, 1999; Fostnot, 2005; Gagnon, Collay, & Schmuck, 2005). 교실 수업과 관련하여, Perkins는 교육자들에게 실제로 활용 가능한 것에 중점을 둘 것을 조언함으로써 구성주의에 접근하는 데 있어서도 실용주의적 관점을 견지해야 함을 지적하고 있다(Perkins, 1999).

사회적 구성주의 플랫폼으로서의 타임투노우

타임투노우 시스템은 구성주의 원칙들에 의해 설계되었다. 이는 수학과 읽기/문학 과목에서 학생들이 의미 있는 과업을 수행하는 방식으로 시스템에 구성주의를 접목시켰다. 이를 위하여 DTP는 학생들이 특정한 문제들이나 개념들을 탐색하는 데 사용할 수 있는 [개방 종결형 애플릿을 제공한다. 수학에서 이러한 애플릿들은 특정 개념들을 탐색할 수 있는 환경을 제공한다. 예를 들면 앞에서 기술한 일화 1과 2에서는 분수 막대 [애플릿]으로 이를 보여 주었다. 문학 언어에서는 [라이브텍스트]라는 기능이 학생들이 읽기 자료와 상호작용할 수 있는 도구를 주고 읽기 기술을 발달시키고 지문 이해를 지원하는 안내를 제공한다.

[갤러리] 기능은 학생들이 자신의 산출물을 게시하고 동료들의 산출물을 검토할 수 있는 장을 제공한다. [갤러리]는 또한 교사가 학생 활동을 보고 및 분석하는 데 사용하고 다른 학생들과 공유하는 것을 볼 수 있게 하는 기제로 작용한다. [갤러리]의 두 가지 구현 모두 학급 토론에 이용될 수 있다. 장기 과제는 학생 프로젝트에 기반한 호기심 학습을 자극한다. 이러한 요소들은 구성주의자 관점에서 매우 중요하다. Roschelle은 또한 기술을 사용하여 교사들은 기존 이해를 목표로 하고, 학생들을 토론에 참여시키며, 빈번한 피드백을 제공하는 것이 용이해짐을 지적하고 있다. 그는 읽는 이들에게 프로그램 효과성 이슈를 다시 꺼내면서 "이러한 활동에 기반한 교사의 수업이 학생 성취도 향상의 주된 요인이다"라고 강조하고 있다(Roschelle, Penuel, & Abrahamson, 2004).

교실에서 변화 중재자로서의 테크놀러지

1993년, Larry Cuban은 티처스 칼리지 레코드 지에 "컴퓨터가 교실을 만나다: 교실의 승리"라는 제목으로 논문을 썼다. 이 논문에서, Cuban은 교육에서 차지하는 테크놀러지의 위치에 대해 분석하고 당시 테크놀러지 도입이 느린 이유에 대해 밝히고 있다. 그가 밝힌 이유는 예산이나 연수, 테크놀러지의 문제가 아니라 사회에서 요구하는 학교의 역할에 대한 오해 때문이라고 주장하였다.

　Cuban의 에세이는 오늘날 교실들에서 테크놀러지 사용에 대한 이러한 분석이 여전히 유효함을 알 수 있다. Cuban은 학교에서 적용될 수 있는 기술 혁신의 미래에 대해 세 가지 시나리오를 제시하였다. 첫 번째 시나리오에서, 테크놀러지 애호가는 학생들과 교사들의 따분하고 경직된 접근법을 컴퓨터가 탈피하게 함으로써 테크놀러지가 학교들을 더욱 효율적이고 따라서 더 생산적으로 만들 것이라고 전망한다. 이러한 테크놀러지로 보완된 교육 시스템들은 교실 활동에서 핵심적 역할을 맡게 되고, 극적인 변화를 이끌어 내며, 시스템들은 더욱 지능화되어 심지어 정보 전달자로서 교사를 대치할 수도 있다. 1993년에 이러한 테크놀러지 애호가 관점을 지지한 이들이 많았음에도 불구하고, 오늘날 지지자들은 거의 없으며 교실 내에서 인공지능에 대한 관심은 아주 낮다.

　두 번째 시나리오인 보존주의자 관점은 교수, 학습, 교사와 학생 관계에 대한 통상적이고 문화적인 믿음을 지지한다. 보존주의자에 의하면 테크놀러지는 교수를 위해 학교를 조직하는 기존 방식을 급격하게 바꾸어서는 안 된다. 교육 시스템은 오늘날의 가치와 지식을 다음 세대에 전수하기 위해 고안된 것이며, 보존주의자 관점에서 테크놀러지는 그 역할을 지원하기 위해서만 존재해야 한다. 이는 전달되어야 할 지식에 테크놀러지를 추가하는 테크놀러지 소양 과정이나 컴퓨터 과학 교육과정이 대표적인 예이다. 교과서 채택의 한 부분으로 소프트웨어를 제공하거나 시험 준비 도구로 테크놀러지를 사용하는 것이 보존주의자 접근법의 또 다른 예시이다. 이 관점에서는, 테크놀러지는 중요하나 학생 교육의 일부분에 한정된다.

　보존주의자 접근법에 있어서 주된 요소는 정보 매개자로서 교사가 중요한 역할을 한다는 것을 고수한다는 점이다. 사실, 테크놀러지 사용은 "교실과 학교에 변함없는 문법과 같이" 교사에 의해 채택되어야 한다고 주장하였다(Cuban, 1993, p.195). Saul Rockman은 "교사가 테크놀러지로 무엇을 하는지가 테크놀러지가 어떤 것인지보다 더 중요하다"고 언급하였다(Rockman, 1991, p.25). 보존주의자 접근법은 급격한 변화에 조심스러우며 학교교육의 전통적 목표들을 존중한다. 다시 말하면 학교들이 한 세기 넘게 지속해 온 것들을 강화하고자 하는 것이다(Cohen, 1990).

신중한 낙관주의자는 세 번째 시나리오를 제공한다. 이들은 컴퓨터가 학교교육에서 만들어 내는 점진적인 변화를 통한 하이브리드형 학교와 학급의 완만한 증가를 전망한다. 이 관점에서는 "학교는 학생들과 성인들이 학교교육에서 사려 깊고 느린 테크놀러지 적용을 통하여 서로를 가르치는 작은 학습 공동체가 되어 간다"(Cuban, 1993, p. 196). 이 시나리오는 변화된 시각으로 점진적으로 진화함을 전망한다. 테크놀러지는 학생들과 교사들이 서로를 가르치는 발판을 제공할 수 있다. 교실은 교사가 지시하는 환경에서 동료들이 서로를 돕고 교사가 멘토로 근무하는 학습공간으로 전환된다.

1993년 당시에 미래를 전망하면서, Cuban은 단기적으로 볼 때는 보존주의자 접근법이 학급 기술 사용을 가장 잘 설명할 것으로 예측하였으나, 장기적으로 볼 때 조심스러운 낙관주의자 접근법이, 특히 초등학교에서, 지지를 얻을 것으로 보았다. Cuban의 테크놀러지에 대한 분석과 전망은 오늘날 세계에서도 설득력 있게 작용한다. 분명히, 보존주의자 접근법이 오늘날 기술이 어떻게 사용되는지에 대해 가장 잘 설명하고 있다. 기술은 여전히 테크놀러지 애호가들이 가진 것처럼 많은 미래주의자적 비전을 제공할 수 없으며 낙관주의자 접근법의 큰 발판 마련을 위해 충분한 시간이 경과하지도 않았다. 반면 Christensen과 같은 미래학자들은 학교에서의 기술적 변화가 이제 임박하였다고 보고 있다 (Christensen et al., 2008).

DTP의 미래

Cuban의 분석 이후로, 테크놀러지 플랫폼은 교육에 있어 중요한 방식으로 발전하고 있다. 오늘날, 컴퓨터는 전 세계적 네트워크에 초고속 무선망으로 연결된 강력한 멀티미디어 기기가 되었다. 그럼에도 불구하고, 학교에서의 테크놀러지 사용은 근본적으로 변화하지 않았고, 교육현장에서 주변적 요소로 남아있다. Cuban의 분석은 타임투노우 제품으로 예시되는 DTP의 본 검토에 적용될 수 있다. 그러한 분석은 보존주의자와 낙관주의자 관점의 최적의 결합을 제시한다. 교사가 주도하는 교실에 대한 강조, 학급 운영을 관리하는 도구들, 연습과 평가에 대한 [주목]들로 DTP는 보존주의자의 견해를 강하게 지지한다. 이러한 도구들과 교육과정은 성취목표를 배우는 것에 대한 강조, 중요한 시험으로 학습을 측정, 연령별 학생 교실 그룹을 만드는 것과 같은 전통적 학교교육의 필수적 특징들을 만족시킨다.

DTP는 또한 학생 중심의 애플릿들, 학생 협업에 대한 지원, 구성주의 교육철학, 유의미한 학습 등을 사용함으로써 신중한 낙관주의자 관점을 취하고 있다. DTP는 학생의 탐색 현상, 이해 구성, 학생 자신의 학습을 안내하는 것을 지원한다. 시스템은 또한 교사가 멘토이자 코치가 되게 돕는다.

DTP가 보존주의자인 동시에 낙관주의자라는 이러한 발견은 DTP가 교실로 가져오는 네 가지 중요한 혁신을 검토함으로써 더 확실해질 수 있다. 이들 혁신 중 개별화의 역할과 신속한 진단의 사용이라는 두 가지는 DTP 사용의 이익에 있어 분명히 보존주의자적이다. 둘 다 DTP가 교육과정에 기반한 중요한 시험에 효율적으로 학생들이 준비할 수 있도록 설계되어 있음을 보여준다. 다른 두 개의 혁신들인 [구성주의자 교육철학]과 [협력 그룹]은 교사들의 멘토링을 통하여 학생들의 탐색, 창의성, 동료 협업으로 유도함으로써 조심스러운 낙관주의의 방향으로 가고 있다.

개별화와 독립성

아마도 타임투노우가 개발한 DTP의 가장 강력한 이점은 정규 수업 시간 내에 학생 학습의 개별화가 가능하다는 데에 있을 것이다. 이는 학생들로 하여금 학습에 더 집중하여 더 효과적으로 학습할 수 있게 한다. 여러 연구에서는 안내된 연습이 정기적으로 각 학생의 필요, 관심, 역량에 맞춤화되어야 하며 전체적으로 부과되는 일반적 연습은 아주 비효율적임을 지적하고 있다. DTP는 이러한 개별화를 새로운 차원에서 가능하게 한다.

개별화는 또한 학생과 교사에게, 다른 학생들에게 맞춰 따라가야 하는 요구로부터의 자유를 제공해 주며 이는 다른 사람과 비교할 필요 없이 그들이 더 많은 노력을 자신들의 과제에 기울이도록 격려한다. 그러나 이런 수준의 개별화는 전통적 교실 자료를 사용할 때 별로 실용적이지 못하다. 개별 학생을 위한 맞춤화된 학습을 제공함으로써 교육을 개별화하는 것은 학교를 변모시키는 강력한 요소이다. T2K 플랫폼은 교사에게 개별화 도구들을 제공함으로써 이 문제에 접근한다. 테크놀러지 애호가 Clay Christensen은 개별화의 중요한 역할에 동의하면서도 해결책은 교사의 전문성보다는 테크놀러지에 있다고 보고 있다 (Christensen et al., 2008).

우리는 2020년까지 50% 이상의 고등학교 과정이 온라인화될 것이라는 Christenson의 전망에 동의하지만, 그가 DTP라는 혁신적 테크놀러지의 도입을 간과하고 있다고 느낀다. 이 전망에서는 교사의 역할이 무시되고 있다. 대신 우리는 50% 또는 그 이상의 교육과정이 종이에서 디지털로 옮겨감에 따라 온라인화될 것으로 전망할 수 있으나, 교사의 핵심적 역할은 지속될 것으로 본다(보존주의자적 관점). 그러므로 DTP의 도입은 조심스러운 낙관주의자적 관점으로 귀결될 수 있다.

신속한 반응을 통한 진단

평가는 교육과정에 적합하고, 적시에 전달되며, 결과가 새로운 수업 전개를 안내하는 데 바로 사용될 때, 교수 도구로서 매우 효과적이다. 타임투노우의 DTP는 이 모든 요구사항들을 가능하게 한다. 교사들은 자신들이 가르치는 것에 상응하는 평가를 시스템을 이용하여 개발한다. 그들은 이 평가들을 학생, 개인, 그룹, 아니면 전체 학급에 적시에 실시한다. 그리고 학생들이 평가를 끝내자마자 결과를 검토한다. 이때 제시되는 평가는 개별화 역량과 밀접하게 들어맞으며, 중요한 진단 요소를 더한다. 이 교수법과 평가 접근법은 학생들을 학습 흐름에서 벗어나지 않도록 동기 부여하며 자신들의 진도를 인지하도록 한다. 이러한 교실 내 시스템 구현으로 야기되는 두 가지 혁신인 [개별화]와 [진단]은 함께 교수와 학습에 있어서 효율성을 제공한다.

엄격한 실천과 구성주의적 교수법

T2K 교육철학의 구성주의 접근법은 고차원적 사고에 강력한 효과가 있다. 구성주의 접근법은 창의성, 깊은 이해, 평생 학습에 주안점을 두고 있다. 그러나 구성주의 접근을 실행하기 위해 교사는 많은 개방형 문제들을 던져야 한다. 그렇지만 수업시간에는 이런 관점에서 보다 시간을 적게 사용하는 대신에 코칭, 관찰, 질문에 보다 많은 시간을 투자해야 한다.

이 교육철학은 읽기와 수학 능력의 필요성을 무시하지 않으며, 그러므로 엄격한 연습이 주된 역할을 한다. T2K는 이 연습을 [도구], [애플릿], [그룹 토론]으로 지원되는 개방형-종결 문제와 결합시켰다.

개별 학습과 협력 집단의 혼합

구성주의 교육철학과 엄격한 연습의 결합은 수시로 교실의 재구성을 필요로 한다. 학생들은 개별적으로 또는 전체 학급으로 활동한다. 그들은 또한 많은 문제해결 활동과 토론을 위해 협력 집단에 참여한다. 교사에게는 이러한 다양한 집단들을 관리하는 것이 실제 수업에서 어려운 점이다. DTP는 이러한 어려움을 다루는 데 필요한 도구들을 제공한다. 결과적으로, 이를 통하여 학습 과정에서 공동체, 나눔, 협력을 고려할 수 있도록 해준다.

DTP의 인적 요소

1:1 네트워크 기술, 디지털 교육과정, 상호작용 칠판을 채택한 교실 내의 혁신적 변화에 대한 가능성은 분명히 존재한다(Christensen, 2003 참조). DTP는 인적 요소를 수업에 다시 투입하기 위해 테크놀러지를 이용하여 이러한 변화를 촉진시키는 설계 개념을 갖고 있다. 이 변화의 핵심은 수업 준비, 학급 관리, 개별화, 평가를 위한 교사 지원과 개방형 탐색, 개별화, 21세기 기술, 협업을 위한 학생 지원과 같은 방법으로 교사와 학생들에게 필요한 디지털 지원을 제공하는 것이다.

참고문헌

Anderson, J. (1993). *Rules of the mind*. Mahwah, NJ: Erlbaum.

Bebell, D., & Kaye, J. (2008). *Berkshire Wireless Learning Initiative year 3 evaluation results*. Boston: Boston College.

Bennett, N. (1978). Recent research on teaching: A dream, a belief, a model. *Journal of Education, 160*, 5–37.

Black, P., & Wiliam, D. (1998). Assessment and classroom learning. *Assessment in Education, 5*, 7–74.

Brooks, M., & Brooks, G. (1999). The courage to be constructivist. *Education Leadership, 54*, 18–24.

Bruner, J. (1960). *The process of education*. Cambridge, MA: Harvard University Press.

Bruner, J. (1968). *Toward a theory of instruction*. New York: Norton.

Case, R. (1992). *The mind's staircase: Exploring the conceptual underpinnings of children's thought and knowledge*. Mahwah, NJ: Lawrence Erlbaum Associates.

Chan, T., Roschelle, J., Hsi, S., Kinshuk, M., Sharples, T., Brown, J., . . . Hoppe, U. (2006). One-to-one technology-enhanced learning: An opportunity for global research collaboration. *Research and Practice in Technology Enhanced Learning, 1*, 3–29.

Christianson, C. (2003). *The innovator's dilemma: The revolutionary book that will change the way you do business.* New York: Harper.

Christensen, C., Horn, M., & Johnson, C. (2008). *Disrupting class: How disruptive innovation will change the way the world learns.* New York: McGraw-Hill.

Cohen, D. (1990). A revolution in one classroom. *Educational Evaluation and Policy Analysis, 12*(3), 327–345.

Cuban, L. (1993). Computers meet classroom: Classroom wins. *Teachers College Record, 95*, 185–210.

Dede, C. (2008). Theoretical perspectives influencing the use of information technology in teaching and learning. In J. Voogt & G. Knezek (Eds.), *International handbook of information technology in primary and secondary education* (pp. 43–62). New York: Springer.

Dynarski, M., Agodini, R., Heaviside, S., Novak, T., Carey, N., Campuzano, L.,. Sussex, W. (2007). *Effectiveness of reading and mathematics software products: Findings from the first student cohort* (Publication NCEE 2007-4005). Washington, DC: U.S. Department of Education, Institute of Education Sciences.

Ericsson, K., Charness, N., & Feltovich, P. (2006). *The Cambridge handbook of expertise and expert performance.* Cambridge: Cambridge University Press.

Fostnot, C. (2005). *Constructivism: Theory, perspectives, and practice.* New York: Teachers College Press.

Gagnon, G., Collay, R., & Schmuck, R. (2005). *Constructivist learning design: Key questions for teaching to standards.* Thousand Oaks, CA: Corwin Press.

Gardner, H. (2009, April 15). The next big thing: Personalized education. Foreign Policy. Retrieved from http://www.foreignpolicy.com/articles/2009/04/15/the_next_big_thing_personalized_education., p. 86.

Glasersfeld, E von. (1995a). A constructivist approach to teaching. In L. Steffe & J. Gale (Eds.), *Constructivism in education* (pp. 3–15). Hillsdale, NJ: Lawrence Erlbaum.

Glasersfeld, E von. (1995b). Sensory experience, abstraction, and teaching. In L. Steffe & J. Gale (Eds.), *Constructivism in education* (pp. 369–383). Hillsdale, NJ: Lawrence Erlbaum.

Gordon, T. (1974). *Teacher effectiveness training.* New York: Peter Wyden.

Gulek, J., & Demirtas, H. (2005). Learning with technology: The impact of laptop use on student achievement. *Journal of Technology, Learning, and Assessment, 3.* Retrieved from http://www.jtla.org.

Hunt, E., & Minstrell, J. (1994). A cognitive approach to the teaching of physics. In K. McGilly (Ed.), *Classroom lessons: Integrating cognitive theory and classroom practice* (pp. 51–74). Cambridge, MA: MIT Press.

Kounin, J. (1970). *Discipline and classroom management.* New York: Holt Rinehart and

Winston.

Lee, P., & Ashby, R. (2001). Empathy, perspective taking and rational understanding. In O. Davis Jr., S. Foster, & E. Yaeger (Eds.), *Historical empathy and perspective taking in the social studies* (pp. 21–50). Boulder, CO: Rowman and Littlefield.

Lemke, C., & Fadel, C. (2006). *Technology in schools: What the research says.* Culver City, CA: Metiri Group for Cisco Systems.

Malone, T., & Lepper, M. (1987). Making learning fun: A taxonomy of intrinsic motivations for learning. In R. Snow & M. Farr (Eds.), *Aptitude, learning and instruction, volume 3: Conative and affective process analyses.* Hillsdale, NJ: Lawrence Erlbaum.

Mayer, R. (1977). The sequencing of instruction and the concept of assimilation-toschema. *Instructional Science, 6,* 369–388.

National Institute for Literacy. (2007). *What content-area teachers should know about adolescent literacy.* Washington DC: National Institute of Child Health and Human Development. (ERIC Document Reproduction Service No. ED500289)

National Institute of Child Health and Human Development. (2000). *Report of the National Reading Panel. Teaching children to read: An evidence-based assessment of the scientific research literature on reading and its implications for reading instruction* (NIH Publication No. 00-4769). Washington, DC: U.S. Government Printing Office.

National Mathematics Advisory Panel. (2008). *Foundations for success: The final report of the National Mathematics Advisory Panel.* Washington DC: U.S. Department of Education.

National Research Council (Donovan, M., & Bransford, J., Eds.) (2005). *How students learn: History, mathematics, and science in the classroom. Committee on How People Learn, a targeted report for teachers.* Washington, DC: The National Academies Press.

Newell, A., & Simon, H. (1972). *Human problem solving.* Englewood Cliffs, NJ: Prentice Hall.

Norman, D. A. (1980). Twelve issues for cognitive science. *Cognitive Science, 4,* 1–32. Palincsar, A., & Brown, A. (1984). Reciprocal teaching of comprehension monitoring activities. *Cognition and Instruction, 1,* 117–175.

Perkins, D. (1999). The many faces of constructivism. *Education Leadership, 57,* 6–11.

Piaget, J. (1967). *The child's conception of the world.* Totowa, NJ: Littlefield, Adams.

Piaget, J. (1974). *To understand is to invent: The future of education.* New York: Grossman.

Pintrich, P., & Schunk, D. (2002). *Motivation in education: Theory, research, and applications* (2nd ed.). Upper Saddle River, NJ: Merrill-Prentice Hall.

Rockman, S. (1991). Telecommunications and restructuring: Supporting change or creating it. In A. Sheekey (Ed.), *Educational policy and telecommunications technologies* (pp. 24–35). Washington, DC: U.S. Department of Education.

Roschelle, J., & Pea, R. (2002). A walk on the WILD side: How wireless handhelds may change computer-supported collaborative learning. *International Journal of Cognition and Technology, 1*, 145–168.

Roschelle, J., Penuel, W. R., & Abrahamson, L. A. (2004). The networked classroom. *Educational Leadership, 61*, 50–54.

Sadler, D. (1989). Formative assessment and the design of instructional systems. *Instructional Science, 18*, 119–144.

Saphier, J., & Gower, R. (1997). *The skillful teacher: Building your teaching skills.* Acton, MA: Research For Better Teaching.

Sargent, K. (2003). *The Maine Learning Initiative: What is the impact on teacher beliefs and instructional practice?* Portland, ME: University of Southern Maine, Center for Educational Policy, Applied Research and Evaluation.

Schaumburg, H. (2001, June). Fostering girls' computer literacy through laptop learning Can mobile computers help to level out the gender difference? Paper presented at the National Educational Computing Conference, Chicago, IL.

Shapely, K., Sheehan, D., Maloney, C., & Caranikas-Walker, F. (2009). *Evaluation of the Texas immersion pilot.* Austin, TX: Texas Center for Educational Research.

Stallings, J. (1980). Allocated academic learning time revisited, or beyond time on task. *Educational Researcher, 9*, 11–18.

Stiggins, R. (2004). New assessment beliefs for a new school mission. *Phi Delta Kappan, 86*, 22–27.

Vygotsky, L. S. (1986). *Thought and language.* Cambridge, MA: MIT Press.

Wilson, L. (2008, March). *One-to-one programs: A report to national directors of CoSN.* Presentation at the 2008 Meeting of the Consortium for School Networking (CoSN).

Zucker, A., & Hug, S. (2007). *A study of the one-to-one laptop program of the Denver School of Science and Technology.* Denver, CO: Denver School of Science and Technology. Retrieved from http://www.scienceandtech.org/documents/Technology/DSST_Laptop_Study_Report.pdf

2

일대일 컴퓨터 사용
_ 인프라의 발달과 DTP

_ Thomas Greaves

이 장에서는 학교에서의 1:1 컴퓨터 사용에 대한 동향과 혁신적 변화를 돕는 DTP의 역할에 대해 검토하고자 한다. 이를 위하여 역사적으로 나타나고 있는 학교에서 테크놀러지의 역할, 프로젝트 RED의 1:1 연구 결과, 1:1 이니셔티브의 실행에 있어 잠재적 문제와 도전, 성공을 위한 주된 실행 요인, 그리고 제대로 실행될 경우 1:1 컴퓨터 사용의 잠재적 영향에 대해 살펴보도록 한다.

학교 내 테크놀러지의 초기 역할

40년 넘게, 교육자들은 교육 효과성 향상을 위한 컴퓨터 기술의 잠재력에 관심을 가져왔다. 일부는 심지어 테크놀러지가 학교 시스템 변화를 위한 핵심이 되기를 바라기도 하였다. 이러한 관심과 희망들은 텔레비전 같은 기술들과는 다른 컴퓨터 기술의 장점들—정교한 진단 평가와 의사소통 능력, 그리고 개별화되고 상호작용하는 학습 경험—에 바탕을 둔 것이다.

1960년대와 1970년대에, 주로 대학들과 같은 교육기관에서의 컴퓨터 기술은 중앙 처리형 컴퓨터와 광범위한 통신 기기들과 같은 고가의 대형 기기들에 의존해야만 하였다. 그 당시에, 학생 시간당 컴퓨터 사용 원가는 10달러였지만 그와 대조적으로 오늘날에는 10센트 이하이다(Greaves, Hayes, Wilson, Gielniak, & Peterson, 2010).

학습 관리 시스템(LMS) 개념은 초기의 자동화된 교육과정 운영을 위한 [프로그램화된 논리(PLATO: Programmed Logic for Automated Teaching Operations)] 시스템과 함께 시작되었다. 이는 교육과정의 저장소를 제공하고 콘텐트 전달을 통제하며, 온라인으로 시험을 보고, 의사소통하는 등 많은 점에서 당시의 시대를 앞섰다. 이는 채팅과 토론 게시판의 초기 버전을 통해 학습 커뮤니티까지지도 가능하게 하였다.

소형 컴퓨터의 도래는 학교에 비용 문제 해결을 가능하게 했고, 1970년대와 1980년대에 학교들은 여러 교실이 공동으로 사용하기 위해 컴퓨터 한 대씩을 구입하기 시작하였다. 컴퓨터는 일반적으로 도서관에 두거나 카트에 실려 학교 내에서 옮겨 다녔으며, 베이커리를 판매하거나 다른 부수적 노력을 들여 구입자금을 마련한 교사 한 명이 거의 언제나 관리하는 형태였다. 이 교사는 또한 유지 및 보수도 책임졌다. 초기 도구 소프트웨어 애플리케이션은 LOGO, BASIC, 뱅크 스트리트 라이터 등이었으며 "거트루드의 비밀", "에이전트 유에스에이", 그리고 "도대체 카르멘 샌디아고는 어디에 있는가?"와 같은 초기 교육용 게임들이 뒤따랐다.

다음의 주요 발전 단계는 학교마다 평균 30명 정도를 수용하는 별도의 컴퓨터 랩(Computer Lab)을 구비한 것이다. 학생들은 보통 일주일에 한 번 정도 랩에서 수업을 하고, 교사는 "오레곤 트레일³" 같은 프로그램을 30개 정도 부팅하곤 하였다. 플로피 디스크를 다루어야 하는 복잡한 실행 과정은 수업 지도를 위한 시간에 나쁜 영향을 주었다. 다시 말해, 도구적 소프트웨어와 부차적인 교육용 게임이 주안점이 되어 있었다. 학생들은 자주 레크리에이션 활동을 하기 위해 랩을 이용했으며, 수업에 기술을 사용함으로써 얻어지는 학습 성취 향상에 대한 고려는 거의 없었다.

1988년, 미 교육부에서 발간한 "파워 온!(Power on!)" 이후 학생 대 컴퓨터 비율에 대한 관심이 전국적으로 파급되었으며(U.S. Congress, 1988), 여기에서는 비율을 처음으로 기록하였는데, 1981년에 전국적인 학생 대 컴퓨터 비율이 100 대 1임을 언급하였다. 1988년 그 비율은 30 대 1이었고 그 비율은 점차적으로 줄어들어, 오늘날 3 대 1 수준에 이르고 있다(Gray, Thomas & Lewis, 2010). 그러나 아주 최근까지도 주안점은 주로 투입 또는 학교 내 컴퓨터 수의 증가에 있었지, 산출 또는 학습 성과를 향상시키는 데 있지 않았다.

1980년대 후반에, 처음으로 저비용 고속 네트워크의 도래와 함께, 선호되는 방식이 네트워크화된 랩에서 교실 뒤편에 몇 대의 컴퓨터를 두는 것으로 전환되었다. 최초의 네트워크들은 교실들을 연결할 수 없었으나, 이는 IBM이 1985년 토큰 링 네트워크가 알려지면서 바뀌었다. 학교들은 다음으로 컴퓨터를 교수에 밀접하게 사용할 수 있도록 교실로 옮기기 시작했으나, 네트워크화된 랩이 여전히 중요한 역할을 계속하였다. 네트워크화 랩에 의존하는 "Jostens", "CCC", "WICAT" 같은 통합

---

3. [역주] 오레곤 트레일(Oregon Trail)은 교육용 게임의 하나로 자세한 내용을 보고 싶다면 http://www.myabandonware.com/game/oregon-trail-deluxe-1h9 사이트를 참고하라.

학습 시스템(ILS)이 모든 학년에 공통적으로 적용되었으며, 주로 보충 학습에서 기본 기술을 연습하고 익히는 데 중점을 두었다. 고등학교에서는 흔히 워드 프로세싱, 데스크톱 출판, 스프레드시트 또는 데이터베이스 같은 하나의 애플리케이션에 주안점을 둔 네트워크 랩을 만들었다.

분명한 점은, 학생들이 개별화된, 상호작용 학습의 장점들을 얻기 위해서는, 학생들마다 컴퓨터 접속을 필요로 한다는 것이다. 1980년대 후반과 1990년대 초반에 ACT(Apple Classroom of Tomorrow)와 인디애나 버디 프로젝트 같은 소규모의 실험적 프로그램들이 가정과 학교에서 학생 전원에게(비록 데스크톱 컴퓨터, 플로피 디스크로 데이터를 옮겨야 했지만) 제공되었다.

1990년대 초반에서 중반, 노트북 컴퓨터의 기능이 향상됨에 따라, 보다 많은 학교에서 1:1 컴퓨터 사용 개념을 실험하기 시작하였다. 1990년, 호주 멜버른의 Methodist Ladies College가 세계 최초로 5~12학년 학생 전원에게 노트북 컴퓨터를 제공하였다(MLC의 역사, 연도 미상). 그리고 1995년, 마이크로소프트는 "애니타임 애니웨어 러닝(Anytime Anywhere Learning)" 개념을 미국 내 26개 사립학교와 16개 공립학교 교육구에 도입하였다(Rockman et al. (REA), 1997). 1999년 조지아 주지사 Barnes는 10개 학교에서 포괄적인 1:1 실험을 시작하였다. 2000년 메인 주지사 Angus King은 1999년에서 2000년에 남은 예산으로 메인 러닝 테크놀러지 기금을 조성했는데, 이는 2002년 가을에 모든 중학교 학생과 교사들에게 노트북 컴퓨터를 제공하는 것이 목적이었다.

인터넷에 의해, 학습 관리 시스템은 고유 콘텐트 전달을 관리하는 폐쇄형 시스템으로부터 다양한 소스의 콘텐트를 지원하는 보다 열린 시스템으로 진화하였다. 오늘날의 학습 관리 시스템은 온라인 과정을 전달하고, 온라인 러닝 객체(object) 저장소를 관리하며, 검색 가능한 콘텐트를 제공하는 정교한 하부 시스템을 가지고 있다. 그러나, DTP와는 달리, 이들은 학급 또는 교사와는 별개로 독립적으로 기능하게 설계되어 있다. 동시에, 하드웨어와 소프트웨어 기반시설과 노트북의 신뢰성은 극적으로 향상되었다. 무선 랜의 속도가 향상되었고, 이는 스스로 튜닝되는 양질의 기능들과 함께 제공되었다. 학교들과 공급업체들은 대규모 실행을 위한 설치를 다룰 수 있는 기술적 역량을 증진시켰다.

2006년에 기기와 보급 전략의 중요한 전환이 시작되었다. 2006 어메리카스 디지털 스쿨스(2006 America's Digital Schools)의 2,500개 대교육구 대상 설문조사에 의하면, 학교들의 모바일 기기와 노트북 설치 비중이 현재 17% 설치에서 2011년까지 50%에 이를 것으로 전망하였다 (Greaves & Hayes, 2006). 이는 컴퓨터 랩실과 교실 뒤편 컴퓨터의 감소 및 1:1 프로그램과 30대 또는 그 이상의 컴퓨터를 실은 이동 카트의 급격한 증가로 이어짐을 의미한다.

2011년까지, 미국 내 2천 개 이상의 학교에서 1:1 노트북 프로그램이 학년 전체 또는 학교 전체에 설치되었으며, 50만 명 이상의 학생들이 사용 가능하다. 초기 노트북에 비교해서, 배터리 수명은 500% 이상 늘었고, 무게는 80% 이상 감소했으며, 화면 해상도는 400% 향상되었고, 원가는 70% 이상 감소하였다. 태블릿, 슬레이트(slate), 스마트폰을 포함한 학생용 컴퓨터 기기는 진화하였다. 학생용 컴퓨터 기기가 급격한 진화를 계속하면서, 오늘날의 모델들은 의문의 여지 없이, 교수와 학습을 효과적으로 지원할 수 있는 체제가 되었다(Dede & Bjerede, 2011).

여전히 학교에서는 랩 및 소집단 교실 컴퓨터들이 이용되고 있지만 매우 다양한 종류의 테크놀러지를 적용한 학습이 구현되고 있다. 추가적으로, 교실 하드웨어에 있어서 보다 많은 학교들이 상호작용 칠판, 학생 응답 시스템, 카메라, 그리고 다른 기술 집약적 교육 환경으로 인도하는 기술들을 더해감에 따라 진화를 거듭하고 있다.

여기에 더하여 2010년, LMS 지식기반위에 구축된 DTP의 등장으로 교사가 주도하는 컴퓨터와 학생의 1:1 교실과 핵심 교육과정의 통합이라는 혁신적인 발전이 이루어졌다. DTP 교실은 최초로 1:1 컴퓨터 사용의 독특한 역량들을 활용하였고, 모든 학생과 교사가 컴퓨터 기기를 가져야 함을 전제로 하고 있다.

현황: 프로젝트 RED의 발견점들

어떤 측면에서 검토해 보더라도, 15년간 학교에서의 노트북 컴퓨터 사용 결과에는 다양한 특징들이 섞여 있다. 많은 학교에서 잘 적용하고 있으며, 몇몇은 매우 잘 적용하고 있다. 메인 주는 여전히 그 프로그램을 유지할 뿐 아니라 고등학교로 확대시켰다. Michigan Freedom to Learn 프로그램은 주 내 100개 교육구 2만 3천 명 이상 학생들에게 1:1 컴퓨터 사용을 위해 자금을 지원하였다. 1:1 컴퓨터 사용은 국제적 움직임으로, 호주, 영국, 싱가포르, 우루과이의 학교들이 선도하고 있다.

반면, 어메리카스 디지털 스쿨스에 의한 2008 연구조사 결과 1:1 프로그램을 가진 교육구의 단지 33%만이 컴퓨터 활용 프로그램이 학생 성취도의 핵심이라고 믿고 있음이 드러났다(Greaves & Hayes, 2008). 1,000개 학교를 대상으로 한 2010 프로젝트 RED 조사에서는 왜 많은 1:1 컴퓨터 제공 노력이 기대에 못 미치는지 그 이유를 설명하고, 다른 요인들보다 유의미하게 효과적인 요인들을 밝히려 하였다. 이 연구는 1:1 기술만으로는 학생 성취를 향상시키는 데 한계가 있으며, 높은 성취를 보이는 1:1 학교를 만드는 데 관련된 핵심 요인들은 제대로 밝혀지지 않았고, 교육자들 간에 이런 시도를 위한 모범 사례에 대한 분명한 공감대가 없음을 보여 주었다(Greaves, Hayes, Wilson, Gielniak, & Peterson, 2010).

핵심 실행 요인

어떤 1:1 실행 요인들이 교육적 성공에 가장 강하게 연관되어 있는지를 결정하기 위해, 프로젝트 RED 조사는 폭넓게 인정되는 11개의 성공 측정수단들을 사용하였는데, 여기에는 주요 시험 성적, 교사 참여, 상급 과정 등록, 졸업, 중퇴, 징계 행동 비율이 포함되어 있다(Greaves et al., 2010).

그 가운데서 아홉 가지 핵심 실행 요인은 다음과 같이 확인되었다.

1. 교육용 테크놀러지를 모든 중재 수업 기간에 통합하여 적용함
2. 학교장에 의한 변화 관리 리더십을 실행함
3. 학생들에 의한 온라인 협업을 매일 실행함
4. ICT를 핵심 교육과정에 최소 매 주 통합함
5. 최소 매 주 온라인 형성평가를 수행함
6. 낮은 학생-컴퓨터 비율을 보유함
7. 자주 가상 현장학습을 실시함
8. 학생들에 의한 검색엔진을 매일 사용함
9. 교사에 의한 설득, 적용 수업 우수 사례, 테크놀러지에 의해 변화된 학습에 대한 교장 훈련을 제공함

이중 몇몇 요인들—중재 수업에 테크놀러지 통합, 핵심 교육과정, 학생들 간 매일 온라인 협업, 온라인 형성 평가—은 부상하는 영역인 종합적 DTP에 통합될 수 있다. 학교에서의 효과적인 1:1 실행은 그리 단순하지 않으며, 어느 한 가지 요인만 부족해도 성공에 영향을 끼칠 수 있다. 예를 들면, 대부분의 성공 요인들을 실행한 학교라도 핵심 교과과정 또는 적절한 변화 관리 리더십이 빠진다면 잠재적 성과를 거두기 어려울 것이다(그림 2.1 참조).

안타깝게도 이러한 1:1 핵심 실행 요인들이 폭넓게 실행되고 있지 않고 있으며, 대부분 학교에서 이를 잘 모르고 있는 것으로 보인다. 프로젝트 RED 조사는 조사대상 학교들 중 단지 1%만이 9개 요인 전부를

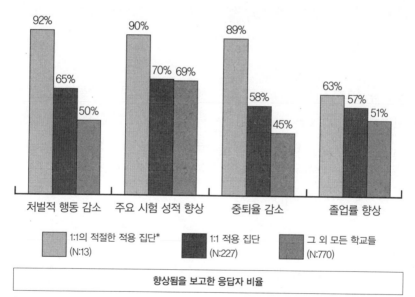

*1:1을 적절하게 적용한 집단이라는 것은 상단의 네 가지 핵심 실행 요인들을 실천하는 학교들(1. 기술 교실을 모든 중재 수업 기간에 통합, 2. 학교장에 의한 변화 관리 리더십 실행, 3. 학생들에 의한 온라인 협업 매일 실행, 4. ICT를 핵심 교육과정에 최소 매주 통합)을 일컫는다.

그림 2.1. 1:1 컴퓨터 사용은 적절하게 적용되었을 때 효과적이다.

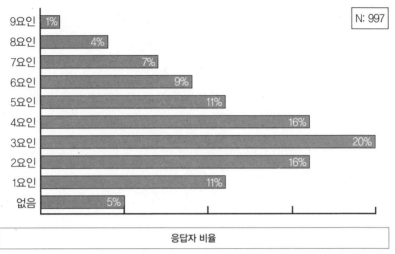

9요인 1%
8요인 4%
7요인 7%
6요인 9%
5요인 11%
4요인 16%
3요인 20%
2요인 16%
1요인 11%
없음 5%

응답자 비율

단 1% 학교만이 9개 KIF 전부를 실행했으며, 대부분 학교는 3개 또는 그 이하였다. 9개 항목의 성격을 고려했을 때, 예산이 문제가 아님은 명백하다.

그림 2.2. 다수의 핵심 실행 요인(KIF: Key Implementation Factors)들을 적용하는 학교는 거의 없다.

실행하였으며 대부분 학교에서는 3개 또는 그 이하만을 실행하였음을 발견하였다(그림 2.2 참조). 또한 추가적으로, 많이 실행되고 있지 않은 다른 중요한 실행 요인을 지적하고 있는데, 이는 학생 노트북의 단계별 교체, 학생용 이전에 교사용 노트북의 교체, 전문적 학습을 위한 지속적 프로그램 같은 것들이다.

1차적 변화와 2차적 변화 원칙에 대한 인식

오늘날 1:1 적용 시 실망스런 결과가 나타나는 다른 중요한 요인은 학교에서 2차적 변화에 비해 1차적 변화 메커니즘이 만연한 것이다.

Larry Cuban에 의하면,

1차적 변화는 기존의 조직 목표와 구조는 기본적으로 적절하며 해야 될 일들은 정책과 실제의 부족한 점을 보완하는 것이라 가정한다. … 2차적 변화는 현재 상황에 대한 큰 불만족 때문에 조직 목표들을 달성하는 데 근본적인 방법을 바꾸는 것을 목표로 한다(1988, p. 229).

예를 들면, 학교는 학생들이 에세이를 타자기로 치다가 워드 프로세서로 바꿀 때와 같이 고전적인 활동들을 새로운 방법으로 할 때, 1차적 변화로 활동한다고 말한다. 1차적 변화들은 향상시킬 수는 있지만, 변화시키지는 못한다. 그러나, 일반적으로 학교는 이러한 형태의 변화에 머무르고 있다. 학교에서 새로운 활동들을 새로운 방법으로 할 때, 2차적 변화로 활동한다고 말한다. 예를 들면, 교사 중심에서 학생 중심의 학습으로 이동하는 경우를 일컫는다. 비록 2차적 변화는 어려워 보일 수 있지만, 어떤 유형의 2차적 변화는 소형 컴퓨터 혁명이 시작된 이래 교육자들이 모색해온 변화의 힘을 가지고 있다. 이것들은 질문 기반의 학습과 기초 원천 자료의 심층적 사용과 연관되어 있다. 이 변화는 학생 성취 수준을 크게 증가시킬 잠재력을 가지고, 모든 학생층에 적용 가능하며, 가장 큰 교육 주체에까지도 확장되며, 변화하는 시대에도 유지될 수 있다(National Research Council, 2005).

때때로 교육자들은 학생들이 성취 향상을 위해 매일같이 테크놀러지를 사용해야 하는지를 질문해 왔으며, 만일 테크놀러지가 기존에 해오던 방식에 약간 더해지는 식에 그친다면, 매일의 사용은 별다른 영향을 끼치지 못하는 것이 사실이다. 그러나, 2차적 변화와 함께, 테크놀러지가 DTP라는 수단에 의해 교수와 학습의 과정을 통해서 엮이면, 매일의 일상적인 사용은 자연스럽게 따라오게 되고 성취 수준에까지 영향을 미치게 될 것이다.

지금까지, 교육자들은 1:1 학교의 혼재된 효과성에 대한 이유로 노트북 기술의 진화 상태를 들어 정당화해 왔으나 더 이상은 그럴 수 없다. 노트북 기술, 기반 시설, DTP는 이미 존재하나, 핵심 실행 요인들과 2차적 변화 메커니즘은 아직도 폭넓게 이해되지 못하고 있다.

1:1 테크놀러지의 영향과 실행 요인

프로젝트 RED 연구는 학생-컴퓨터 비율이 학생 성취 수준에 중요함을 보여 주었고 적절한 실행의 중요성을 강조하였는데, 이는 학생 시험 성적에 미치는 영향에서 학생-컴퓨터 비율보다 중요한 것으로 나타났다. 예를 들면, 4:1 비율로 많은 핵심 요인들을 실행한 학교가 아무 것도 실행하지 않은 1:1 학교보다 더 높은 시험 성적을 보였다. 이를 통해 미루어 볼 때, 핵심 요인들이 학생 성공에 중요한 역할을 하는 것이 분명하다. 그러나 1:1 학교들은 다른 학교들과는 달랐으며, 2:1 학교들은 1:1 학교보다는 3:1 학교에 가까웠다. 1:1 학교들은 교수와 학습 환경에서 무엇인가가 달랐는데, 이는 무엇보다도 학생들이 개인적으로 테크놀러지에 언제라도 접근 가능하다는 점일 것이다(Greaves et al., 2010).

연구 결과들에 의하면 핵심 실행 요인들이 학생 성취에 영향을 준다는 점에서 학생-컴퓨터 비율보다 중요함이 입증되었지만, 1:1 컴퓨터 사용 환경은 학생들의 성취도 향상을 이끌 많은 장점이 있음을 발견하였다(그림 2.3 참조). 개별화 교수는 널리 사용되고 있다. 더욱 많은 교장

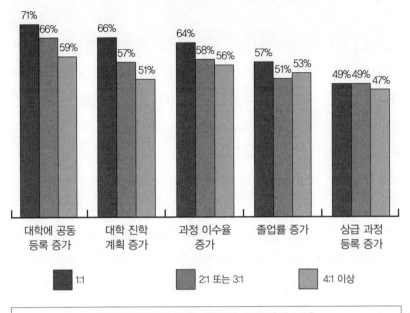

테크놀러지 보급에 따른 개선: 고등학교들이 갖춘 학생-컴퓨터 비율과 그 차이

- 1:1
- 2:1 또는 3:1
- 4:1 이상

향상을 보고한 높은 성적을 가진 학생-컴퓨터 응답자 비율

그림 2.3. 성취 향상에 있어서 유비쿼터스 기술은 직접적 영향을 미친다.

들이 교사를 위한 전문성 개발―연구에 의해 확인된 핵심 실행 요인의 하나― 모델을 제공한다. 교장들 및 다른 지도자들은 테크놀러지 도구들이 협업, 연구, 교수를 위해 사용될 것이라는 더 높은 기대를 가지고 있다. 1:1 학교들은 또한 보다 높은 전문적 협업과 높은 학부모 개입률을 가지고 있으며, 대학 공동등록 및 과정 이수율에서도 더 높은 증가를 보고하고 있다. 이러한 일련의 연구 결과들은 이러한 학교들이 핵심 실행 요인들에 대해 더 잘 인식함에 따라 학생 성취가 더 향상될 수 있음을 강력히 제안하고 있다.

현장 보고서: 실행에의 도전

그러나 보다 덜 성공적인 1:1 이니셔티브는 어떻게 되었는가? 프로젝트 RED에서 조사된 일부 학교들은 교사들의 동의 없이 상부의 지시에 따라 1:1 컴퓨터 사용을 채택했을 수도 있다. 그들은 적절한 수준의 전문성 개발 과정이 없었을 수도, 적절한 교육관련 소프트웨어 없이 하드웨어를 구매하였을 수도 또는 노트북을 워드 프로세싱이나 제한된 웹 브라우징을 위해 사용했을 수도 있다. 많은 학교들이 주로 하드웨어에 중점을 두고 다른 요인들의 중요성은 간과해온 것도 사실이다.

대부분의 학교들이 철저한 프로젝트 계획을 가지고 실행과정을 시작하는 것은 아니다. 이 계획은 500에서 1,000개 또는 그 이상의 활동을 포함하고 있지만 대부분 프로젝트 계획들이 겨우 50에서 100개 활동만을 명시한다. 게다가, 상호의존성에 대한 이해가 거의 없거나 결여되어 있다. 예를 들면, 어떤 학교의 여러 부서에서 각각 상당한 양의 인터넷 대역폭을 요구하는 솔루션 정책을 구현한다면, 나중에 학교 수업이 시작할 때 모든 학생과 모든 애플리케이션을 위한 인터넷 대역폭이 충분하지 않음을 알게 되고, 결과적으로 학생들은 인터넷 페이지가 로딩될 동안 읽을 책을 가져와야 하는 우스운 결과를 초래할 수도 있다. 학교 내의 전체적인 인터넷 지연이 노트북을 사용하는 교육 프로그램의 실패를 가져올 수 있는데 그 원인은 사실 노트북 사용과 관련된 인프라구조 때문인 것이다. 이와 같이 1:1 교육 환경의 구축에서는 이와 같은 수백 가지의 유사한 상호의존적 문제들이 나타날 수 있다.

그렇지만 불행하게도, 변화 관리 훈련[4] 프로그램은 아직 많지 않은

---

4. [역주] 변화 관리 훈련(change-management training)은 교육용 테크놀로지 사용 효과의 극대화를 위한 교사의 전문성 향상을 위해 제공되는 훈련을 일컬음.

편이다. 변화 관리 훈련 과정이 제공되지 않은 한 중학교에서, 한 시사 수업반 학생들은 반 페이지 분량의 과제임에도 특정 웹사이트로 가서 두 페이지짜리 보고서를 쓰는 과제를 작성하도록 지도받았을 수 있다. 이와 같은 수업에서는 테크놀러지 사용이 극히 제한적이었으며, 개별화 학습은 전혀 없었다. 그러나 관리자들이 변화 관리 훈련을 받은 다른 중학교에서는, 학생들은 스스로 시사 토픽을 정하고 최소한 세 나라의 뉴스를 활용해 조사하였다. 학생 각자는 다섯 페이지짜리 보고서를 쓰고, 동료 학생에게 검토를 요청했으며, 교사에게 온라인으로 제출하였다. 이 경우에는 테크놀러지가 학습 경험을 변모시키고 개별화시키는 데 사용되었음을 알 수 있다.

이 보고서들에서 주목할 만한 한 프로그램은 노스 캐롤라이나, 무어스빌의 Mooresville Graded 학교 구역에서 운영된 것이다(Learning Matters, 2011). 이 교육구는 1:1 실행을 지원하는 데 있어서, 학생 노트북의 단계적 교체(학생용에 앞서서 교사용 노트북의 교체가 이루어졌다), 그리고 교사의 전문성 개발을 위한 지속적인 하계 교실 등이 있었다. 무어스빌은 2009년에서 2010년, 주 내에서 연간 진도(AYP: Annual Yearly Progress) 목표들을 달성한 6개 교육구 중 하나였으며, 가장 높은 성과 달성을 기록하였다(표 2.1 참조). 교육구 내 모든 학교들은 우수 학교로 선정되었으며, 한 초등학교는 최우수 명예 학교로 선정되었다. 그렇지만 무어스빌은 학생당 교육비 지출에서는 노스 캐롤라이나 주의 115개 교육구 중 101번째 순위를 차지하였다.

다른 성공적인 1:1 실행의 예인 텍사스 주 캐내디언의 캐내디언 고등학교에서는 컴퓨터 수업이 가능한 교실이 학교의 작은 규모(학생 212명) 때문에 제한되었다. 그래서 학교 이사회에서는 만일 온라인 강좌가 로컬에서 제공되지 않을 경우 어떤 온라인 강의라도 들을 수 있게 학생들

표 2.1. Mooresville Graded 학교의 디지털 전환 전후

구분	2006~2007	2009~2010
과정 말/학년 말 이수율	70%	86%
졸업률	77%	86%
대학 진학률	74%	86%
단기 정학	549	310
중퇴	5.3%	2.3%
출석	94%	96%
무료/점심 할인	31%	39%

자료 출처: Sump—McLean, T., 2010

에게 돈을 지원해 주는 것을 허가하였다(Beilue, 2010).

재정적 고려

학교들은 대부분 교사 중심적이고, 인쇄물 위주의 통제된 교실 환경에서 운영되고 있다. 그렇기 때문에 2차적 변화를 가져오기 위해서는 많은 분야의 정책이 바뀔 필요가 있는데, 이는 수업시간, 교과서 채택 요건, 교과서 자금지원의 흐름 등이다.

지금 대부분 학교의 재정 시스템은 1:1 실행으로의 변화를 지원하지 않는데, 이는 인센티브가 불충분하기 때문이다. 예를 들어, 한 학생이 한 과목에서 낙제한다면, 미국의 각 주에서는 다시 똑같이 한 번 더 하도록 학생당 배정 자금을 교육구에 준다. 그러나 테크놀러지에 기반한 개입 방법은 처음부터 사용되어 성공 기회를 더 높일 수 있다. 하지만 1:1 학교들이 애초부터 상당한 원가 절감 효과를 제공함에도 불구하고

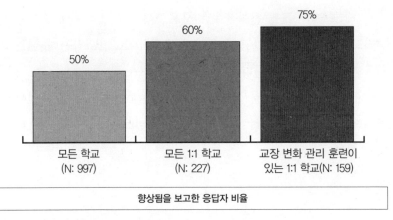

그림 2.4. 테크놀러지 및 학교장 리더십에 의한 처벌대상 행동 감소

각 주에서는 초기에 드는 비용을 투자하지 않는다.

오늘날과 같은 어려운 경제 조건하에서 1:1 컴퓨터 사용의 초기 비용은 너무 크게 다가올 수 있다. 그러나 프로젝트 RED 조사에서는 1:1 테크놀러지의 잠재적 원가 절감에 대해서도 살펴보았으며 적절한 실행 프로그램을 준비한 학교들은 복사와 종이 관련 업무 비용과 낮은 중퇴율에 이르는 많은 부문에서 주 및 지역 수준의 절감에서 상당한 효과를 달성할 수 있음을 발견하였다(그림 2.4 참조). 이 조사에서는 또한 국가 차원의 폭넓은 절약 효과를 지적하였는데, 예를 들면, 중퇴로 인한 큰 경제적 손실을 줄일 수 있다.

전형적인 3:1 학교와 완전히 실행된 1:1 학교 간에 지원, 전문성 개발, 교육과정 소프트웨어, DTP, 원가 차이를 비교하면 학생당 연간 약 295달러가 필요한 것으로 조사되었다. 그에 따른 잠재적 순 절감은 학생당 최소 연간 164달러로 추산된다(Greaves at al., 2010). 이러한 절감 일부는 바로 적용되며, 다른 것들은 몇 년에 걸쳐 나타난다. 절감액은 시스템 향상에 따라, 학교들이 2차적 변화 메커니즘을 채택하고 DTP나

다른 테크놀러지들을 전격적으로 사용한다는 전제하에서 증가한다. 그리고 예상 원가는 시간 경과에 따라 계속적으로 감소하는데, 이는 산업의 과거 동향과 일치한다.

앞으로 몇 년간, 기존에 진행되어 온 변화에 가속도가 붙을 것이다. 장기적으로는 2차적 변화가 힘을 얻으면서 변화는 더욱 혁신적으로 나타날 것이다.

미래 전망하기

단기 전망

우리는 더 많은 학교들이 핵심 실행 요인을 인지하고 DTP를 채택하며 기업 솔루션과 함께 차세대 학습 관리 시스템을 채택할 것으로 기대한다. 또한 더 많은 주목을 받기 시작하고 있는 영역인 학교 리더들의 변화 관리 기술이 향상될 것으로 기대한다. 종이에서 디지털 교육자료로의 전환은 계속되어야 한다. 많은 학교에서 학교가 보유하기보다는 학생들이 보유한 기기들을 사용하기 시작할 것이며, 이는 원가 절감으로 이어진다.

모바일 컴퓨터 사용으로 이어지는 전환은 데이터 센터로서의 서버 역할에서 클라우드 환경으로의 전환과 일치한다. 인터넷 대역폭이 향상됨에 따라, 온라인 평가 솔루션도 더욱더 실용적이 되어 가고 있다. 우리는 또한 새로운 애플리케이션들과 툴 소프트웨어들이 1:1 환경을 완전히 이용하는 것을 기대할 수 있다. 새로운 교육 관련 앱들이 다양하게 나타날 것은 자명하다.

학생들이 항상 네트워크에 접속해 있다면, 평가 소프트웨어도 차세대 진단 소프트웨어를 이용하여 학생들이 어려움을 겪는 이유를 보다 세밀한 부분까지 진단해줄 수 있다(5장과 8장 참조). 오늘날 평가 솔루션은 시체를 부검하는 것처럼, 이미 너무 늦은 상황에서 문제를 진단하곤 한다. 그러나 몇 년 안에 교사들은 교실에서 개입할 수 있는 상황에서 학생의 문제를 진단할 수 있을 것이다. 국가의 무선 데이터 인프라가 3G에서 4G로, 심지어 5G로 이동함에 따라, 더욱더 많은 학생들이 상시 네트워크에 접속해 있게 될 것이다. 미 연방통신위원회(FCC: Federal Communications Commission)는 E-rate 인프라 펀드로 이미 이러한 새로운 접근법과 몇몇 시범 프로젝트들에 자금을 지원하고 있다. 이러한 변화는 유비쿼터스 컴퓨터 사용을 활용하는 새로운 애플리케이션들을 만들어낼 것이다. 이러한 변화들은 실행 전반에 걸쳐 학업 성취의 향상으로 이어질 것이다. 동시에 학습과정의 측정 변수는 보다 일관될 것이고 적절한 실행 솔루션의 원가 절감에 대한 이해에 계속적인 중점을 두고서 연구조사는 계속될 것이다.

장기 전망

미래 DTP를 내다보면 향후 5년에서 7년간 가능한 여러 가지 결과들이 예측 가능하다. 모든 학생들과 교사, 직원들은 학교 안팎을 막론하고 인터넷에 24시간 접속(4G, 5G)이 가능할 것이다. 종이에서 디지털 학습자료로의 전환은 다양한 교육과정 분야에서 완성될 것이다. 학습은 완전히 개별화될 것이고 학생이 개인의 기기를 소유하는 방향으로 전환이 완성될 것이다. 학생들이 계산기를 학교에 가지고 오는 것처럼, 자신이 소유하고 있는 기기를 학교에 가져올 것이다. 그리고 법률과 정책은 2차적 변화를 장려하는 방향으로 바뀔 것이다.

이러한 체제를 구축하는 실행방법이 개선되고 2세대, 3세대 DTP와 LMS가 도입됨에 따라, 2차적 변화는 보다 많은 학생들과 함께 일반화 되고, 2차적 변화로의 이행은 교육과정에 큰 변화를 요구할 것이다. 고 등학교에서 통하는 것이 초등학교에서는 통하지 않을 수 있는데, 이는 사회성과 지적 발달의 차이 때문이라고 볼 수 있다. 저학년에서는 동일 한 학습 과정을 유지하면서도 더 깊이 파고들 수 있을 것이다. 한 예로, 영국의 3학년 학급에서 최근 읽기에 대한 연구를 실행하여 동료 검토 학 회지에 벌들에 관한 논문을 출판하였는데, 이는 앞으로 다가올 일들에 대한 선구자적 연구일 수 있다(Scientific Journal Club, 2011). 고등학생들은 상위 학위 또는 대학 학점을 가지고 졸업할 수도 있다. 이러한 과정은 사우스 캐롤라이나 주 보포르트 군의 Wale Branch Early College 고 등학교 학생들에게는 이미 진행되고 있는 내용인데, 여기 학생들은 같은 캠퍼스의 단과 대학 학위를 가지고 졸업하도록 하고 있다.

중요한 시험들도 학교가 2차적 변화를 수용하도록 바뀔 필요가 있 는데, 이는 지금의 기기들이 오늘날 학생들을 적절하게 측정하지 못할 확률이 높기 때문이다. 학교와 교실 구성도 또한 보다 발전된 학습의 비율을 수용하도록 바뀔 필요가 있을 것이다. 학교의 재정 계획은 제대 로 실행된 기술의 긍정적 영향과 소유에 따르는 전체비용을 줄이고자 하는 경향을 고려하여야 한다. 자금조달 계획은 1:1 컴퓨터 사용을 위 한 성공적인 사업 사례의 이해도 증가에 기반하여 변화할 필요가 있다. 2차적 변화가 힘을 얻음에 따라, 우리는 기술 사용을 통한 학교 변화 노력의 전환점에 도달할 것이다.

DTP의 미래

단지 소수의 애플리케이션만이 1:1 실행의 잠재력을 완전히 구현하고 있다. 기존의 소프트웨어를 1:1 컴퓨터 사용에 적용하는 것은 많은 혜택이 있으나, 이들은 대체로 1차적 변화들이다. 2차적 변화의 비밀은 교사 위주에서 완전히 개별화된, 학생 위주의 교실로 전환하는 것이며, 이를 위해서는 종이에서 디지털 형식으로의 전환과 더불어 모든 학생의 개인별 컴퓨터 기기 소유가 필요하다. 기기와 디지털 콘텐트는 현재 교과서를 이용하는 모든 곳에서 이용 가능해야 한다. 이는 학교 내에서는 와이파이로, 학교 밖에서는 3G 또는 4G를 이용함으로써 가능하다. 대부분의 소프트웨어는 유선 또는 무선 LAN 환경에서 잘 운영되며, 일부 소프트웨어는 낮은 안정성 또는 높은 지연으로 인하여 3G 또는 4G 환경에서 사용이 어려울 수도 있다.

새로운 DTP 범주에 속하는 시스템들은 전통적 소프트웨어 애플리케이션을 훨씬 넘어서며 학급에서 완전히 적용하기 위해서는 학생 대 컴퓨터 비율이 1:1이 되어야만 한다. DTP는 1:1 하드웨어 환경을 보완하기 위해 개별화된 학습의 많은 소프트웨어 요소들을 제공한다. DTP는 교사를 단지 교단 위에 서 있는 어른으로부터 옆자리에 있는 학습의 안내자로 역할 변화를 촉진하고, 종이에서 디지털로 핵심 교육과정 전달 방법이 전환된 교실에서 학생 위주의 교실이 되도록 지원한다. 이는 교사들을 많은 따분한 업무로부터 해방시키고 효과적인 교수를 위해 더 많은 시간을 확보하게 해준다. 또한 교사들이 상업적으로 개발된 자료들, 오픈 소스들, 그리고 교사가 개발한 자료들을 결합하여 각 학생의 요구에 부합시킴으로써 응집적인 수업의 실현을 가능하게 한다. 이에 따라 학생들이 협업하고, 논평하고, 미니 투표에 반응할 수 있게 하여 학습 과정의 참여율 증가로 이어지게 된다.

DTP는 여전히 새롭게 발전 중이다. 시간이 흐름에 따라, 이들의 기능성과 효과성은 더욱 향상되어 1:1 컴퓨터 사용 학교에서 2차적 변화를 촉진하는 것을 도울 것이다. DTP는 교육자들이 교사가 관리하는 디지털 환경의 영향, 통합적 핵심 교육과정, LMS의 실습실 기반 교육과정 소프트웨어를 넘어선 진보를 인식함에 따라 1:1 실행을 다음 단계로 옮기는 것을 도울 것이다. DTP에 설치된 개별화 엔진은 오늘날보다 더욱더 강력해질 것이다. DTP 교실의 학생들은 주입식 연습에 의존하기보다 더 심도 깊은 차원에서 개념들을 배우기 위해 유도된 발견 학습을 사용할 것이기에 이해와 성취 수준이 향상될 것이다.

교육용 테크놀러지의 효과가 나타나기까지 오랜 시간이 걸렸다. 그렇기에 40년이 지나서야 비로소 학교를 혁신할 수 있는 1:1 컴퓨터 활용 실행을 약간의 학교들이 시작한 지점에 도달했는가라는 질문에 조심스럽게 "예"라고 답할 수 있을 정도다. 새로운 패러다임인 DTP로 지원되는 새로운 차원의 기술과 교육과정을 통합시켜 학교를 재설계하고, 실행 현장, 교수, 정책, 전문적 학습, 리더십 기술을 향상시킴으로써 시간이 흐름에 따라 성취 가능한 목표로 옮길 역량과 지식은 이제서야 겨우 나타나게 되었다.

참|고|문|헌

Beilue, J. N. (2010, May 26). Harvard by way of Mexico, Canadian. *Amarillo Globe News*. Retrieved from http://amarillo.com/stories/052610/new_news5.shtml.

Cuban, L. (1988). *The managerial imperative and the practice of leadership in schools*. New York: SUNY Press.

Dede, C., & Bjerede, M. (2011). *Mobile learning for the 21st century: Insights from the 2010 Wireless EdTech Conference*. Retrieved from the Wireless EdTech Conference website: http://wirelessedtech.com/wp-content/uploads/2011/03/ed_tech_pages.pdf

Gray, L., Thomas, N., & Lewis, L. (2010). *Educational technology in U.S. public schools: Fall 2008* (NCES 2010–034). U.S. Department of Education, National Center for Education Statistics. Washington, DC: U.S. Government Printing Office.

Greaves, T., & Hayes, J. (2006). *America's digital schools: Mobilizing the curriculum*. Shelton, CT: MDR.

Greaves, T., & Hayes, J. (2008). *America's digital schools: The six trends to watch*. Shelton, CT: MDR.

Greaves, T., Hayes, J., Wilson, L., Gielniak, M., & Peterson, R. (2010). *The technology factor: Nine keys to student achievement and cost-effectiveness*. Shelton, CT: MDR.

Learning Matters. (2011, April 8). The Mooresville tech revolution. Retrieved from http:// learningmatters.tv/ blog/on-pbs-newshour/the-mooresville-tech-revolution/5526/.

History of MLC. (n.d.). Retrieved from Methodist Ladies College website: http:// www.mlc.vic.edu.au/about/ history_of_mlc_60.htm

National Research Council (Donovan, M., & Bransford, J., Eds.). (2005). *How students learn: History, mathematics, and science in the classroom. Committee on How People Learn, a targeted report for teachers*. Washington, DC: The National Academies Press.

Rockman et al (REA). (1997, June). *Report of a laptop program pilot: A project for Anytime Anywhere Learning by Microsoft Corporation*. San Francisco, CA: Author.

Scientific Journal Club. (2011). Bees think, and they also have color preferences! Retrieved from http://scientificjournalclub.blogspot.com/2011/04/bees-thinkand-they-also-have-color.html

Sump-McLean, T. A. (compiler). (2010). *Mooresville Graded School District: Continuing to look forward* (Chart). Mooresville, NC: Author.

U.S. Congress, Office of Technology Assessment. (1988). *Power on! New tools for teaching and learning*. (OTA-Set-379). Washington, DC: U.S. Government Printing Office.

PART

2

D I G I T A L   T E A C

2부에서는 과학, 읽기, 수학에서 사용되는 DTP 교육 콘텐트 설계에 대해 다루고자 한다. 이러한 구체적 교육과정에 집중하면서, 동시에 모든 교육과정 분야에 일반적으로 적용 가능한·시사점을 제공한다. 먼저 3장에서는 DTP로서 기능할 수 있는 웹 기반 탐구 과학 환경(WISE: Web-based Inquiry Science Environment)의 장점들을 서술한다. WISE는 인지 과학 연구에 기반한 교수와 평가의 발전을 지원하는 환경이다. WISE는 탐구 교수법을 강조하고, 평가는 심리 측정학적으로 엄밀한 방식을 이용하여 학생들이 구성하는 개념들을 연결시키는 방법으로 지식의 통합을 측정한다. 6개의 과정에서 두 가지의 주요 과학 개념들을 위해, 전통적 지도와 WISE 지도를 비교하는 집단 비교 연구에서 절대 평가가 사용되었는데 결과는 WISE 지도 방법이 이해를 유지하고 심지어 확장시키는 데 아주 효과적일 수 있음을 밝혔다.

4장에서는 개별화된 읽기 지도를 지원하는 기술들을 개관하고자 한다. 교사들은 이러한 기술들을 소그룹 학습과 개별 학생의 1:1 지도를 위해 교실에 적용할 수 있다. 여기에서는 또한 학생들이 단순히 글자 수준을 넘어, 문장과 담화의 의미 영역에서 텍스트를 이해하는 것을 돕는 기술들을 강조한다. 이 장은 4개 부분으로 나누어져 있다. 1) 읽기 수업의 종합적 모델에서 고려되어야 하는 언어와 담화의 수준 확인하기, 2) 여러 수준의 언어와 의미에서 텍스트 복잡성에 대한 텍스트 수준 측정을 위한 특별한 자동화된 측정법 제시하기, 3) 읽기 결손을 진단하고 그 결손을 바로잡기 위해 학생을 훈련시키는 기술 사례 제공하기, 4) 학생 동기부여를 고려하여 멀티미디어, 과업들, 교육 목표들을 포함하는 보다 발전된 디지털 환경에서의 읽기 프로세스 탐색하기이다. 교사들과 다른 전문가들은 이러한 새로운 테크놀러지들을 DTP에서 효과적으로 사용할 수 있을 것이다.

교육내용과 교수법

5장에서는 수업 적용에 있어서 이미 효과가 증명된 중학교 수학(초등대수와 대수학) 시스템을 확장하기 위한 지능형 개인교수 시스템을 설명한다. 저자들은 테크놀러지를 활용하는 것이 새로운 일반적 교육 실천을 만드는 데 얼마나 중요한지를 보여주며, 이는 테크놀러지로 인하여 가능하게 된 교육적 변화의 6개 측면에 뿌리내리고 있다는 것을 강조한다. DTP 기술을 사용하는 교사는 사용 편의성, 효율, 학생 참여율의 향상을 관찰할 수 있는 능력 등의 측면에서 유리하다. 이 장에서는 개인교습 시스템 ASSISTments[5]를 검토하고, 실행 중인 시스템의 세 가지 사례를 제공하며, 지능형 개인 교습 시스템의 교수와 학습에 이러한 예시들이 시사하는 바에 대해 논의하면서 마무리한다.

6장에서는 DTP를 소개하는데, 여기에서는 새로운 교실 환경에서 네트워크화된 테크놀러지들의 잠재적인 성과에 중점을 두며, 높은 참여율과 동기를 이끌어내는 방식으로 DTP를 이용한 수학 교수법에 대해 다루고 있다. 네트워크화된 교실의 요소들은 교육과정과 교수법에 시사점을 가지면서도 교실에서의 접속 기술에 대한 논의를 강조한다. 그러한 자원들이 학생의 학습과 동기를 어떻게 변화시킬 수 있는지를 검토하기 위해, 10년에 걸친 연구와 개발을 핵심 실행 원칙들로 해석함으로써 이 장에서는 그런 환경들을 효과적으로 통합하기 위해 무엇이 필요한지를 개략적으로 서술하고 있다. 또한 결론부에서는 기술의 설계, 교수와 학습 면에서 미래에 사용될 모습에 대한 권고로 마무리한다.

---

5.   [역주] 학생 반응에 기반한 개인 교습을 제공하는 웹 기반의 평가 시스템

3

교수와 학습 과학을 위한 통찰

_ Marcia C. Linn

웹 기반 탐구 과학 환경(WISE)은 무료로 사용 가능한 오픈 소스를 이용한 탐구 학습과 교육을 위한 플랫폼이다. WISE에서는, 학생들은 짝을 지어 학습하고, 교사의 지원을 받으면서 온라인으로 안내를 받는다. 추가적으로, WISE 소프트웨어는 지식 통합 프레임워크에 의해 알려진 탐구 활동의 설계를 지원한다. WISE 커뮤니티의 연구원들, 교사들, 교과 전문가들, 소프트웨어 디자이너들은 복잡한 과학 주제들을 다루는 유닛들을 만들고, 교육을 개선하기 위해 비교 연구를 수행하고, 지식 통합을 촉진하는 방법들을 확인해 냈다. WISE 도서관[6]은 교실에서 시험하고 지원되는 유닛들을 보유하고 있는데, 이들은 화학 반응, 광합성, 세계 기후 변화 같은 주제들로, 유닛마다 5일에서 10일 분량의 활동들로 구성되어 있다(그림 3.1).

---

6. http://wise.berkeley.edu

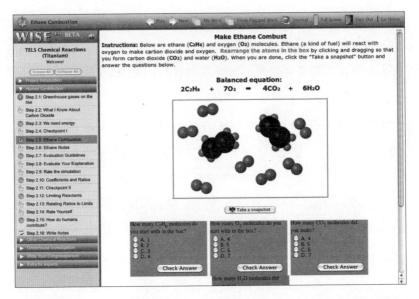

그림 3.1. 웹 기반 탐구 과학 환경(WISE)의 예: 화학 반응. WISE는 연속적 단계, 활동 페이지 (여기에 나와있는 분자 작업대 인터페이스 같은), 자동 채점 항목들, 설명 노트를 통하여 학생들을 안내하는 탐구 지도를 포함한다.

이 장에서는 어떻게 WISE 연구가 DTP를 사용하는 교수 설계에 의미 있는 정보를 제공하는지를 설명하고자 한다. WISE는 사용자들에게 탐구 교수와 학습의 설계와 실행을 위한 풀 세트의 학습자료 및 지식의 통합을 조성하고 DTP에 적용 가능한 설계 전략도 제공한다. WISE는 설계자들, 연구자들, 교과 전문가들, 교실의 교사들이 탐구 과학 교수 학습 과정안을 만들고 세련되게 하기 위한 협업을 지원한다.

현재 WISE에는 25만 개 이상의 학생 계정이 있는데 매달 약 3천 개의 새로운 학생 계정들이 늘어나고 있다. 매년 약 5천 명의 교사들이 WISE를 사용하고 있다. 교수 설계 파트너십은 주별 성취수준과 맥락에 맞춘 새로운 WISE 유닛들을 계속적으로 저작하고 있다. WISE 커뮤니티에 의한 연구는 미래에 적용될 시스템의 설계를 안내하기 위한 원칙과 패턴을 만들어 냈다. WISE 오픈 소스 커뮤니티는 7개 국어로 된 유닛과 학습 환경에 추가적 기능들을 개발하였다. 이 책을 읽는 독자들 또한 이러한 일련의 노력에 동참할 수 있다.

이 장의 목표는 교사가 수업에 DTP를 적용하는 것과 연구자들이 DTP를 설계하는 것 둘 모두에게 도움이 되는 WISE 연구로부터 얻어 낸 시사점을 제공하는 것이다. 기술로 확장된 유닛들의 가치는 WISE 연구와 다른 많은 연구 프로그램들을 통해 이미 잘 확립되어 있다 (Greaves, 이 책의 2장; Lee, Linn, Varma, & Liu, 2010). 이 장은 지식 통합 프레임워크에 설계 원칙들과 필요한 패턴을 찾기 위한 비교 연구들과 반복적 개선 연구들을 참조하였다. 예를 들면, 이러한 연구들은 열역학, 체세포 분열, 판구조론 같은 복잡한 과학 주제들에 대한 전통적인 것과 WISE 유닛들 간의 영향을 비교하였다. 추가로, 개선에 관한 연구들에는 지식 통합 안내를 포함시킴으로써 역동적 시각화의 효과를 증가시켰다. 이러한 관점은 설계 과정을 촉진하고 학생 맞춤형 수업을 활성화할 수 있다.

DTP로서 WISE 소개

WISE는 DTP로서 많은 기능들을 가지고 있는데 여기에는 상호작용적이며 다양한 피드백을 제공하는 풍부한 유닛들, 사용이 쉽고 확장 가능한 저작 환경, 탐구 교육을 위한 도구들, 전문성 개발 활동들이 포함된다.

상호작용적이며 다양한 피드백이 제공되는 유닛들

WISE 유닛은 학생의 학습 활동을 지속적으로 기록하며 학생들과 교사들을 위해 다양한 피드백과 평가 방법을 지원한다. 평가들은 짧은 [에세이], [과학 내러티브], 개념도의 일종인 [MySystem 도해], [가상 실험], [도해 활동](탐사 소프트웨어[7]로 생성된 그래프를 포함), [플립북 애니메이션], [상호작용적 시각화]를 포함한다. 이러한 WISE 기술 인프라는 학생을 위한 안내의 개별화, 온라인 학생 반응의 교사 지원, 연구자들로 하여금 학생 활동과 반응을 기록하고 분석함으로써 원격 사이트들로부터 자세한 데이터를 수집할 수 있게 한다(또한 이 책의 7장과 9장 참조).

사용이 쉽고 확장 가능한 저작 환경

WISE는 교사가 교수를 맞춤화하고, 시스템 설계 팀이 빠르게 새로운 활동의 원형을 만들 수 있도록 하는 배우기 쉬운 저작 도구라는 것이 특징이다. WISE 저작자들은 [임베디드 노트], [가상 실험], [상호작용적 시각화], [개념도], [협력 활동], [평가 서식], 그리고 학생들이 생각을 그림과 애니메이션으로 표현할 수 있는 도구들을 포함하는 강력한 탐구적 특징들을 이용한다. WISE는 오픈 소스이기 때문에, 다른 이들이 개발한 자원들을 통합하기 쉽다. 현재 WISE 유닛은 움직임과 기온을 그래프화하기 위해 탐사 소프트웨어와 원자 수준의 시각화를 위한 콩코드 컨소시엄의 분자 작업대인 넷로고(NetLogo)(Wilensky &

---

7. [역주] 탐사 소프트웨어는 probeware의 번역어로 탐구, 탐색, 조사를 활용하는 소프트웨어의 종류를 일컬음.

Reisman, 2006)를 이용하여 기후 변화와 궤도 운동 같은 주제에 대한 실험 시뮬레이션 기능을 제공할 수 있다.

탐구 교수법을 위한 도구

학생들이 탐구 단원에서 소집단으로 작업할 경우, 교사의 학급 관리를 돕기 위해서 WISE는 교실 내, 교실 간, 학년 말에 필요한 관리 도구들을 제공한다. 수업 중간중간에 교사들은 학생들의 작업을 검토하고 학급 진도를 모니터링하고 메모를 개인과 소집단에게 보내고, 성적을 매길 수 있다. 예를 들면, 교사는 학급 토론을 위해 학생 반응을 표시할 수 있고, 미리 준비한 코멘트를 사용해서 성적을 매길 수 있으며, 학생 진도를 요약하기 위해 온라인 성적표를 사용할 수 있다.

교사 전문성 개발 활동

WISE는 탐구 학습 교수법을 실시하는 교사들을 돕기 위해 전문성 개발 워크숍을 진행하였다. 이에 따라 교사들은 탐구 질문을 하고, 시각화를 통해 교수를 돕고, 학생들의 실험 비평을 안내하는 등의 탐구 딜레마 접근을 위한 전략들을 비교할 수 있게 되었다. 단원의 마지막과 워크숍에서, 교사들은 탐구 교수를 맞춤화할 수 있게 되었다. 일반적으로, 교사들은 탐구를 안내하기 위해 단원과 전략 둘 다를 수정하는데, 연구 결과 교사들이 학생의 과업을 근거로 교수를 맞춤화할 때, 다음 학생 집단은 그 전 집단과 비교해 볼 때 더 통합적이고 일관성 있는 이해를 얻는 것으로 나타났다(Gerard, Spitulnik, & Linn, 2011).

지식 통합 프레임워크

학생의 학습에서 강력한 효과를 달성하기 위해, 지식 통합 프레임워크
는 학습과학에서 30년 이상 이루어진 연구 결과를 종합한 원칙들과 패
턴들을 제공한다. 이 연구들에서는 지식 전달과 비교해서 탐구 학습
의 이점들을 보여주고 있다(Buckley, Gobert, Kindfield, Horwitz, et al., 2004;
Kali, Linn & Roseman, 2008; Linn & Eylon, 2006, 2011; Mokros & Tinker, 1987;
Quintana, Reiser, Davis, Krajcik, et al., 2004). 지식 전달형 수업에서 학생들
은 교과서와 강의를 통하여 지식을 받아들이게 되는데, 이는 학생들이
가진 기존 생각과 통합되지 못하고 격리되므로 결국 잊어버리게 된다(이
책 10장 참조). 이와 달리 지식 통합형 수업에서는 학생들이 가진 아이디어
를 존중하며 그 아이디어를 새로운 지식과 연관시키고, 학생들 간 지식
의 차이를 찾아내도록 돕고, 그들이 흥미진진한 문제를 다루는 새로운
아이디어를 사용하는 것을 지원한다. 지식 통합형 수업에 의하면, 수동
적으로 흡수되는 정보를 제공하기보다는 학생들이 자신의 학습을 스스
로 이끌어 나가게 된다(Linn & Hsi, 2000). 많은 연구 집단에서 이와 같은
지식 통합 프레임워크를 연구해 왔다(Davis & Krajcik, 2005; Linn, Davis &
Bell, 2004; Sisk-Hilton, 2008).

　지식 통합 프레임워크는 학습자들이 개인적 경험, 자연세계 관찰, 문
화적 관습, 사회적 맥락, 그리고 교육의 결과로 나타나는 일관되지 않
고 파편화된 생각들의 리스트를 개발하는 것을 강조한다(diSessa, 1988;
Driver, Asoko, Leach, Mortimer & Scott, 1994; Eylon & Linn, 1988). 깊이 있는

과학 학습은 학생들이 여러 자료원으로부터 추출한 아이디어를 통합하고, 산출물을 결정할 수 있고, 생산적이며 일관된 관점들을 필요로 한다.

연구자들은 지식 통합 수업의 실증적 연구로부터 탐구 단원을 WISE 시스템으로 설계하는 사람들을 안내하기 위한 일련의 원칙들을 제안하였다. Linn 등(2004)은 광범위한 연구를 담은 책에 원칙들과 관련 증거들을 포함시켰고 Kali(2006)는 설계자 커뮤니티의 지식을 종합하여 설계 규칙 데이터베이스를 개발하였다. Kali 등(2008)은 미국과학재단(NSF: National Science Foundation)의 연구 지원을 받는 교수와 학습과 관련된 두 곳의 센터에 속한 참석자들을 통하여 그들의 아이디어를 원칙으로 통합하고 거기에서 발견된 것을 보고하도록 하였다. 이렇게 얻어진 결론들은 여러 형태의 DTP에서 구축하고자 하는 지식 통합 노력에 의미 있는 가이드라인을 제시해 줄 수 있다.

지식 통합 패턴

연구자들은 지식 통합의 한 가지 패턴이 아이디어 이끌어 내기, 아이디어 더하기, 아이디어 구별하기, 아이디어 정리하기라는 네 가지 프로세스들로 구성된다는 것을 알게 되었는데, 이것들은 일관성 있는 과학적 이해를 촉진하고 학생들이 지속적인 이해를 할 수 있도록 돕는다(Lynn & Eylon, 2006; 2011). 이 네 가지 패턴은 단지 WISE뿐 아니라 모든 통합적 이해를 위해 가치 있다.

아이디어 이끌어 내기 지식 통합은 학생들이 지닌 생각을 이끌어 내고 그 아이디어에 더하여 계속해서 새로운 지식을 쌓아 나가는 것을 강조한다. 연구 결과에서는 학생들이 자신들이 관찰하고, 경험하며, 지적 노력을 반영하는 과학 현상에 대한 아이디어 레퍼토리를 개발하는 것으로 나타났다. 많은 연구들이 아이디어를 산출하거나 예측해 보는 것이 유용함을 밝혔다(예, Gunstone & Champagne, 1990; Linn & Hsi, 2000). 학생들이 자신의 생각을 설명하려 할 때, 그들은 종종 같은 주제에 대해 여러 관점이 있음을 알게 된다. 학생들이 자신의 생각들을 발견했을 때, 그들은 새로운 생각에 대하여 그것들을 테스트해 볼 수 있고 다른 학생들과의 토론에서 이에 대한 피드백을 얻을 수 있다. 아이디어 산출을 통해 학생의 생각이 무엇인지 교사가 알 수 있게 된다.

WISE의 화학 반응 단원에서는, 아이디어 산출을 통하여 학생들이 가진 몇 가지의 흥미로운 시각들을 발견하였다. 많은 학생들은 이 단원

지시문: 2N₂와 6H₂ 분자들을 이용해서 $2N_2 + 6H_2 \rightarrow 4NH_3$를 그리시오.

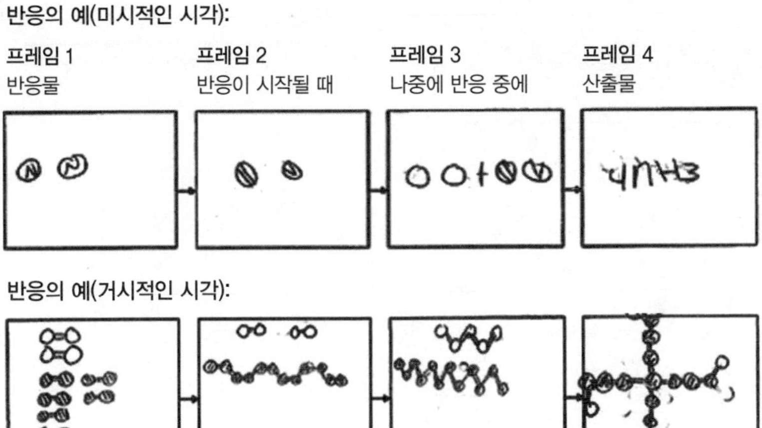

그림 3.2. 화학 반응에 대한 아이디어 이끌어 내기. WISE 화학 반응 단원에서 학생이 예측한 그림들의 예

의 원자 모델이 화학식과 일치하는 방식으로 산소와 수소 분자들이 중간 단계들 없이 즉시 물로 변환될 것을 기대하였다. 또 다른 학생들은 모든 분자들이 원자로 쪼개지고 난 후 재구성될 것을 기대하였다. 일부는 산소와 수소 분자들이 하나의 거대한 분자가 되기 위해 결합될 것을 예상하였다(그림 3.2; Chiu & Linn, 2008; Zhang & Linn, 2008).

아이디어 더하기 새로운 아이디어를 추가하는 것은 모든 과학 활동의 목표이다. 지식 통합 활동들에서는 설계자들이 이전에 가졌던 아이디어와 추가된 아이디어를 대조함으로써 학습자를 학습에 몰두하게 한다. [상호작용적 시각화]는 학생들로 하여금 교실 학습에서 너무 작거나(화학 반응), 빠르거나(충돌) 또는 거대한 현상(태양계)에 대한 자신들의 아이디어를 시험해 볼 수 있게 해준다. [가상 실험]들은 학생들이 복잡하거

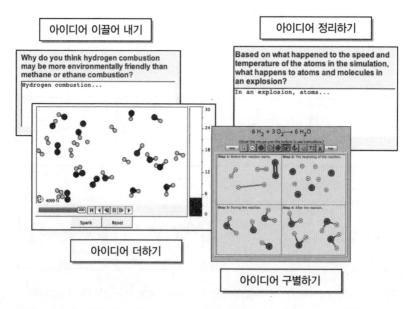

그림 3.3. WISE 화학 반응 단원에 실행된 지식 통합 패턴

나(세계 기후 변화), 위험하거나(에어백 펼쳐짐) 또는 시간이 너무 오래 걸리는 (유전자 상속) 상황들을 학습할 수 있게 한다. 예를 들면, 화학 반응 단원에서, 연구자들은 분자 결합 파괴와 분자 결합 형성을 도해로 보여주기 위해 분자 작업대 시각화를 사용하였다(그림 3.3 참조).

WISE 설계자들은 새로운 아이디어들을 발생적이고 생산적이게 하기 위해 핵심 사례(pivotal case)들을 사용하였다. 새로운 아이디어가 중심축 사례의 기준을 만족시킬 때, 이들은 지식 통합을 촉진하는 데 효과적이다(Linn, 2005). 이러한 핵심 사례들은 세 가지 특징을 가지고 있다.

첫째, 핵심 사례는 전형적으로 대조 실험을 구성하는 두 가지 조건들을 대조한다. 예를 들면, 상온에서 금속 물체가 나무 물체보다 만질 때 더 차갑게 느껴진다는 여러 차례의 관찰에 근거하여, 많은 학생들은 금속이 본래 차가우며 탄산음료를 차갑게 유지하기 위해 사용될 수 있다고 주장한다. 학생들이 이 아이디어를 해석하는 것을 돕기 위해, 협력 교사인 K씨는 금속과 나무가 더운 날 해변에서 그리고 눈 오는 추운 날 어떻게 느껴지는지 대조해 보도록 함으로써 새 아이디어를 추가하도록 돕는다.

둘째, 핵심 사례들은 개인적으로 유의미하며 개인적인 경험에 바탕을 둔 이야기를 이끌어낼 수 있다. 그가 덥고 추운 날에 나무와 금속이 어떻게 느껴지는지 물었을 때, K씨는 많은 학생들이 즉시 뜨겁게 달궈진 차에 탔거나, 나무 또는 금속 경사로를 맨발로 걸었거나 차문에 손가락이 얼어붙었던 각자의 경험을 설명하기 시작했음을 발견하였다. 이 활동은 학생들이 처음에 고려하지 않았던 가치 있는 아이디어를 이끌어냈다.

셋째, 핵심 사례들은 과학적 의사소통을 강조한다. K씨는 학생들이 교실에서 온도계를 사용하여 측정된 온도에 따른 물체의 느낌을 비교하도록 하는 WISE 활동을 사용하였다. 그는 실험 결과들을 해석하기 위해 과학적으로 받아들여지는 언어를 사용함으로써 학생들이 온도와 열 흐름을 구분하도록 안내하였다.

아이디어 구별하기 학생들은 새 아이디어들을 다른 아이디어들과 구분하거나 일상생활에서 사용하기보다는, 학교에서 이를 추가하고 학습한 맥락 내에서 사용하는 경향이 있다(Linn & Hsi, 2000). 예를 들면, 화학 반응 단원에서, 원자 레벨의 시각화를 본 학생들은 자주 이를 화학의 다른 아이디어에 연결시키지 않고도 현상을 이해했다고 믿게 됨을 알 수 있었다(Chiu & Linn, 2011). 이는 시각화가 학생들 자신이 분명히 이해하고 있다고 믿게 만드는 현상을 가져올 수 있음을 의미한다. 학생들이 시각화의 그러한 특징과 자신의 아이디어들을 구별하도록 하기 위해서(그림 3.2에서 보는 것처럼), WISE 설계자들은 학생들에게 자신들이 관찰한 것을 그림으로 그리고, 큰 세트에서 선택된 그림들의 연속적 순서를 사용해서 아이디어로 나타내고 또는 가상의 학생에게 주어진 해석을 비평하도록 요구하였다. 이 모든 접근들은 학생들이 자신의 관찰을 명확히 하기 위해 시각화를 다시 보도록 동기를 부여했고 결과적으로 학생들은 향상된 학생 결과물을 산출하였다(Linn, Chang, Chiu, Zhang, & McElhaney, 2010).

아이디어 정리하기 궁극적으로, 학생들은 일관성 있고 지속적인 과학적 이해를 달성하기 위해 생산적 아이디어들과 기존 지식, 경험을 조정할 필요가 있다. WISE 단원은 학생들이 내러티브로 아이디어를 조직하고, 동료에게 아이디어를 설명하고, 정부 관리에게 설득력 있는 토론문을 작성하거나 또는 아이디어를 분류하기 위해 지식을 포괄적으로 프레젠테이션하도록 안내한다. 아이디어들을 통합하기 위해, 화학 반응 단원에서는 학생들이 시약에 대한 실험 증거를 사용하여 기후 변화에 대해 정책입안자들에게 편지를 쓰도록 지도하고 있다.

동시에, 이러한 과정들이 지식 통합 패턴을 구성한다(그림 3.3 참조). 이 패턴은 교육과정 자료들을 설계, 검토 또는 비평하는 데 사용될 수 있다. WISE에는 패턴의 실행 측면들과 관련된 기능이 있는데, 이 기능을 사용해 설계자들은 과학적 이해를 촉진하는 교수를 쉽게 만들 수 있다. 대부분의 WISE에는 학생 활동을 기록하는 상호작용 시각화와 가상 실험 같은 기능이 있어서, 학생 진도 평가와 지도 설계를 향상시키는 결과를 가져온다. 이들은 모두 많은 형태의 DTP에 일반적인 전략들이다.

지식 통합 평가

WISE 평가와 루브릭은 지식 통합 정도를 측정하도록 설계되었다. 지식 통합 항목들은 학생들이 결과를 설명하고, 실험을 비평하고, 대안들을 비교하도록 질문한다. 이들은 또한 학생들이 새로운 상황에 아이디어를 응용하도록 질문함으로써 교육에 기여하기도 한다. 이와 대조적으로, 대부분의 지역이나, 주, 전국 단위의 시험들은 과학 표준에 제대로 연계되어 있지 않고 교육과정에 둔감하다(Clark & Linn, 2003; Shepard, 2000).

지식 통합을 측정하는 문항에서 성공하기 위해서, 학습자들은 생각들을 연계, 연결, 혹은 구별할 필요가 있으며 증거에 대답을 할 수 있어야 한다. 예를 들면, Linn과 Hsi(2000)는 학생들에게 열과 온도를 구별하고 이러한 생각을 뒷받침하는 증거를 사용할 것을 요구하는 항목을

그림 A

그림 B

그림 "A"는 태양으로부터의 빛이 유리판을 통과하여 실내를 데우는 실제 온실을 보여준다. 온실의 유리판은 열 에너지가 빠져나가는 것을 방지한다.

그림 "B"는 지구의 온실 효과를 보여준다.

그림 B의 어느 부분이 온실의 유리판과 같은가?(하나를 선택하라)

(1) 태양   (2) 공간   (3) 대기   (4) 지면

선택한 이유를 설명하라.

지식 통합 채점 루브릭

	지식 통합(KI) 수준	온실 문제 응답 특징
0	**무응답**	빈칸
1	**관련 없음**	반응이 과업에 관련 없거나 "나는 모른다"임
2	**부정확함** 비규범적 생각 비규범적 연결	그림을 부정확하게 묘사함 온실과 지구 대기 사이의 부정확하게 관련 지음 선다형 답안의 반복
3	**보통** 정교하게 연결되지 않은 관련된 아이디어임	두 그림에서 유사한 요소들을 짝지음 그림 하나를 설명함 대기가 태양빛을 반사, 흡수 또는 받아들임을 언급하고 다른 아이디어에는 관련 짓지 않음
4	**기초 수준** 두 개의 규범적 아이디어 사이에 과학적으로 타당한 연결 한 가지	대기는 온실의 유리와 같으며 열을 들어오게 하고 거기 가두거나 또는 내부 대부분의 열을 유지함을 언급
5	**높은 수준** 두 개 또는 그 이상의 과학적으로 타당한 연결들	대기는 온실의 유리와 같음을 언급하고 "태양 에너지를 받고 지구의 [복사] 에너지[또는 IR]가 우주로 빠져나가는 것을 막는다"고 말한다

그림 3.4. 세계 기후 변화 평가 항목과 채점 루브릭

사용하였다. 세계 기후 단원에서는, 학생들은 실제 온실과 온실 효과를 구분하였다. 항목 채점에 사용된 지시문은 학생이 아이디어들을 구별 하는 증거를 사용한 설명에 따라 점수를 주고 있다(그림 3.4 참조).

6학년부터 12학년을 위해 개발된 100개 이상의 항목 분석은 WISE 평가의 이점들을 보여준다. 항목들은 엄격한 심리측정학적 방법으로 지 식 통합을 측정하고, 지식 통합 지시문과 함께 구조화된 응답 항목들 은 단원과 학년 전반에 걸쳐 만족할 만한 신뢰도를 보여 주었다(신뢰도 계수가 .74보다 크다; Liu, Lee, Hofstetter, Linn, 2008). 추가적으로, 선택형 문 항과 서술형 문항의 비교 결과 비록 학생들이 더 어려워했지만 서술형 문항이 교육적으로 훨씬 더 가치 있음도 보여 주었다(Linn, Lee, Tinker, Husic & Chiu, 2006; Liu et al., 2008).

WISE 단원들의 영향을 평가하기 위해, 연구자들은 [임베디드 평가], [단원 사전 사후 검사], [연간 평가]들을 설계하였다. WISE 평가를 통 하여 교사의 교수 역량을 강화하고, 학생 성취를 이루어 내는 것 둘 다 가능하다. 이러한 평가 활동의 유형들은 어떤 DTP 프레임워크에 맞추 어질 수 있다.

지식 통합 단원의 영향

WISE 단원들의 영향에 대한 연구들은 몇 가지 방법론들을 사용하였 다. 지식 통합형 단원들의 전반적인 강점을 보여주기 위해서, 연구자들 은 교수법들 간의 비교 연구들과 몇 달 또는 몇 년간 학생들을 관찰하 는 추적 연구들을 수행하였다. 단원을 향상시키기 위해, 연구자들은 교 수에 있어서 대안 버전들을 비교하는 설계 연구 방법론들을 사용하였다(설계 기반 연구 집단, 2003; Linn et al., 2004). 두 가지 방법 모두 설계 원칙과 패턴에 도움이 되는 결과들을 산출하였다.

전반적인 WISE의 영향

일련의 연구들이 지식 통합 프레임워크를 따라 설계된 WISE 단원들이 복잡한 과학에 대한 학생들의 이해를 향상시킴을 보여준다. 지연 시간 집단 비교 연구(time-delayed cohort comparison study)에서는 전통적인 교육과정을 공부한 학생들과 동일한 교사들이 가르친 WISE 단원을 공부한 학생들을 비교하였다. 영어를 모국어로 사용하는 학습자들이었고, 과학 학습이 충분히 이루어지지 않은, 무료급식 또는 급식 지원을 받는 학생들의 학교들에서 테스트가 이루어졌다. WISE 집단(N=4,520)은 전통적 집단(N=3,712)에 비해서 거의 1/3 표준편차 이상을 성취하였다(효과크기 .32, p < .001). 전통적인 선다형 문제들로는 이러한 성취를 검증할 수가 없었다. 이 결과는 지식 통합을 평가하기 위해서는 구조화된 응답 항목들이 중요함을 보여주고 있다(Linn et al., 2006; Quellmalz & Pellegrino, 2009).

추적 연구에서는 학생들의 시험 전, 시험 후, 그리고 연간 평가들에서 학생들의 성취를 추적하였다. 한 연구에서는 고등학생들이 분자들(화학 반응), 전자들(정전기학), 인구 기반 유전학(진화), 염색체(감수 분열)에 관련되는 눈에 보이지 않는 과정들을 학습하였다. WISE는 단원 실행 직전과 직후에 학생들이 사전 시험과 사후 시험, 그리고 학년이 끝나기 전에 연간 평가[8]를 끝냈을 때, 3개 주 6개교 11명의 교사들의 지도를 받

---

8. [역주] 지연된 사후 시험을 의미함.

은 학생들(N=764)을 추적하였다. 분석 결과 네 가지의 다른 WISE 교육 과정 단원들에서 얻어진 지식 통합 평균값은 사전 시험에서 사후 시험으로, 사후 시험에서 지연된 사후 시험으로 갈수록 매우 증가하였다. $F(2, 1867)=73.75$, $p < .001$(Lynn & Eylon, 2011). 화학 반응 단원들에서는, 지연된 시점에서 실시된 사후 시험이 직후에 실시된 사후 시험 점수보다 훨씬 더 높았다(Shen & Linn, 2011). 전통적인 실험실 바탕의 연구들이 지연된 사후 시험 점수가 지속적으로 떨어짐을 고려할 때, 이러한 결과들은 일관성 있는 아이디어에 집중하는 것이 학생들 아이디어를 유지하고 심지어 발전을 계속하는 데에도 도움이 됨을 나타낸다.

시각화를 이용하여 교수법 개선하기

WISE 단원들이 갖는 전반적 이점을 제시한다고 해서 각 단원들의 구체적 특징들의 기여점이 무엇인지 명확히 설명하지는 못한다. 단원들의 가장 독특한 측면은 [시각화]와 [가상 실험]이다. 교수법 개선 연구의 유용성을 입증하기 위해, 이 절에서는 시각화에 집중해서 설명하도록 하겠다.

과학적 시각화는 매우 가치 있는데 그 이유는 복잡한 과학적 아이디어들을 그림으로 보여주기 때문이지만 이 또한 설계하고 해석하기가 쉽지 않다. 교육적 시각화의 초기 버전들은 통상적으로 그 과목에 대한 시스템 설계자의 아이디어들을 반영하였고, 사용자들의 관찰에 기반한 이해 개선에 도움이 되어 왔다. WISE가 채택한 교실 시각화의 개선에 대한 연구를 통하여 설계자를 위한 몇 가지 가이드라인이 제시되었다. 그것들은 1) 시각화를 단순하게 하기, 2) 실생활과 연결하기, 3) 교과 지식을 강조하기, 4) 눈을 속이는 명확함을 줄이기[9] 등이다.

시각화를 단순하게 하기 모든 시스템 개선에 관한 연구들에서는 단순한 시각화와 핵심 정보를 강조하는 것의 중요성을 보여준다. 예를 들면, 분자 작업대 시각화(그림 3.1, 3.2, 3.3 참조)는 화학 반응들의 복잡한 시스템적 성격을 그림으로 보여주는데 어떤 교수 시퀀스에서도 통상적으로는 그런 복잡함의 단지 일부 측면들만이 관련되어 있다.

Chiu와 Linn(2008, 2011)은 운동 에너지와 잠재적 에너지를 모두 보여 주거나 반응 시 발생하는 운동 에너지만 보여 줄지를 결정하는 문제를 두고 고민하였다. 학생들의 학습 결과 분석과 비교 연구 결과 두 종류의 에너지 형태를 동시에 보여주는 것은 학생에게 혼란을 가중시킨다는 것을 알 수 있었는데 교사들은 캘리포니아 화학 교육과정에서는 오직 운동 에너지만 다루어야 함을 보고하였다. 이러한 시각화에 대한 개선이 학생들의 이해도 향상을 가능하게 하였다.

일상생활에 연결하기 학생들이 생활에서 경험하는 현상들과 시각화를 연결하는 것은 과학과 일상생활의 연관성을 보여주고, 미래에 과학 아이디어들을 사용할 기회를 증가시키며 생각들 간의 연결성을 강화시켜 준다. 예를 들면 학생들이 발열 반응의 시각화를 탐구하게 하는 두 개 WISE 단원에서, 연구자들은 학생들이 원자 수준 반응에 대한 지식을 [수소풍선 폭발 비디오] 관찰에 연결함으로써 도움이 됨을 발견하였다. 학생들이 [풍선 폭발]과 [분자 작업대 폭발]의 해석을 비교하도록

---

9. [역주] 눈을 속이는 명료함 줄이기(Mitigate deceptive clarify)란 단순하게 시각화된 자료를 보고 학습을 하게 되면 학습자가 학습 내용을 완전히 이해한 것 같은 착각을 가지게 되므로 이러한 역효과를 최소화시켜야 함을 의미함.

함으로써, 단원들은 관찰할 수 있고 보이지 않는 분자 반응들을 연결하는 것을 도와주었다. 두 경우 모두, 학생들은 실험 결과의 시사점을 과학 정책 이슈와 관련 지어 생각해 보도록 요청받았다.

[수소 연료 전지 자동차] 단원에서, Zhang과 Linn(2008)은 차량 동력의 한 방법으로 수소와 산소 폭발에 집중하였다. [화학 반응] 단원에서는, Chiu와 Linn(2008)은 연료 연소가 제한적이거나 잉여의 반응물과 어떻게 관련되는지를 그림으로 보였다(중요한 학습 주제임). Chiu와 Linn은 학생들이 발전소 배기가스에 대한 [가상 실험]을 하게 하였는데, 잉여 반응물은 전 세계적으로 대기 중 이산화탄소의 증가에 기여하도록 모델링되어 있다. 학생들은 지구 온도에 미치는 대기 중 이산화탄소 증가의 영향을 탐구하기 위해 NetLogo 기후 변화 모델을 사용하였다. 제한적이거나 잉여의 반응물을 탐색하기 위해 [분자 작업대] 시각화를 사용하고 나서 잉여 오염물질들의 시사점을 조사하기 위해 NetLogo 모델을 사용함으로써, Chiu와 Linn은 화학 반응 단원을 기후 변화에 연결시킬 수 있었고, 이는 학생들이 신문기사에서 보게 될지도 모르는 정책 이슈와 연관된 것이기도 하였다. 마무리 활동에서 학생들은 정책 결정자에게 그들의 과학적 증거를 사용해서 기후 변화 이슈를 논의하는 편지를 썼다.

교과 지식 강조하기 많은 연구들이 핵심 교과 지식을 강조하기 위해 시각화 내용을 수정할 필요를 보여주고 있다. 예를 들면, Chiu와 Linn(2008)과 Zhang과 Linn(2008) 모두는 학생들이 [화학 반응]을 시작하기 위해서는 에너지가 필요함을 인식하지 못함을 발견하였다. 밝혀진 문제의 하나는 화학 반응에서 에너지의 중요성이 반응의 상징적 표현에서 나타나지 않는다는 것이었다. 학생들은 화학 공식의 양쪽 사이에 위치한 화살표를 양쪽이 같음을 뜻하는 것으로 해석하고 화학 반응이 흡열성 또는 발열성이 될 수 있음을 인식하지 못함을 알 수 있었다.

이를 보완하기 위해, Chiu와 Linn은 두 개의 핵심 사례를 더하였다. 첫 번째 핵심 사례는 화학 반응을 관찰 가능한 현상과 연결시켰는데, 이것이 [수소 풍선 폭발]이다(비디오에서 도해로 설명). 이 핵심 사례에서 수소 풍선에 점화하기 위해 성냥을 사용한 것과 분자 반응이 시작되기 위해 에너지를 더해야 할 필요와 비교하였다. 학생들은 풍선 점화 불꽃을 화학 반응의 시작에 매핑하도록 안내받았다. 이 비교에서는 또한 반응이 시작되었을 때, 폭발이 발생했음을 그림으로 나타내 주었다. 가르치는 과정에서 학생들이 반드시 이러한 평형들을 인식하고 해석하도록 인도되었다. 이 핵심 사례는 또한 학생들이 이야기를 하거나 이벤트를 둘러싼 구술적인 설명을 하는 것을 돕는다. 학생들은 어떻게 두 가지 상황이 동일한 기저의 사건인지, 예를 들면 흡열로부터 발생했는지 설명할 수 있었다. 게다가, 핵심 사례는 활발한 학습 토론을 유발하였다. 이 핵심 사례는 학생들이 유사한 두 가지 조사연구들을 비교하도록 하였다. 그 결과 그들은 관찰 가능한 현상을 분자 수준의 설명에 연결할 수 있었다. 두 번째 핵심 사례는 [분자 작업대] 시각화의 두 버전을 비교하였다. 첫 번째 버전에서는 분자가 이동했지만 여기에 가해진 에너지는 없었다. 에너지를 가하지 않은 채, 학생들은 분자가 이동하였으나 시각화에 표현된 연결들은 변화가 없었고 운동 에너지 증가도 없었음을 관찰하였다. 근본적으로는 불꽃이 없었고, 수소와 산소 간의 반응이 진행되지 않았기 때문에 결합들은 깨져서 재형성되지 않았다.

두 번째 버전에서, 학생들은 불꽃(일종의 번갯불 같이 생긴) 모양을 나타내는 버튼을 눌러서 에너지를 더하였다. 학생들은 불꽃을 더했을 때 반응이 빨라지며 운동 에너지 수준이 증가함을 관찰하였다. 또한 그들은 결합이 깨지고 형성되는 것을 관찰하였다. 학생들은 자신들의 주장을 뒷받침할 결합 파괴, 결합 형성, 에너지 변화, 분자 운동률, 개별 원자들의 움직임과 같은 여러 형태의 증거를 사용할 수 있었다.

이 두 가지 비교는 핵심 사례로 사용할 만한 자격이 있다(Linn, 2005). 왜냐하면 이것들은 유사한 두 조건을 비교하기 때문이다. 학생들이 흡열 반응을 시각화하는 것을 도움으로써 상징적 등식을 명확히 해주고 학습자들이 성냥과 불꽃을 유추하도록 하였다. 그리하여 학생들이 화학 반응에서 에너지의 역할에 대한 자신들의 구술 설명을 하도록 유도한 것이다. 또한 이 사례의 토론은 학생들 간에 효과적인 대화를 유발하였다. 이들을 동시에 고려한다면 이 사례들은 화학 반응과 폭발 사이의 연관성을 명확히 해준다.

학생들은 불꽃의 역할에 관하여 여러 다른 설명들을 하였다. 예를 들면, 일부는 그 불꽃이 직접적인 운동 에너지 증가로 이어졌다고 생각했고, 다른 학생들은 그 불꽃이 반응을 개시하는 데 시간이 어느 정도 걸렸고 그 반응이 운동 에너지의 증가를 가져왔다고 논하였다. 이에 따라 Chiu와 Linn(2008), Zhang과 Linn(2008)은 모두 에너지를 더하는 것과 최종적 에너지 발산 사이의 관계를 학생들이 이해하도록 돕는 방향으로 지도를 수정하였다.

핵심 사례들은 통상적 교육 지도에서 간과되어 온 핵심 교과 지식을 강조한다. 학생들은 종종 결합이 깨지는 것과 형성되는 것을 부호 등식에 연관시키는 데 실패하는데, 이는 에너지의 역할을 좀 더 철저히 이해하지 못했기 때문이다. 핵심 과목 아이디어에 주목함으로써 시각화를 다룬 교수방법을 수정하는 것은 학습에 대한 시각화의 영향을 강화할 수 있다.

눈을 속이는 명료함 줄이기 과학적 시각화로부터 배울 수 있는 능력에 대한 학생들의 인식을 평가하기 위해, Chiu와 Linn(2011)은 [화학 반응] 시각화 이해에 대한 학생들의 평가를 연구하였다. 그들은 두 조건을 비교하였는데 한 그룹은 [화학 반응] 시각화로 실험한 직후에 그들의 이해도 점수를 매겼다. 다른 그룹은 [화학 반응] 시각화에 대한 설명을 본 직후에 그들의 이해도를 점수 매겼다. 그들은 학생들이 시각화를 본 직후의 이해가 설명을 본 직후의 이해보다 높은 점수를 줄지 낮은 점수를 줄지에 관심을 가지고 이 실험을 수행하였다.

Chiu와 Linn(2011)은 학생들이 시각화에 대한 설명을 봤을 때보다 시각화를 본 후에 화학 반응에 대해 더 잘 이해한다고 스스로 평가했음을 발견했는데, 이는 학생들이 시각화를 본 후에 자신의 이해 정도를 과대평가하거나 설명을 쓴 후에 이해를 과소평가함을 뜻한다. 데이터 분석 결과 학생들이 시각화를 본 후에 이해를 과대평가하는 경향이 있음을 보여주는데, 이는 시각화가 눈을 속이는 명료함을 가졌다는 주장을 뒷받침한다(Chiu & Linn, 2008). 이러한 이해의 과대평가는 학생들이 시각화를 주의 깊게 분석하는 것을 막을 수도 있다.

Chiu와 Linn(2008)은 학생들이 관찰한 바를 설명할 때 이해에서의 차이점을 찾게 되는 것을 발견하였다. 학생들의 생각을 설명하도록 돕는 것은 학생들이 차이를 인식하고 아이디어를 수정하기 위해 시각화로 돌아가도록 동기를 부여한다.

이러한 결과들은 바람직한 어려움[10]에 대한 연구와 일맥상통한다고 볼 수 있다(Linn et al., 2010). 즉, 바람직한 어려움은 학습 속도를 느리게

---

10. [역주] 바람직한 어려움(desirable difficulties)이란 학습의 과정에서 학습의 성공에 도달하기까지 경험해야 할 장애물, 난관 등을 뜻함.

하고 종종 실수를 증가시키지만 결국에는 성과를 향상시키는 학습 활동들을 의미한다. 몇몇 학생들은 바람직한 어려움의 원칙들 중 하나로 학생들로 하여금 반응을 작성하도록 격려하는 것이 학생들이 시각화에서 찾은 차이점들을 분명히 설명하고 시각화에서 그림으로 설명된 보이지 않는 프로세스에 대한 이해를 촉진하도록 보장한다고 시사한다.

시각화 가이드라인에 대한 결론

결론적으로, 이러한 교실 비교 연구에서 시각화의 효과 향상을 위한 방법들을 찾고 시스템 설계자들을 위한 가이드라인을 제시할 수 있다. 연구들은 핵심 사례들을 추가하는 것이 중요함을 보여 주었다. 시각화를 단순화하고 요점에 집중하는 등의 개선을 통하여 학생들이 핵심 아이디어에 주의를 기울이도록 돕는다. 학생들이 현상의 상징과 관찰 가능한 설명들 사이의 연계를 포함하는 설명을 지도함으로써 교수는 아이디어의 일관성을 증대시킨다. 바람직한 어려움을 제공함으로써, 교육 지도는 눈을 속이는 명료함을 극복할 수 있고 학생들이 자신들의 학습을 모니터링하고 습득했다고 생각되는 지식의 차이를 탐색하도록 동기를 유발한다. 이러한 개선은 시각화를 특징으로 하는 교육의 효과를 상당히 증대시킨다(Linn & Eylon, 2011). DTP의 지식 통합을 더 널리 알리기 위해, DTP 설계자들은 핵심 사례들을 더할 수 있고 바람직한 어려움들을 강조할 수 있다.

DTP의 미래

WISE 연구는 DTP 설계 및 실행과 관련하여 몇 가지의 강력한 시사점들을 제시한다. 지식 통합 패턴을 사용하고 시각화를 활용하는 것은 대부분의 단원에서 성취를 높일 것이다. 패턴의 첫 번째 프로세스(아이디어를 끌어내거나 예측을 묻는 것)는 학생들이 아이디어를 통합하도록 돕는 데 특히 유용하다. 시각화는 두 번째 프로세스인 아이디어 추가에 있어서도 중요하다. 세 번째 프로세스(학생들이 과학적 준거를 사용하여 대안들을 비교함으로써 아이디어를 구별할 수 있게 하는 것) 또한 지도의 성공을 위하여 매우 중요하다. 마지막으로, 학생들이 자신의 아이디어에 대해 숙고하도록 격려하는 것은 학생들이 통찰한 것들을 일관성 있는 논리로 구성하도록 돕는 길이 된다.

WISE 연구는 전체 교육과정을 만들기 위해 각각의 단원들을 결합시키는 방식에 집중하기 시작하였다. 이는 학생 활동에 대한 누적적 이해를 지원하는 것을 포함한다(Confrey & Maloney, 이 책의 8장; Linn & Eylon, 2011). 전통적인 교수는 대체로 전달하는 지식에 있어서 파편화되어 있고 일관성이 없는데, 이는 과학에서 필요한 누적적 이해에 대해 실제 교육과정이 제대로 다루고 있지 못함을 반영하는 것이라고 볼 수 있다. 따라서 강력한 시각화와 지식 통합 패턴에 기반한 교육방법을 사용하는 것이 이 목표를 달성할 수 있는 잠재력을 가진다고 볼 수 있다.

주 | 석

이 자료는 미국과학재단 보조금 ESI-0334199와 ESI-0455877에 의해 지원된 작업에 바탕을 두고 있다. 이 자료에 표현된 어떤 의견, 결과, 결론 또는 제안도 저자의 것이며 미국과학재단의 시각을 반드시 반영하는 것은 아니다. 저자는 과학에서의 기술-확대 학습 연구 그룹과 코멘트 및 토론을 반기는 바이다. David I. Miller와 Elissa Sato가 해준 도움이 되는 코멘트와 제안에 대해 특별히 감사한다. 이 장을 준비하는 데 있어 Jon Breitbart와 Michael O'Hara의 도움에도 대단히 감사드린다.

참|고|문|헌

Buckley, B., Gobert, J. D., Kindfield, A. C. H., Horwitz, P., Tinker, R. F., Gerlits, B.,... Willett, J. (2004). Model-based teaching and learning with BioLogica: What do they learn? How do they learn? How do we know? *Journal of Science Education and Technology, 13,* 23–41.

Chiu, J. L., & Linn, M. C. (2008). Self-assessment and self-explanation for learning chemistry using dynamic molecular visualizations. In *International perspectives in the learning sciences: Creating a learning world: Proceedings of the 8th International Conference of the Learning Sciences: Vol. 3* (pp. 16–17). Utrecht, The Netherlands: International Society of the Learning Sciences, Inc.

Chiu, J. L., & Linn, M. C. (2011). The role of self-monitoring in learning chemistry with dynamic visualization. In A. Zohar & Y. J. Dori (Eds.), *Metacognition and science education: Trends in current research (Contemporary trends and issues in science education, 40)* (pp. 133–163). London: Springer-Verlag.

Clark, D. B., & Linn, M. C. (2003). Scaffolding knowledge integration through curricular depth. *Journal of the Learning Sciences, 12,* 451–494.

Davis, E. A., & Krajcik, J. S. (2005). Designing educative curriculum materials to promote teacher learning. *Educational Researcher, 34,* 3–14.

Design-Based Research Collective (2003). Design-based research: An emerging paradigm for educational inquiry. *Educational Researcher, 32,* 5–8.

diSessa, A. A. (1988). Knowledge in pieces. In G. Forman & P. Pufall (Eds.), *Constructivism in the computer age* (pp. 49–70). Hillsdale, NJ: Lawrence Erlbaum Associates.

Driver, R., Asoko, H., Leach, J., Mortimer, E., & Scott, P. (1994). Constructing scientific knowledge in the classroom. *Educational Researcher, 23,* 5–12.

Eylon, B. S., & Linn, M. C. (1988). Learning and instruction: An examination of four research perspectives in science education. *Review of Educational Research, 58,* 251–301.

Gerard, L. F., Spitulnik, M., & Linn, M. C. (2011). Teacher use of evidence to customize inquiry science instruction: A longitudinal investigation of the impacts on teacher and student learning. *Journal of Research in Science Teaching, 47*, 1037–1063.

Gunstone, R. F., & Champagne, A. B. (1990). Promoting conceptual change in the laboratory. In E. Hegarty-Hazel (Ed.), *The student laboratory and the science curriculum* (pp. 159–182). New York: Routledge.

Kali, Y. (2006). Collaborative knowledge-building using the Design Principles Database. *International Journal of Computer-Supported Collaborative Learning, 1*, 187–201.

Kali, Y., Linn, M. C., & Roseman, J. E. (Eds.). (2008). *Designing coherent science education*. New York: Teachers College Press.

Lee, H.-S., Linn, M. C., Varma, K., & Liu, O. L. (2010). How do technology-enhanced inquiry science units impact classroom learning? *Journal of Research in Science Teaching, 47*, 71–90.

Linn, M. C. (2005). WISE design for lifelong learning: Pivotal cases. In P. Gardenfors & P. Johansson (Eds.), *Cognition, education and communication technology* (pp. 223–256). Mahwah, NJ: Lawrence Erlbaum Associates.

Linn, M. C., Chang, H.-Y., Chiu, J. L., Zhang, Z., & McElhaney, K. (2010). Can desirable difficulties overcome deceptive clarity in scientific visualizations? In A. Benjamin (Ed.), *Successful remembering and successful forgetting: A Festschrift in honor of Robert A. Bjork* (pp. 239–262). New York: Routledge.

Linn, M. C., Davis, E. A., & Bell, P. (Eds.). (2004). *Internet environments for science education*. Mahwah, NJ: Lawrence Erlbaum Associates.

Linn, M. C., & Eylon, B. S. (2006). Science education: Integrating views of learning and instruction. In P. A. Alexander & P. H. Winne (Eds.), *Handbook of educational psychology* (2nd ed., pp. 511–544). Mahwah, NJ: Lawrence Erlbaum.

Linn, M. C., & Eylon, B. S. (2011). *Science learning and instruction: Taking advantage of technology to promote knowledge integration*. New York: Routledge.

Linn, M. C., & Hsi, S. (2000). *Computers, teachers, peers: Science learning partners*. Mahwah, NJ: Lawrence Erlbaum Associates.

Linn, M. C., Lee, H.-S., Tinker, R., Husic, F., & Chiu, J. L. (2006). Teaching and assessing knowledge integration in science. *Science, 313*, 1049–1050.

Liu, O. L., Lee, H.-S., Hofstetter, C., & Linn, M. C. (2008). Assessing knowledge integration in science: Construct, measures and evidence. *Educational Assessment, 13*, 33–55.

Mokros, J. R., & Tinker, R. F. (1987). The impact of microcomputer-based labs on children's ability to interpret graphs. *Journal of Research in Science Teaching, 24*, 369–383.

Quellmalz, E., & Pellegrino, J. (2009). Technology and testing. *Science, 323,* 75–79.

Quintana, C., Reiser, B. J., Davis, E. A., Krajcik, J. S., Fretz, E., Golan, R. D.,... Soloway, E. (2004). A scaffolding design framework for software to support science inquiry. *Journal of the Learning Sciences, 13,* 337–386.

Shen, J., & Linn, M. C. (2011). A technology-enhanced unit of modeling static electricity: Integrating scientific explanations and everyday observations. *International Journal of Science Education, 33,* 1597–1623.

Shepard, L. A. (2000). The role of assessment in a learning culture. *Educational Researcher, 29,* 4–14.

Sisk-Hilton, S. (2008). *Teaching and learning in public: Professional development through shared inquiry.* New York: Teachers College Press.

Wilensky, U., & Reisman, K. (2006). Thinking like a wolf, a sheep or a firefly: Learning biology through constructing and testing computational theories—An embodied modeling approach. *Cognition and Instruction, 24,* 171–209.

Zhang, Z., & Linn, M. C. (2008). *Using drawings to support learning from dynamic visualizations. International perspectives in the learning sciences: Creating a learning world. Proceedings of the 8th International Conference of the Learning Sciences: Vol. 3* (pp.161–162). Utrecht, The Netherlands: International Society of the Learning Sciences, Inc.

4

읽기 교수
_교실 내 교육을 위한 테크놀러지 기반 지원

_ Arthur C. Graesser, Danielle S. McNamara

이 장에서는 DTP의 맥락에서 읽기 교수를 지원하는 기술들을 개관하고자 한다. DTP는 교사가 교실 내 개별 및 소집단 학생들의 진도를 파악할 수 있게 하며, 이러한 학생의 성취 프로필을 미래의 학습 활동에 맞추어서 안내하는 데 사용하게 한다. 읽기 지도에 관하여, 학습자의 진도는 이상적으로는 이 장의 첫 번째 부분에서 정의된 여러 단계 언어와 담론에 걸친 다양한 테크놀러지들과 전략들로 파악될 수 있다.

그러한 형성 평가는 읽기 교육을 위해 종합적이고 개별화된 계획들을 만드는 데에 필요하다. DTP는, 학급 교사와 함께, 어떤 과업을, 어떤 텍스트를, 어떤 시험을, 그리고 어떤 주제를 다음에 학습할지 학생들에게 제공함으로써 학습 환경을 최적화한다. DTP를 다루는 학급에서 학생들은 교육과정에서 자신들의 진도와 능력 개발 상황을 직접 파악할 수 있기 때문에 더욱 동기부여가 되어 있다.

여러 수준의 언어와 담론의 텍스트에 대한 컴퓨터 분석법에 있어서 급속한 발전이 최근에 이루어졌다. 이에 따라 읽기 지도의 문제들을 보다 정밀한 수준에서 진단하고 이러한 문제들을 학생을 위한 텍스트, 과업, 시험, 주제들을 신중하게 선택함으로써 보완할 수 있게 해주었다.

이 장은 학생들이 단어를 넘어서 문장과 담론 의미의 영역에서 텍스트를 이해하는 것을 돕는 데에 사용되는 테크놀러지들을 강조한다. 이는 단어 해석과 어휘의 중요성을 부정하는 것이 아니며, 둘 다 이 장에서 다루고 있다. 그렇지만 더 높은 수준의 언어와 담론을 다루기는 어려운 일인데, 가르치고, 평가하고, 교육정책에 중점을 두는 것 이외에도 이들 더 높은 수준의 언어와 담론을 다루는 것이 우리 자신의 연구와 테크놀러지 개발의 주요 관심이 되어 왔다.

오늘날에는 거의 모든 학생들이 중요한 시험들을 통과하고 21세기 기술을 발달시키기 위하여 여러 단계의 언어와 담론에서 유창하게 읽을 수 있을 것이다. 유창하게 읽을 수 있는 능력은 모든 학생들에 대한 합리적 기대인데 이는 읽기 능력이 보다 보람 있는 직업, 더 높은 급여, 향상된 삶의 질을 보장한다는 것이 이미 잘 입증되어 있기 때문이다 (Resnick, 2010). 그럼에도 불구하고, 오늘날의 세계에서 유창하게 읽는 사람이 되는 것을 더 어렵게 만드는 장애물들이 있다.

예를 들면, 20세기 중반의 읽기 경험은 덜 복잡하였는데 어린이와 어른들은 선형적인 방식으로, 처음부터 끝까지, 긴 시간 동안 한 자리에서 책을 읽어나갈 기회를 가졌다. 그러나 오늘날 우리는 이메일, 인스턴트 메시지, 페이스북, 채팅, 포탈, 구글, 위키피디아, 화상회의, 혼자 또는 여럿이서 하는 게임들, 감각적인 비디오, 유튜브, 트위터, 아이폰, 그리고 다른 기술들이 우리의 경험을 더 작은 시간과 콘텐트 단위로 쪼갠다. 텍스트는 짧을 뿐만 아니라, 읽기 프로세스는 일반적으로 여러 시간에 걸쳐 이루어지며 다른 매체, 작업, 활동과 결합되어 이루어진다.

텍스트는 단기 목표를 달성하고, 문제를 해결하고, 다른 이들과 의사소통하고, 보고서를 쓰고, 게임을 하기 위한 목적으로 읽힌다.

이렇게 분산된 정보 생태계는 학생들이 텍스트를 읽는 데 오랫동안 집중하는 시간을 갖지 못하도록 하는데, 이는 아마도 깊이 있는 이해를 하기 위한 읽기 기술을 습득하는 데 필요한 조건일지도 모른다. 그러나, 아마 전제조건은 아닐 것이다. 아마도 깊은 이해는 오늘날의 멀티미디어, 멀티태스킹, 멀티 커뮤니케이션 세계에서, 보다 작고, 단번에 이해될 수 있는 텍스트가 활동, 과업, 목표와 서로 얽혀진 세계에서 달성 가능할지도 모른다. 이러한 기술의 형태는 DTP의 모든 혜택을 학생들이 받을 수 있는 데 필요한 학습 양상을 상징한다.

이 장은 크게 네 부분으로 나누어져 있다. 첫 번째 부분은 읽기 중재법[11]의 포괄적 모델에서 고려되어야 할 언어와 담론의 수준들을 밝히고 있다. 읽는 이는 이 수준들 중에서 하나 또는 그 이상의 수준에서 결손이 있을 수 있고, 기술을 활용하여 특정한 읽는 이들을 위해 특정한 결손을 진단해내야 한다. 문제는 읽는 이 그룹 또는 전체 학급에 결손이 분포되어 있거나 교사가 관찰하고 관리할 필요가 있는 경우에는 새로운 대책이 요구된다는 것이다.

두 번째 부분은 첫 번째 부분에서 정의된 바와 같이 텍스트 복잡성에 대해 텍스트를 측정하는 자동적 측정법을 제시한다. 읽는 이에게 텍스트의 할당은 자신이 선택한 읽을 자료 외에도 읽는 이의 숙달 프로파일에 맞는 형태로 될 수 있다.

세 번째 부분은 읽기의 결손을 진단할 수 있고 그러한 결손들을 교정하도록 학생들을 훈련할 수 있는 기술의 사례들을 제시한다. 이러한 기

---

11. [역주] 읽기 중재법(reading intervention)은 읽기 교수법을 의미함.

술들은 전형적으로 진단과 교정 프레임워크를 따르는데, 이는 개별화된 훈련에서 특정한 읽는 이들에게 맞춘 것이다. 그러나, 이러한 시스템들은 교실 환경에서 읽는 이들로 구성된 그룹들을 다루기 위해 DTP와 통합될 수 있다.

네 번째 부분은 학생의 동기부여를 고려하고 다양한 매체, 과업, 교육적 목표들을 통합한 더 진보된 디지털 환경에서 읽기 프로세스를 탐색한다. 이 경우, 학생들은 DTP의 중심에 있는 활동들을 배우고, 행동하고, 문제를 해결하고, 다른 이들과 의사소통하기 위하여 읽는 프로세스를 수행한다.

언어의 수준들, 담론, 독해

독해와 관련된 심리학 이론들은 다양한 언어 수준들에 걸쳐 진술, 구조, 전략, 프로세스를 밝혀냈다(Graesser & McNamara, 2011; Kintsch, 1998; McNamara, Graesser & Louwerse, 인쇄 중). 이 장에서는 표 4.1에 자세히 나온 것처럼 언어와 담화와 관련된 여섯 가지 수준을 고려하는데 그것들은 단어, 구문론, 명시적 텍스트 기반, 참고적 상황 모델(때때로 정신적 모델이라고 불림), 담론 장르, 수사적 구조(담론의 형태와 그것의 구성), 실용적 의사소통 수준(화자와 청자 사이 또는 쓰는 이와 읽는 이 사이) 등이다.

이 수준들에서 단어, 구문론, 실용적 의사소통, 이 세 가지는 따로 설명이 필요하지 않다. [텍스트 기반]은 정확한 단어와 구문은 아니지만 의미는 보존하는 형태의 텍스트에서 명시적 아이디어들을 가리킨다. [상황 모델]은 정보를 포함한 텍스트 또는 이야기 속에서 진화하는 미시 세계에서 묘사되고 있는 주제를 가리킨다. 이는 사람, 사물, 공간적

표 4.1. 언어와 담론의 수준들

수준	수준의 예시 요소
레벨 1. 단어	진술을 뜻하는 단어 단어 구성(문자소, 음소, 음절, 형태소, 기본형) 구문의 요소들(명사, 동사, 형용사, 부사, 관형사, 접속사)
레벨 2. 구문론	구문(명사구, 동사구, 전치사구, 절) 언어학적 스타일
레벨 3. 텍스트 기반	의미론적 접근 명백한 제안 또는 조항 다른 텍스트 구성요소에 연결된 표현을 가리킴
레벨 4. 상황 모델	텍스트에 의해 설명된 상황 대리인, 구체물, 추상적 실체 일시성, 공간성, 인과성, 의도성의 차원 텍스트를 상술하고 읽는 이의 경험적 지식에 연결하는 추론 명시적 사건, 활동, 상태, 목표를 연결하는 접속사 주어지거나 또는 새로운 정보 사건들의 이미지와 정신적 모의실험
레벨 5. 장르(수사적 구조)	담론 범주(서술적, 설득적, 설명적, 묘사적) 수사적 구성(원인+결과, 주장+증거, 문제+해결책) 제안과 조항들의 인식론적 상황(주장, 증거, 근거) 연설 행동 범주(주장, 질문, 명령, 요청, 인사, 기타) 주제, 교훈 또는 담론의 요점
레벨 6. 실용적 의사소통	작가의 목표 태도와 믿음(유머, 조소, 찬사, 항의)

환경, 활동, 사건, 프로세스, 계획, 생각, 사람들의 감정, 그 외 참고적 콘텐트를 포함한다. [담론 장르]는 뉴스 스토리, 민간 설화, 논리적 사설 또는 과학 텍스트 같은 일상적인 메커니즘을 설명하는 텍스트의 형태이다. [수사적 구조]는 거시 수준에서 텍스트의 조직이며 특정한 발췌의 담론 기능이다. 표 4.1은 여섯 가지 수준의 핵심 요소들을 나열하고 있으나, 더 자세한 정의를 제공하는 것은 이 장의 범위를 넘어선다. 언어와 담론의 수준들에 대한 보다 자세한 개요를 위해서는 Graesser와

McNamara(2011)의 논문을 참고하는 것이 좋다.

표 4.1은 성공적 이해의 결과를 가져오게 하기 위하여 필요한 각 수준의 요소들을 설명하고 있다. 이 구성적 관점 하나로는 이해의 결손과 이를 교정하고자 중재하는 데 관심 있는 연구자들에게 충분하지 않으며 이런 형태의 연구를 안내하기 위해서 각 요소는 여러 관점으로 고려될 필요가 있다.

- **지식** 읽는 이는 사전 경험 그리고/또는 훈련을 통해서 요소에 대한 사전 지식을 가지고 있어야 한다.
- **프로세스** 읽는 이는 텍스트 내 패턴들을 인식하고 연관된 기술들과 전략들을 능숙하게 실행함으로써 요소를 처리할 수 있어야 한다.
- **결손의 진단** 만약 읽는 이가 요소를 처리하는 데 능숙하지 못하다면, 기술을 활용하거나 인간 교사가 그 결손을 진단할 필요가 있다.
- **결손의 교정** 기술을 활용하거나 인간 교사가 어떤 형태의 훈련 또는 개입으로 결손을 교정하려고 시도한다.
- **결손의 보상** 일부 읽는 이들은 결함을 교정하려고 시도하는 개입에 대해 아무런 반응도 보이지 않는다. 그러한 경우에는 대안적 읽기 요소 또는 확장된 기술을 통해 결손에 대한 보상이 필요하다.

이해 시나리오들

읽는 이들은 표 4.1의 어떤 수준에서든 읽기 과정에서 장애물을 만날 수 있다. 읽는 이(예, 지식 또는 기술의 결여), 텍스트(예, 일관성 없는 텍스트, 소수만 아는, 관련 없는 전문용어) 또는 훈련(예, 읽기의 얕은 수준들에 대한 강조)에서 결손이 있을 수 있다. 이러한 결손을 보완하기 위하여 만나게 되는 장애의 심각성은 처리 시간에 약간 지장을 주는 가벼운 불규칙함에서부터, 이해에 있어 완전한 파탄을 초래하는 중대한 교착에까지 이를 수 있다. 이에 따라 담론의 다른 수준들, 사전 지식, 외부 자원들(예, 다른 사람 또는 테크놀러지) 또는 전략들로부터 정보를 구해 와서 문제를 보상하려는 시도를 할 수 있다. 아래 시나리오들은 일부 장애와 초래되는 결과들을 자세히 보여준다.

시나리오 1.

한 어린이가 알파벳 글자들을 인식하는 데 어려움을 겪고 있는데, 이는 단어 수준, 즉 다음의 어휘적 해석에 있어서 장애가 있는 것이다(표 4.1의 레벨 1). 단어 수준의 결손은 이 어린이가 2에서 6 레벨들에서 이루어지는 텍스트 읽기의 모든 과정에서 이해를 방해한다.

시나리오 2.

한 고등학생이 건강보험 문서를 읽고 있는데, 이는 조항들, 많은 수량사들(예, 모든, 많은, 거의 없는), 많은 논리연산자들(예, 그리고 또는, 아닌, 만약)을 가진 긴 문장들이다. 그 학생은 대부분 단어들을 이해하지만, 복잡한 구문, 난해한 텍스트 기반, 근거 없는 상황 모델(즉, 레벨 2~4의 결함들)로 인해 문서가 명확하게 진술하는 바에 대해서는 막연한 생각밖에 가지고 있지 못하다. 그럼에도 불구하고, 학생은 목적을 이해하고 학교를 신뢰하기에 계약서에 서명한다. 레벨 5와 6은 이해 수준에 도달하려면 레벨 2에서 4를 완전히 이해할 필요가 없다.

시나리오 3.

한 공학 교육과정에서 실험실 파트너들이 새 컴퓨터를 조립하기 위한 지시문을 읽는다. 그들은 듀얼 모니터에 어떻게 케이블을 연결할 것인지에 대해 논쟁한다. 그들은 지시문에 있는 단어와 텍스트 베이스를 이해하는 데 아무런 문제가 없고(레벨 1~3) 문서의 장르와 목적을 이해하는 데도 문제가 없지만(레벨 5~6), 상황 모델 수준에서 결손을 가지고 있다(레벨 4).

시나리오 4.

한 과학도가 룸메이트에게 학기말 리포트를 교정해 달라고 요청하지만, 그 룸메이트는 신문방송학 전공으로 과학에 대해 아는 게 거의 없으며 논리적 흐름에 문제가 있다고 불평한다. 과학 전공자는 접속사(예, 때문에, 그래서, 그러므로, 그전에)와 일관성 향상을 위한 다른 단어들을 추가함으로써 텍스트를 수정한다. 수정된 작문은 보다 이해가 쉽다. 레벨 1에서 3에서의 향상이 레벨 4의 결함을 보상하였다.

시나리오 5.

어떤 부모가 자녀들과 새 디즈니 영화를 보러 갔는데 이 영화에는 일부 어른들 이야기가 있다. 어린이들은 부모가 영화에서 자기네들과 다른 시점에서 웃는 것을 본다. 어린이들은 레벨 1에서 4의 담론 수준까지 성공하지만, 레벨 5와 6에서는 그렇지 못하다.

이 같은 시나리오들은 한 개 또는 그 이상의 담론 레벨의 결함들이 다른 레벨에서 처리에 상당한 영향을 미칠 수 있음을 잘 보여준다. 읽기 연구자들은 시스템을 개발하기 위하여 레벨들 내 및 레벨들 간의 처리 메커니즘을 이해할 필요가 있다.

이해 보정 및 레벨들

이해 장애는 종종 읽는 이에게 인식되지 않는다. 메타 인식에 대한 연구에서 대부분의 성인들이 많은 인지 상태를 인식하고 모니터링하는 데 제한된 능력을 가지고 있음을 광범위하게 기록하고 있다(Hacker, Dunlosky & Graesser, 2009). 이해 보정에 대한 연구는 읽는 이들로부터 그들이 텍스트를 얼마나 잘 이해했는지 점수를 매기게 하였고, 이 순위들이 텍스트 이해의 객관적 평가들과 상관관계를 이루도록 하였다. 이해 보정의 상관관계는 놀랄 만큼 낮았는데(r=.27) 심지어는 대학생들 간에도 그랬다(Maki, 1998).

읽는 이들은 텍스트를 읽을 때 종종 이해했다고 착각을 하게 되는데, 이는 적절한 이해의 기준으로 얕은 분석 수준에 머무르기 때문이다. 얕은 이해 수준의 읽는 이들은 내용에서 단어를 인식하고 대부분의 문장을 이해할 수 있으면 텍스트를 제대로 이해했다고 믿는데, 사실은 더 깊은 지식, 때때로 나오는 모순들, 잘못된 주장들을 놓치고 있다. 3장에서 Linn은 현혹될 정도로 간단하게 설명되는 시각 매체에서 유사한 얕은 처리과정을 논의하고 있다. 깊이 있는 이해는 추론, 일관성 있는 아이디어들 연결, 주장들의 타당성에 대한 면밀한 검토, 다른 텍스트들의 내용 비교, 작가의 모티브에 대한 이해를 요구한다(Rouet, 2006; Wiley et al., 2009). 대부분의 학생들에게 깊은 이해는 일상의 읽기 경험에서는 선택적으로만 달성될 수 있을 것이다.

우리 실험실에서 실행된 연구들(Graesser et al., 2004; Van Lehn et al., 2007)에서는 대학생들이 컴퓨터 활용능력 및 뉴턴 물리학 같은 기술적 주제들에 대한 교과서를 읽도록 하였다. 그 다음에는 물리학에서 힘 개념과 관련된 검사문항과 유사한 잘 구성된 선다형 질문의 깊은 지식을 묻는 시험 또는 깊은 추론을 요구하는 에세이를 작성하도록 하였다(Hestenes, Wells & Swackhamer, 1992). 그 결과는 학생들이 교과서를 읽은 후 학습에서 얻은 것이 전무했으며, 시험 후 성적은 학생들이 아무 것도 읽지 않은 상황과 다르지 않았음을 보여 주었다. 이와 대조적으로, 얕은 지식을 평가하는 시험 결과는 꽤 좋게 나타났다.

반면, 학생들은 그들의 자료 이해를 위한 학습 환경에서는 깊은 이해를 경험하였다. 예를 들면, 컴퓨터 시스템인 Auto Tutor에는 어려운 질문들에 대답하는 과정에서 읽는 이와 일상의 언어로 협력적 토론을 하는 애니메이션 에이전트가 있다. 글을 읽을 줄 아는 성인들의 읽기 전략은 통상적으로 깊은 이해보다는 얕은 이해에 맞춰져 있는데, 이는 심지어 그들이 주제에 대한 적지 않은 지식을 가지고 있고 대학에 들어가기에 충분한 읽기 전략을 가지고 있을 때도 그러하다. 그러므로 읽는 이들은 텍스트, 과업, 시험, 기술, 교사로부터 더 도전받을 필요가 있다.

이 장에서 제기하는 근본적인 질문 하나는 교사가 학생들의 읽기를 개선하고 더 깊은 수준의 이해를 달성하는 것을 돕기 위해 어떻게 DTP를 관리할 것인가 하는 점이다. 분명히, 교사들은 표 4.1의 레벨 6에서와 같이 의미의 여러 수준을 이해할 필요가 있을 것이다. 이는 전문성 개발을 통해 달성될 수 있다. 따라서 DTP는 진단 역량이 필요한데 진단 결과를 통하여 교사에게 특정한 읽는 이가 어떤 문제를 겪고 있는지, 어떻게 지원하면 읽기 능력을 보정할 수 있게 도울 수 있는지를 알려준다. 이러한 읽기 지도에서 만나는 어려움을 해결하기 위한 개별적 기술이 현재 다수 개발되어 있다. DTP는 이러한 기술들을 통합해야 하고, DTP를 어떻게 효과적으로 사용해야 하는지에 대한 교사들의 이해를 증진시킬 필요가 있다.

여러 레벨들에서 텍스트를 분석하기 위한 컴퓨터 도구

읽기 교수에 있어서 학생들에게 도전을 주는 방법은 그들이 쉽게 처리할 수 있는 것보다 좀 더 복잡한 수준의 텍스트를 과제로 부여하는 것이다. 텍스트는 지나치게 어렵거나 쉽지 않아야 하며, 수준에 맞는 정도의 복잡성을 지닌 영역이어야 한다. Vygotsky의 ZPD 이론에서 말하는 잠재적 발달 영역이 곧 여기에 해당된다(Vygotsky 1978). 이는 이해의 여러 수준들에서 텍스트의 복잡성에 대한 척도화를 요구한다.

텍스트 분석 연구 분야에서 지금은 역사상 독특한 시점인데 왜냐하면 구체적 텍스트와 대량의 텍스트 저장고[12]를 분석하는 컴퓨터 도구들을 광범위하게 사용할 수 있기 때문이다. 자동화된 텍스트 분석 기술의 증가는 컴퓨터 언어학(Jurafsky & Martin, 2008), 지식의 통계적 서술(Landauer, McNamara, Dennis & Kintsch, 2007), 체계적인 말뭉치 분석(Biber, Conrad & Reppen, 1998)의 두드러진 진보에 기인될 수 있다. 수천 개의 텍스트가 수천 가지 방법으로 짧은 시간 동안에 접속되어 분석될 수 있다.

텍스트의 척도화에서 자주 사용되는 방법의 하나는 텍스트 복잡성에 대해 한 개의 차원만을 가지도록 하는 것이다. 이는 읽기 능력 검사(DRP: Degrees of Reading Power)와 같은 측정법에서 채택된 방법이다(Koslin, Zeno & Koslin, 1987). 단어의 빈도, 단어 길이, 문장 길이는 텍스트 난이도에 대한 이러한 측정의 강력한 예측변수이다. 그러나 텍스트 난이도에 대한 전체적인 측정은 학생들의 읽기를 향상시키는 것을 돕는 데에 그 효용성이 한정되어 있다. 텍스트 난이도의 평가는 교정목표를 효과적으로 달성하기 위해서 특정한 수준의 언어와 담론에 맡겨둘 필요가 있다.

이러한 필요에 의해 Coh-Metrix라는 자동화 텍스트 분석 시스템이 만들어지게 되었다(Graesser & McNamara, 2011; Graesser, McNamara, Louwerse & Cai, 2004; McNamara, Graesser & Louwerse, in press). Coh-

---

12. [역주] Corpora 말뭉치라고 불림.

Metrix는 표 4.1에 있는 담론 수준 1에서 5까지의 텍스트를 분석하는 컴퓨터 장치이다. Coh-Metrix를 설계하는 데 있어서 우리의 목표는 표 4.1의 레벨들에 점수를 부여함으로써 표준 텍스트 난이도 측정치를 풍부하게 하고, 또한 인지적 특성에 있어서 특정한 프로필을 가진 읽는 이에게 텍스트의 적절성을 결정하는 것이었다.[13]

Coh-Metrix 분석

우리는 Coh-Metrix를 이용하여 거의 1,000개의 언어와 담론 측정치들을 탐색하였지만, 상대적으로 소수의 차원들이 텍스트의 다양함을 설명할 수 있음을 발견하였다. 한 Coh-Metrix 분석이 터치스톤 어플라이드 사이언스 어소시에이츠(TASA: Touchstone Applied Science Associates)가 제공한 말뭉치의 37,520개 텍스트를 대상으로 실시되었다. 이 TASA 말뭉치는 유치원부터 고등학교까지 거친 전형적인 고3 학생이 맞닥뜨릴 수 있는 텍스트를 포함하고 있다. 텍스트들은 읽기 능력 검사에 따라 점수가 매겨지게 되는데, 이는 대략 학년 수준으로 해석될 수 있다(McNamara et al., 2012). TASA에 의해 대부분의 텍스트 장르는 언어(내러티브), 과학, 사회/역사로 분류되었으나, 다른 분류 범주에는 경영, 건강, 가정 경제학, 산업 예술 등이 있다.

우리는 텍스트의 어느 측면들이 텍스트 복잡성을 설명하는지 발견하기 위해 TASA 텍스트 말뭉치에 대해 통계 분석을 실시하였다. 분석 결과, 인상적이게도 텍스트 가운데 8개 차원이 67%의 변량을 설명함을

---

13. [역주] Coh-Metrix의 어떤 버전은 대중에게 무료로 제공되며 다음 주소를 통하여 접근할 수 있다 (http://cohmetrix.memphis.edu).

발견하였다. 이 8개 중 5개 주요 차원은 다음과 같다.

- **서사성** 서사적 텍스트는 이야기를 말하며, 읽는 이에게 친숙한 캐릭터, 사건, 장소, 사물들이 있다. 이야기는 일상 구어 회화와 밀접하게 연관되어 있다.
- **참고적 응집성** 높은 응집성을 가진 텍스트에 걸쳐 중첩되게 나타나는 문장들과 텍스트의 명시적 단어와 아이디어를 포함한다.
- **상황 모델 응집성** 일상의, 의도적인, 그리고 시간의 연결들은 읽는 이가 텍스트를 보다 일관성 있고 깊이 있게 이해하도록 돕는다.
- **구문론적 단순성** 적은 단어와 단순하고 익숙한 구문론적 구조를 가진 문장은 보다 이해하기 쉽다. 복잡한 문장들은 구조적으로 문법이 속에 묻혀 있다.
- **단어의 구체성** 구체적 단어들이 정신적 이미지를 떠올리게 하고 추상적 단어들보다 읽는 이에게 보다 의미 있다.

이 5개 차원들은 이해하기 쉬운 정도의 관점에서 표현되었지만, 텍스트 난이도 측정을 위해서 점수들은 뒤바뀔 수 있다. 우리는 37,520개의 텍스트로 이루어진 TASA 말뭉치를 담론의 특정 요소들에 대하여 "쉬움/어려움"으로 순위 매겼다. 더 구체적으로는, 각 텍스트의 5개 주 요소들 각각에 대해서 정규화된 z 점수를 계산하였다. z 점수란 표준편차에서 표준화된 측정치로, 0이 평균이고 더 높은 점수는 특정한 차원에서 더 쉬운 것을 나타낸다. 그 요소에 대해 텍스트가 더 쉬울 때 점수가 더 높고 양으로 나타나고 텍스트가 더 어려울 때 음이 된다. 예상된 바와 같이, DRP의 점수 레벨과의 상관관계는 음이다: -.69, -.47, -.23이 서사성, 구문론적 단순성, 단어의 구체성에 대한 점수이다.

그러나, 응집성 차원들의 결과들은 상당히 달랐다. 텍스트는 더 상위 학년 수준에서 약간 더 높은 참고적 응집성과 인과적 응집성을 가졌는데, 상관관계는 각각 .03과 .11이었다. 텍스트 응집성은 더 어려운 주제에 대한 텍스트에서 약간 더 높은 것으로 보였다. 이 결과에 대한 많은 설명들 중 하나는 저자가 주제의 어려움에 대해 읽는 이들의 이해를 보상해 주기 위해 응집성을 증가시킨다는 것이다(McNamara et al., 인쇄 중).

Coh-Metrix 결론

Coh-Metrix 점수들에 대한 우리의 분석은 여러 결론들을 지지한다. 첫째, 텍스트를 분석할 때 고려되어야 할 텍스트 난이도는 최소 다섯 가지 차원이 있다는 것이다. 이는 읽기의 복잡함을 평가하고 그 난이도에 따라 텍스트에 수치를 부여하는 가장 많이 사용되는 두 개의 프로그램인 DRP 또는 Lexile 점수와 같은 텍스트 난이도에 대한 한 가지 척도가 있다는 미국 전역에 받아들여지는 생각과는 매우 다른 것이다.

둘째, 텍스트의 큰 말뭉치의 측면들을 설명하는 것 외에도, 주 성분 분석(PCA)의 상위 다섯 가지 차원은 앞서 묘사한 독해 이론에 기반을 두고 있다(Graesser & McNamara, 2011; Kintsch, 1998). 실제로, 이론과 귀납적인 주 성분 분석의 세밀한 조정은 다차원 이론 프레임워크를 만족하는 입증 결과였다. 셋째, DRP 점수 수준들이 서사성, 구문론, 단어 구체성과 가장 강한 음의 상관관계를 가진다. 넷째, 응집성 측정은 DRP 점수 수준의 한 기능으로서 약간 증가하는 경향을 가지나, 상관관계는 보통이었다. 그러므로 DRP나 Lexile 같은 표준 텍스트 난이도는 응집성 측정치들과 높은 상관을 갖지는 않는데, 이는 일차원적 측정은 보다 전반적인 담론의 의미를 측정하지 못함을 암시한다. 표준 텍스트 복합성 측정치는 단어와 문장의 제약요인을 다루나, 깊지도 않고 보다 일반적인 의미를 다루고 있다.

실제적인 과제는 연구 방법론을 충분히 훈련받지 않은 교사, 학생, 관리자들에게 이러한 텍스트 난이도 차원들을 어떻게 이해시키는가이다. 한 가지 방법은 텍스트 난이도에 대한 z 점수를 백분율 점수로 변환시켜서, 교사들과 일반인들에게 보다 익숙하게 하는 것이다. 백분율 점수는 0에서 100까지로, 높은 점수는 텍스트가 더 어려움을 의미한다.

Coh-Metrix 차원들의 백분율 프로파일은 교사—DTP 사용자들을 포함하여—가 학생들이 텍스트를 읽도록 제시할 때 이를 열람할 수 있다. 프로파일은 교장들과 관리자들도 각각 다른 성취도 집단의 학생들이 교과서와 다른 읽기 교재들을 선택할 때 열람할 수 있다. 디지털 도서관에서 또는 더 도전적인 텍스트에 보다 많은 점수를 배분하는 게임 환경에서 무엇을 읽을지를 정할 때 심지어 학생들이 프로파일을 볼 수도 있다.

어떤 텍스트라도, 텍스트 복잡도 프로파일은 또한 DTP에 의해서 자동적으로 생성될 수 있다. 이렇게 되면 DTP에 의하여 읽는 이들에게 제공 또는 추천하거나 도서관에서 읽는 이들이 스스로 선택할 수 있도록 자동적 텍스트 선택의 기회를 제공한다.

자동화된 텍스트 선택 메커니즘은 다양한 수준에서 읽는 이의 읽기 숙련도 프로파일에 민감해야 한다. 텍스트들은 컴퓨터에 있는 읽는 이와 텍스트에 대한 정보를 바탕으로, 다양한 요소들을 위한 읽는 이의 잠재적 발달 영역에 집중할 것이다. 컴퓨터 알고리즘은 또한 읽는 이의 동기, 감정적, 비인지적 특징들도 고려할 수 있다. 높은 자기효능감(예,

그들은 자신들이 잘 해낼 수 있다고 확신한다)과 학문적 위험 감수(예, 그들은 도전적 과제들을 맡으며, 실패하더라도 감정적으로 속상하지 않다)를 가진 읽는 이들은 그들의 잠재적 발달 영역을 공격적으로 확장할 수 있는 텍스트를 읽도록 안내될 수 있다. 이와 대조적으로, 낮은 자기효능감과 학문적 위험 감수를 가진 읽는 이들은 그들의 잠재적 발달 영역 내에서 다른 텍스트들을 제공받게 될 것이다.

읽기 교수를 위한 컴퓨터 중재

진단 및 교정 프레임워크는 수학, 과학, 그리고 다른 과목을 위한 프로그램들뿐 아니라, 읽기 지도를 위한 중재 프로그램들의 방향을 제시해 왔다. 컴퓨터를 활용한 중재를 사용하는 첫 번째 단계는 학생이 읽기에 연관된 특정한 역량, 전략, 지식을 얼마나 잘 습득했는지 평가하는 것이다. 이러한 읽기 숙련도들은 전통적으로 연간 또는 연중 간헐적으로 전문 검사자나 컴퓨터에 의해서 심리측정학적 방법으로 평가되어 왔다. 보다 현대적인 접근법은 형성 평가인데, 이는 많은 역량과 개념들의 습득 여부를 빈번하게 파악하며 교사는 학생들의 필요에 맞게 지도를 역동적이고 적응적으로 조정할 수 있다. 수학의 형성 평가 예는 이 책의 5장과 8장에 있다. 형성 평가 전반에 대해서는 9장에서 논의되고 있다.

읽기 평가는 전통적으로 언어 해독, 어휘, 의미의 세 가지 중 한 가지 숙련도를 평가하고 있다. 언어 해독은 알파벳 상징 식별, 음성과 글자 간의 연상, 음소론적 인식, 단어의 음절 또는 형태소로의 분해, 이러한 하위 역량들을 성취하는 데 걸리는 시간(즉, 유창성) 같은 일반적 역량들을 포함한다(Adams, 1990). 일반적인 어휘 시험들은 학생이 단어를 얼마나 많이 아는가를 측정한다. 때때로 특정한 텍스트들은 학생이 텍스트를 이해하는 데에 필요한 선행 학습이 요구되는 잘 사용되지 않는 단어들을 포함한다.

연구자들은 단어는 단순히 그 정의를 안다고 습득되는 것이 아니라고 주장한다. 문장의 의미 해석과 추론을 유도하고 풍부한 개념을 습득하기 위해서 단어를 여러 사용 맥락에서 경험할 필요가 있다(Perfetti, 2007). 의미에 관해서는, Woodcock-Johnson과 Gates-MacGinitie의 읽기 테스트 같은 테스트들이 의미 이해를 평가하기 위해 일상적으로 읽는 이들에게 적용되고 있다. 그러나, 의미 분석은 우리가 이 장에서 제안하는 것처럼 정밀하고 이론적인 바탕이 있는 것은 아니다.

개별화된 교수법이 한 교실에서 모든 학생들이 같은 교재를 이용하여 같은 속도로 진행하는 것보다 더 효과적이라(Connor, Morrison, Fishman, Schatschneider & Underwood, 2007)는 것이 밝혀졌다. 여기에 있어서 한 가지 분명한 이유는 태도를 다루는 상호작용이 있다는 것이다. 일부 유형의 학습자는 특정 읽기 교수법에 유리한 반면 다른 유형의 학습자는 또 다른 읽기 교수법에 유리할 수 있다. 이것의 한 가지 강력한 설명이 Corner 등에 의해 보고되었는데(2007), Corner는 그녀 자신의 웹 기반 소프트웨어인 교수를 위한 평가(A2i: Assessment to Instruction)를 개발하고 시험하였다. 그녀는 언어 독해(즉, 글자 및 단어 읽기 기술)에서 평균보다 잘하는 학생들과 못하는 학생들을 비교하고, 어휘력에서 평균보다 잘하는 학생들과 못하는 학생들을 비교하였다. 그녀는 다른 유형의 학생들을 위해 다음의 교수 방법들이 적절함을 발견하였다.

- 언어 독해력이 낮으면, 교사에 의한 부호 중심 지도를 사용하라.
- 언어 독해력이 높으면, 교사에 의한 부호 중심 지도를 사용하지

말라.
- 어휘력이 낮으면, 교사에 의한 부호 중심 지도와 의미 중심 지도의 조합을 사용하라.
- 어휘력이 높으면, 의미 중심 지도 또는 독립적 읽기를 사용하라.

언어 독해력과 어휘력이 높은 학생들은 스스로 읽게 하는 것이 최선일 수 있다. 그들이 관심 있어 하는 주제들을 읽는 것이 물론 최선의 방법이겠지만, 종종 실제 상황에서는 교사가 국가 표준을 다루는 주제들 중심으로 그들을 안내하는 것도 필요할 것이다. 대조적으로, 다른 학습자들을 위해선 보다 명시적인 읽기 지도가 필요하다. 이런 유형의 맞춤화가 DTP의 전형적 특징이다.

언어 독해와 어휘 지도를 위한 다양한 컴퓨터 기술들이 있다. 예를 들면, 텍스트-구어 변환(text-to speech) 엔진들은 말해지는 단어가 컴퓨터 화면에 강조되면서 구어 결과물을 만들어 낼 수 있다. 구어를 텍스트로(speech to text) 기능들은 학생이 단어를 소리 내어 읽고 시스템이 실수에 대하여 피드백을 해준다(Mostow, 2008). 멀티미디어 환경은 인쇄된 단어와 그림으로 된 지시대상을 고정 이미지(예, 트럭 그림) 또는 동적 사건(예, 농구공 던지기) 형태로 동시에 표현하는 기능을 제공한다.

소규모 사업체들에서도 학생들이 소리, 글자, 단어, 그림을 연상하도록 훈련시키는 컴퓨터 환경을 만들고 있다. 이를 위하여 복잡한 단어들을 음절과 형태소로 분해하고 학생들이 어휘를 배울 수 있도록 하는 컴퓨터 환경을 개발하고 있다. 더 어려운 과제는 의미 수준에서 교수를 가능하도록 하는 컴퓨터 환경을 개발하는 것이었다. 이러한 학습 환경들은 지난 10년 동안 부상하기 시작했으며(McNamara, 2007) 이러한 역량들이 DTP에 통합시키는 토대를 제공하고 있다.

iSTART

iSTART[14] 시스템은 의미의 보다 깊은 이해에 중점을 두는 유용한 시스템이다(McNamara, O'Reilly, Best & Ozuru, 2006). iSTART는 이해의 보다 깊은 수준을 위한 읽기 전략 훈련을 제공하는 대화적 에이전트를 사용하는 웹 기반의 컴퓨터 프로그램이다. iSTART는 이론적으로 지지되는 자기 설명형 독해 훈련(SERT: Self-Explanation Reading Training)(McNamara, 2004)을 통합했으며, 이는 교실에서 교사에 의해 사용될 때 효과적인 것으로 증명되었다.

SERT와 iSTART는 학생들의 이해를 촉진하고 높일 수 있는 적극적 읽기 전략을 사용함으로써 과학 텍스트를 스스로 설명하도록 가르친다. 이러한 전략들은 명시적 텍스트를 다른 말로 바꾸어 표현하거나, 정교한 추론을 만들거나, 텍스트 요소들을 연결하는 교량적 추론을 만들거나, 텍스트에서 다음에 무슨 일이 일어날지 예측하거나, 이해를 모니터링하는 것이다.

iSTART의 최초 버전은 모듈을 세 개 가지고 있었다. "소개 모듈"에서 학생들은 교사 에이전트(아바타)가 읽기 전략을 두 학생 에이전트에게 설명하는 것을 시청한다. 이는 학생들이 상호작용 에이전트를 관찰함으로써 배우는 간접 학습의 한 형태이다. "시범 모듈"에서는 학생들이 에이전트와 상호작용을 통하여 의사소통해 나감에 따라 전략들의 다양한 측면들에 대해 간단한 질문들이 주어진다. "연습 모듈"에서는 학생들은 자신의 설명을 타이핑으로 생성하는 것을 연습하며, 대화적 에이전트가 한 것에 대해 피드백을 제공한다. 연습 모듈에서는 학생 성취 수

---

14. [역주] iSTART는 교육용 에이전트를 활용해 읽기의 깊은 이해에 중점을 두는 프로그램을 뜻함.

준에 따른 융통성 있는 피드백을 포함한다. 예를 들면, 바꿔 말하기 전략은 학생 능력 수준이 낮고 설명 내용이 텍스트에 약간이라도 관련되지 않을 때 적합하다. 대조적으로, 다리를 놓듯이 연결시키거나 정교한 추론 전략은 보다 나은 지식과 읽기 능력을 가진 학생들에게 더 적합할 것이다.

iSTART의 효과를 평가하는 수많은 실험들이 1,000명 이상의 중, 고등학생 및 대학생들을 대상으로 실시되었다. iSTART는 학생들이 텍스트를 이용한 학습 전략을 사용하는 것을 돕는다. 이 시스템은 또한 특히 낮은 지식 수준을 가진 읽는 이들의 이해를 돕는다(McNamara et al., 2006). iSTART의 최신 버전들은 학습과 동기를 더욱 향상시킬 수 있는 기능들을 추가했는데 전략 훈련은 학생들의 필요와 진도에 따라 조정 가능하다. 시스템은 읽는 이의 능력을 파악하고 적절한 지도로 반응하는 보다 지능적인 메커니즘을 가지고 있다. iSTART-ME(Motivationally Enhanced)라고 불리는 게임 버전이 있는데, 게임 요소들을 엮어서 학생들에게 보다 높은 통제감, 성취 기반의 피드백, 강화, 도전, 동기부여를 최적화하는 다른 기능들을 제공한다.

한 가지 중요한 과제는 교사에게 주어진 많은 과업들을 감안하여 이러한 개별화된 컴퓨터 학습 환경을 교실에서 통합하는 방법을 찾는 것이다. 교사들이 적절한 컴퓨터 자원들을 가지고 있고 특정한 읽기 능력들을 교정하는 지능적 컴퓨터 기술들을 사용하는 것에 대한 가치를 확신한다고 가정해 보자. 만약 저런 장애들이 제거된다면, A2i(웹 기반의 평가 및 지도 프로그램)와 iSTART 같은 시스템들은 이 책 1장에서 10장에 걸쳐 논의된 바와 같이 교실과 DTP에 통합될 수 있을 것이다.

DTP의 소프트웨어 도구 세트는 교사가 교육 목표를 만족시키는 데 사용하기 쉬워야만 한다. A2i와 iSTART 둘 다 학생 진도 데이터를 관리하고 시스템의 효과적인 사용을 지도하는 소프트웨어 모듈들을 가지고 있다. iSTART에서는 새로운 텍스트가 추가될 수 있어서, 교사들이 다른 과목과 DTP 교육과정의 다른 시점에서 시스템을 사용할 수 있다. 불행하게도, 대부분의 교사들은 현재 이러한 모든 복잡도 수준들을 다루도록 훈련되어 있지 못하다. 따라서, 중요한 과제는 적절한 저작 도구들을 개발하고 이러한 간극을 매우도록 전문성을 향상시키는 것일 것이다(이 책 1장 참조).

학습과 실행을 위한 읽기

학생이 유치원에서 초등학교와 고등학교를 거쳐 가는 동안, 읽기를 위한 학습에서 학습을 위한 읽기로의 전환기가 있다. 읽기는 다른 활동들을 위한 보다 목표 지향적 활동이 된다(McCrudden & Schraw, 2007). 때때로 읽는 이는 취미, 좋아하는 프로젝트 또는 동료 집단과 여럿이 하는 게임 같은 열정적 관심과 내면적 목표들을 가진다. 일반적으로는 쓰기 과제, 과학 전시, 공예품 디자인 같은 교사가 지도하는 프로젝트들이 있다. 이 같은 경우들에서 학생은 목표에 적합한 읽기 자료들을 찾으러 다닐 필요가 있다. 기사를 읽을 때, 학습자는 읽은 부분의 연관성을 평가하고, 특정 질문에 대한 답을 찾고, 목적에 맞지 않으면 그 텍스트에서 빠져 나온다. 한 가지 논문이나 기사 읽기의 반감기는 특별히 연관성 있고, 통찰력을 주며, 도움이 되지 않는 이상 매우 짧다.

우리는 연구자들이 학교 및 일상적 상황 둘 다에서 끊임없이 학습자들의 읽기 활동 패턴에 대한 데이터를 DTP를 통해 수집하는 것을 상상할 수 있다. 읽기 행동에 대한 생태학적 프로파일은 학생들에 관하여 매우 통찰력 있는 데이터를 제공해줄 것이다. 학생들은 그들에게 부과되는 강제적인 목표를 가지고 제한된 맥락에서 디지털 도서관과 인터넷을 어떻게 읽는지에 대해서 일부 지식은 있다. 예를 들면, Wiley 등(2009)은 대학생들이 세인트 헬렌스 화산 폭발 원인에 대한 에세이를 쓰기 위해 판구조론에 대한 일련의 웹사이트를 검토할 때, 시선추적 데이터 그리고/또는 소리 내어 생각하기 프로토콜 정보를 수집하였다. 판구조론을 깊이 있게 이해하는 학생들은 사이비 과학 웹사이트(예, 석유 굴착 또는 태양계에서 행성들의 정렬 때문에 지진이 발생한다)보다 엄밀한 과학 지식이 있는 고품질 웹사이트에서 보다 많은 시간을 보냈다. 그들은 또한 목표와 관련이 있고 과학적 메커니즘의 설명이 있는 페이지에서 보다 많은 시간을 보냈다.

대부분의 학습자들은 심지어 여러 텍스트들을 읽은 후에도 과학과 역사와 관련된 대략적인 심상 모델을 만드는 데 어려움을 느낀다(이 책의 3장과 7장 참조; Rouet, 2006; Wiley et al., 2009). 어떤 경우, 단순하고 선형적인 사건들의 가벼운 연결 관계가 있기도 하지만, 대부분의 경우에 복잡한 권한 부여 상태들, 원인들 간의 교환, 사건들의 순환, 그리고 상당한 복잡함을 더하는 역동적 시스템이 있다. 학생들은 학습 환경에서 강한 강제성이나 인센티브가 없는 한 이러한 복잡한 자료를 기피하는 경향이 있다.

이 책의 7장(Dede, 2009 참조)에서는 실감나는 다수사용자 가상 환경들(MUVEs: Multiuser Virtual Environments), 아바타, 모의실험, 협력적 의사소통, 여러 명이 하는 가상 현실 게임, 그리고 그 외 더 깊이 있는 학습을 격려하고 교육 표준을 만족시키기 위해 명시적으로 설계된 동기부여 기능들을 가진 많은 수의 시스템들을 설명할 것이다. 잘 설계된 시스템은 주기적으로 장애물, 시스템 고장, 명백한 모순을 보이게 되는데, 이는 학생들을 인지 불평형 상태에 빠뜨린다(Graesser, Lu, Olde, Cooper-Pye & Whitten, 2005). 이로 인하여 관련된 주제 내용에 대한 설명, 주장, 정당화, 해명을 구성하기 위해 문제 해결, 추론, 동료와의 의사소통이 요구되는데 이 모두는 DTP가 수행할 수 있는 기능들이다(이 책 10장 참조).

DTP의 미래

유치원에서 12학년까지 읽고 쓰기 기술을 가르치는 데 영향을 줄 DTP의 잠재력은 무한하다. iSTART, 실감형 MUVEs, A2i 같은 교육을 돕는 많은 종류의 DTP들이 개발되었고 연구자들은 독해와 어휘를 넘어서는, 읽기 능력의 보다 고급 영역을 가르치는 방법에서 각 개별 학생에게 독해 지도 접근법을 어떻게 맞춰 나갈지 더 잘 이해하게 되었다.

학생들이 실감형 MUVEs와 DTP에 통합될 비표준적인 다른 교육과정 활동을 경험함에 따라 학생들의 읽기 활동에 대한 다음과 같은 여러 가지 질문이 남는다.

- 디지털 라이브러리의 글 중에서 특정한 한 학생은 얼마나 많이, 그리고 무엇을 읽어야 하는가?
- 학생은 어떤 목표를 추구하고 있으며, 자신의 목표에 연관된 글을 읽고 있는가?
- 글이 있으면, 학생들은 무엇을 읽고, 얼마나 읽고, 언제 읽기를 그만두는가?
- 글 안의 얼마나 많은 정보가 동료들에게 메시지를 제공하고, 작성하는 문서, 주장, 행동에서 통합되는가?

• 읽기 요소들(표 4.1 참조)의 어떤 결점이 DTP 교과 활동에 효과적으로 참여하는 데 장애물이 되는가?

이 질문들에 대한 답은 DTP와 상호작용하는 학생들의 행동과 의사소통을 자동으로 파악함으로써 탐색될 수 있다. 이러한 데이터는 로그 파일로 제공 가능하며 데이터 마이닝과 데이터 생성 분석에 제출될 수 있다. 분명한 것은, EcoMUVE 같은 실감나는 경험이나 다른 진보된 학습 환경에서 교사의 역할은 전문성 개발에 있어서 일부 급격한 변화를 필요로 할 것이라는 것이다(10장 참조).

깊이 있는 학습이 일어나기 위해서는, 교과 지식 전문가뿐 아니라 교육학 전문 멘토도 필요하다(Shaffer, 2006). 이러한 교육용 테크놀러지들을 관리하는 교사들은 50년 전에 비해 급격히 다른 기술 환경을 필요로 할 것이다. 적절한 책을 제공하고, 시험을 준비하고, 채점을 하는 것은 쉬우나, 이 장에서 논의된 기술들을 이해하고 사용하는 것은 쉽지 않다. 교사가 학생 학습을 돕는 데 있어 DTP의 완전한 가치를 실현하기 위해서는 정교한 전문성 개발이 필수적이다.

주|석

이 연구는 미국과학재단(ALT-0834847, DRK-12-0918409), 교육과학원(R305A080589, R305A080594), 국방부 방첩 현장활동(H9C104-07-0014)에 의해 지원되었다. 이 자료에 표현된 어떤 의견, 결과, 결론 또는 제안도 저자의 것이며 미국과학재단, 교육과학원 또는 국방부의 시각을 반드시 반영하는 것은 아니다.

Adams, M. (1990). *Beginning to read: Thinking and learning about print.* Cambridge, MA: MIT Press.

Biber, D., Conrad, S., & Reppen, R. (1998). *Corpus linguistics: Investigating language structure and use.* Cambridge, UK: Cambridge University Press.

Connor, C. M., Morrison, F. J., Fishman, B. J., Schatschneider, C., & Underwood, P. (2007). The early years: Algorithm-guided individualized reading instruction. *Science, 315,* 464–465.

Dede, C. (2009). Immersive interfaces for engagement and learning. *Science, 323,* 66–69.

Graesser, A. C., Lu, S., Jackson, G. T., Mitchell, H., Ventura, M., Olney, A., & Louwerse, M. M. (2004). AutoTutor: A tutor with dialogue in natural language. *Behavioral Research Methods, Instruments, and Computers, 36,* 180–193.

Graesser, A. C., Lu, S., Olde, B. A., Cooper-Pye, E., & Whitten, S. (2005). Question asking and eye tracking during cognitive disequilibrium: Comprehending illustrated texts on devices when the devices break down. *Memory and Cognition, 33,* 1235–1247.

Graesser, A. C., & McNamara, D. S. (2011). Computational analyses of multilevel discourse comprehension. *Topics in Cognitive Science. 3,* 371–398.

Graesser, A. C., McNamara, D. S., Louwerse, M. M., & Cai, Z. (2004). Coh-Metrix: Analysis of text on cohesion and language. *Behavioral Research Methods, Instruments, and Computers, 36,* 193–202.

Hacker, D. J., Dunlosky, J., & Graesser, A. C. (Eds.). (2009). *Handbook of metacognition in education.* Mahwah, NJ: Erlbaum/Taylor & Francis.

Hestenes, D., Wells, M., & Swackhamer, G. (1992). Force concept inventory. *The Physics Teacher, 30,* 141–158.

Jurafsky, D., & Martin, J. (2008). *Speech and language processing.* Englewood, NJ: Prentice Hall.

Kintsch, W. (1998). *Comprehension: A paradigm for cognition.* Cambridge, UK: Cambridge University Press.

Koslin, B. I., Zeno, S., & Koslin, S. (1987). *The DRP: An effective measure in reading.* New York: College Entrance Examination Board.

Landauer, T., McNamara, D. S., Dennis, S., & Kintsch, W. (Eds.). (2007). *Handbook of latent semantic analysis.* Mahwah, NJ: Erlbaum.

Maki, R. H. (1998). Test predictions over text material. In D. J. Hacker, J. Dunlosky, & A. C. Graesser (Eds.), *Metacognition in educational theory and practice* (pp. 117–144).

Mahwah, NJ: Erlbaum.

McCrudden, M. T., & Schraw, G. (2007). Relevance and goal-focusing in text processing. *Educational Psychology Review, 19,* 113–139.

McNamara, D. S. (2004). SERT: Self-explanation reading training. Discourse *Processes, 38,* 1–30.

McNamara, D. S. (Ed.). (2007). *Reading comprehension strategies: Theories, interventions, and technologies.* Mahwah, NJ: Erlbaum.

McNamara, D. S., Graesser, A., & Louwerse, M. M. (2012). Sources of text difficulty: Across the ages and genres. In J. P. Sabatini & E. Albro (Eds.), *Assessing reading in the 21st century: Aligning and applying advances in the reading and measurement sciences.* Lanham, MD: R&L Education.

McNamara, D. S., O'Reilly, T., Best, R., & Ozuru, Y. (2006). Improving adolescent students' reading comprehension with iSTART. *Journal of Educational Computing Research, 34,* 147–171.

Mostow, J. (2008). Experience from a reading tutor that listens: Evaluation purposes, excuses, and methods. In C. K. Kinzer & L. Verhoeven (Eds.), *Interactive literacy education: Facilitating literacy environments through technology* (pp. 117–148). Mahwah, NJ: Erlbaum.

Perfetti, C. A. (2007). Reading ability: Lexical quality to comprehension. *Scientific Studies of Reading, 11,* 357–383.

Resnick, L. B. (2010). Nested learning systems for the thinking curriculum. *Educational Researcher, 39,* 183–197.

Rouet, J. (2006). *The skills of document use: From text comprehension to web-based learning.* Mahwah, NJ: Erlbaum.

Shaffer, D. W. (2006). *How computer games help children learn.* New York: Palgrave Macmillan.

VanLehn, K., Graesser, A. C., Jackson, G. T., Jordan, P., Olney, A., & Rose, C. P. (2007). When are tutorial dialogues more effective than reading? *Cognitive Science, 31,* 3–62.

Vygotsky, L. S. (1978). *Mind in society.* Cambridge, MA: Harvard University Press.

Wiley, J., Goldman, S. R., Graesser, A. C., Sanchez, C. A., Ash, I. K., & Hemmerich, J. A. (2009). Source evaluation, comprehension, and learning in Internet science inquiry tasks. *American Educational Research Journal, 46,* 1060–1106.

5

효과적이고 의미 있는
교육용 테크놀러지의 사용
_교실에서의 세 가지 사례

_ Neil T. Heffernan, Cristina L. Heffernan, Michele Bennett Decoteau, & Matthew Militello

증기 기관에서 전기 에너지로의 전환은 느리면서도 비용이 많이 들었는데, 이는 단지 테크놀러지에 필요한 투자 때문이 아니라, 그 테크놀러지가 근본적으로 다른 방식으로 일을 처리하는 것을 가능하게 했기 때문이다(King, 1996, p. 248).

오늘날 학교에서 테크놀러지는 유비쿼터스적이다. 즉, 어디에나 존재한다. 교육용 테크놀러지는 교사들이 더 잘 가르치게 하고 학생들이 더 많이 배울 수 있도록 한다. 또한, 효율적이고, 상호작용적이며, 즉각적이고 유용한 정보 제공능력을 갖고 있다. 그러나, 현실적으로 볼 때 불행하게도, 이전의 많은 교육 개혁에서와 같이 테크놀러지를 이용한 21세기 개혁을 테크놀러지에 단단히 고정시킬 연구, 개발, 입법 정책은 대체로 충분히 이용되지 못했으며 실현되지 못하였다(Cuban, 1993, 2001; Ravitch, 2000; Tyack & Cuban, 1995 참조). 그럼에도 불구하고, DTP는 교육용 테크놀러지를 효과적으로 사용함으로써 사회적·경제적 요구를 만족시킬 수 있는 독특한 기회를 갖고 있다.

이 장에서는 현재의 수업방식을 확장하고 변화시키도록 설계된 특정한 DTP를 설명할 것이다. 구체적으로, 교사가 이 테크놀러지를 사용하는 데 있어서 사용의 용이함, 효율, 학생 몰입의 향상을 관찰하고 기록할 수 있는 기능을 통해 편리함을 얻게 됨을 보이고자 한다.

ASSISTments

ASSISTments[15]는 학생 반응에 기반한 개인 교습을 제공하는 웹 기반 평가 시스템이다. 이 시스템은 교육적 지원(assistance)과 평가(assessment)의 혼합을 의미하므로 이렇게 이름 지어졌다. 이 시스템은 데이터를 효율적으로 수집하고 학생 레벨의 진단 결과를 제공하는데(인지적 영역의 진단), 교사는 인지적 모델을 통해 학생들 진도를 모니터링할 수 있다. 이는 많은 기능들을 가지고 있는데, 콘텐트, 완전학습, 진보된 학생 반응 시스템, 교사 저작, 평가와 데이터 수집을 포함한다. 이 시스템은 다른 인지 모델들과 콘텐트 러이브러리에서 다양한 방식으로 채택되고 사용될 수 있는 도구이다.

ASSISTments 웹사이트에서 가장 잘 알려진 라이브러리는 중학교 수학 과목이며, 여기에서 예로 사용된 라이브러리이다. 그럼에도 불구하고, ASSISTments는 통계학, 과학, 문학을 포함한 많은 콘텐트 라이브러리를 가지고 있음을 기억하는 것이 중요하다.

중학교 수학 인지 모델은 130개의 구체적인 수학적 역량에 바탕하

---

15. [역주] ASSISTments는 학생의 반응 데이터에 기반한 즉각적이고 정확한 피드백을 지원함으로써 교사 효과성을 극대화시켜 줄 수 있는 웹 기반 평가 시스템을 말함.

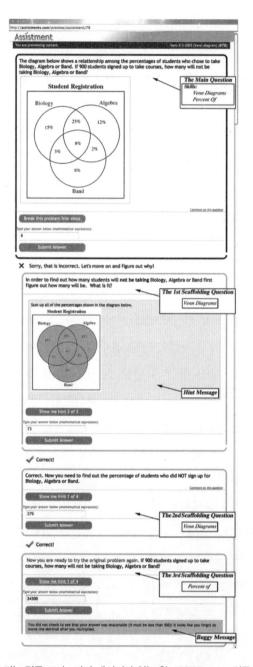

그림 5.1. 발판이 되는 질문, 교수, 버기 메시지가 있는 한 ASSISTments 질문의 스크린 샷

고 있다. 수학적 역량의 예는 벤다이어그램, 백분율, 원의 면적, 불규칙 도형의 면적 계산 등이다.[16] 시스템은 교사 없는 교실을 위해 설계되지 않았다. 사실, ASSISTments는 좋은 수업방식들을 확산, 복제, 촉진하기 위해 설계되었는데, 오개념의 상세한 진단을 알아내거나 즉각적, 구체적 피드백을 제공하거나 학생의 실습을 모니터링하는 것들을 포함한다.

ASSISTments는 중학 수학에서 1,000개 이상의 교수 항목들을 가지고 있다. 교수라 함은 만약 학생이 문제를 틀렸을 때, 그 학생에게는 발판이 되는 질문, 관련 힌트, 문제 해결을 위한 발견적 학습법을 안내하는 메시지(버기 메시지라고도 함)가 주어짐을 뜻한다. 그림 5.1은 한 ASSISTments 화면을 보여준다. 이 ASSISTments를 위해, 학생은 벤다이어그램과 백분율의 두 가지 지식을 알아야 한다. 중심 문제를 맞히는 학생은 다른 문제로 넘어갈 것이다. 그렇지 못하면, 이 예에서처럼, 개인 교습을 받게 된다.

그림 5.1에서 학생이 8이라고 잘못 입력한 것을 보여주자 시스템은 "흠, 아니오. 당신을 위해 단계적으로 보여주겠습니다."라고 반응하고 있다. 그런 다음 튜터는 학생에게 발판이 되는 질문을 한다. "생물, 대수, 밴드의 학생 비율을 찾으시오." 학생은 이 질문에 답하기 위해 힌트 하나를 봐야 한다. 이 힌트는 학생이 회색으로 된 백분율을 더해야 하는 이미지로 구성되었다. 그 다음 발판이 되는 질문이 따라오고, 학생은 답을 맞힌다. 마지막 질문으로 처음 질문을 다시 한다.

학생이 23,400을 입력하자, 답이 합리적인지 체크해 보라고 상기시켜주는(즉, 900보다 작은지) 버기 메시지가 주어진다. 시스템은 그런 다음 학

---

16. [역주] 지식 요소들의 목록은 다음에서 얻을 수 있다: www.assistments.org.

생에게 0.27을 곱할 때는 십자리 수를 왼쪽으로 두 자리 옮겨야 함을 상기시킨다. 학생이 정답인 234를 입력하면, 다음 ASSISTments로 진행할 수 있다. 최초 질문은 개별 발판 질문이 연결되어 있는 두 가지 역량과 연결되어 있으며, 이는 교사가 한 개 이상 역량과 함께 관련된 과제를 부여할 수 있도록 한다. 다음에, 개인적 역량은 발판 질문의 결과를 봄으로써 진단할 수 있다.

이 학생은 적시의 개별화된 도움을 받았지만, 교사는 어떤 채점도 "하지 않았음"을 주목하기 바란다. 질문들을 단계별로 나눔으로써, 튜터는 인지적 영역 진단 정보를 학생들이 맞히는 항목, 그들이 맞히는 발판 질문들, 그리고 공통적으로 틀리는 문제들을 통해서 교사에게 제공할 수 있다. 만약 교사가 이 문제에 대한 학생의 작업 보고서를 본다면, 그는 학생이 첫 번째 벤다이어그램 질문을 약간 어려워했으며, 두 번째 질문에서는 문제에 어려운 것이 없었고, 세 번째 발판 질문인 백분율에서 약간 어려워했음을 알 것이다.

그림 5.2는 4개 ASSISTments를 연속으로 한 학생들의 항목 보고서를 보여준다(항목 번호 4517, 8842, 4674, 78). 교사는 절반 이상의 학생들이 첫 번째 질문의 최초 시도에서 틀렸음을 볼 수 있다(만일 학생이 힌트를 요청하면, 틀린 것으로 표시된다). 그러나, 학생들은 교수를 통해 학습하고 대체로 다음 두 개 질문을 맞힌 것으로 보인다. 네 번째 항목, ASSISTments 번호 78에서 단지 29% 학생들만이 답을 맞힐 수 있었다. 교사는 ASSISTments 78이 또한 벤다이어그램뿐만 아니라 백분율 지식 요소를 갖고 있음을 확인한다. 교사는 질문에 대하여 학생이 범하기 쉬운 오답들을 볼 수 있다. 12%가 "657"이라고 대답한 반면, 18%의 학생들은 "0"이라고 대답하였다.

그림 5.2에서 보는 것처럼, ASSISTments는 인지적 영역 진단 데이터

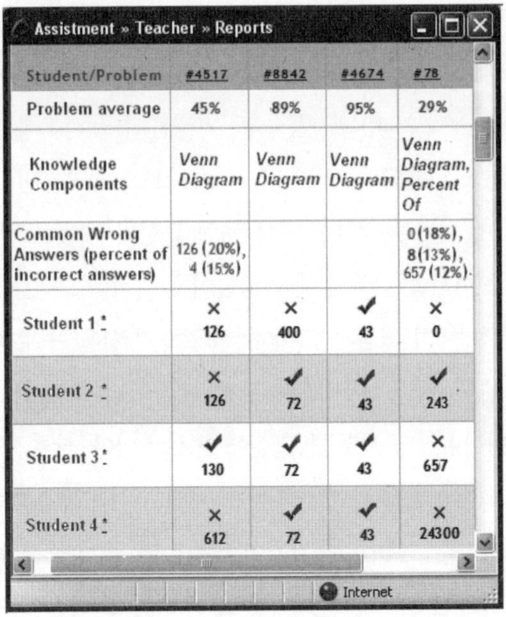

Assistment » Teacher » Reports

Student/Problem	#4517	#8842	#4674	#78
Problem average	45%	89%	95%	29%
Knowledge Components	*Venn Diagram*	*Venn Diagram*	*Venn Diagram*	*Venn Diagram, Percent Of*
Common Wrong Answers (percent of incorrect answers)	126 (20%), 4 (15%)			0(18%), 8(13%), 657(12%)
Student 1 *	× 126	× 400	✓ 43	× 0
Student 2 *	× 126	✓ 72	✓ 43	✓ 243
Student 3 *	✓ 130	✓ 72	✓ 43	× 657
Student 4 *	× 612	✓ 72	✓ 43	× 24300

Internet

그림 5.2. 학생들이 완료한 마지막 4개 ASSISTments에 대한 교사 보고서

외에도 완전 학습(평가 기능의 하나)과 숙제를 위해서도 사용할 수 있다. 사실 정보 격차[17]가 우려되는 사항이긴 하지만, 많은 지역에 공용 컴퓨터가 있으므로, 시간만 주어진다면 학생들은 학교 밖에서도 시스템에 접속할 수 있다. 학부모 공지 기능은 자녀가 어떻게 하고 있는지 그리고 어떤 것을 학습하고 학습하지 못했는지 부모들에게 교사가 쉽게 알려줄 수 있도록 하는 기능이다. 이는 교사에게 엄청난 분량의 시간을 절약해 주며 교사와 학생 또는 학부모 간 의사소통을 증진시킨다. 이 모든 기능들은 교사가 이미 하고 있는 것을 확장시키도록 설계되었고, 더 효율적인 방식으로 할 수 있도록 도와준다.

---

17. [역주] 정보 격차(digital divide)는 PC, 인터넷 이용 계층[국가] 간에 생기는 격차를 의미하며 ASSISTments의 성공적인 적용을 위해서는 학생이 집에서 컴퓨터에 접속할 수 없는 측면을 고려해야 함.

ASSISTments를 혁신적으로 사용하는 방법 중의 하나는 진보된 학생 반응 시스템(Advanced Student Response System)이다. 이 기능은 교사가 질문(즉석에서 또는 미리 준비한)을 만들고, 학생들이 답하도록 하고, 무기명으로 대답들을 프로젝터나 상호작용 화이트보드에 게시하고, 풍부하고, 의미 있는 토론을 하도록 한다. 이를 통해 교사가 제공한 질문이나 학급에 제시된 다른 학생들 산출물에 학생들의 즉각적 피드백을 제공한다.

그 시스템은 에세이 채점과 교사가 사용하기 쉬운 프레젠테이션 시스템을 가진 학습자 반응 시스템과 함께 만들어졌다. ASSISTments를 사용하는 보다 많은 교사들이 교실에 프로젝터나 상호작용 화이트보드를 보유하면서(이 책 2장 참조), 학생들과 데이터를 공유하는 것의 장점들이 부각되고 있다. 사실, 학생들이 컴퓨터에 동시에 접속할 때, 교사는 스크린에 결과들을 투영할 수 있다. 우리는 그러한 경우에 교실 토론이 활성화되는 것을 관찰하였다. 토론의 결과 즉시 더 많은 데이터 수집이 가능하게 하고, 모든 학생들이 교사의 질문에 온라인으로 회답하는 대화의 루프를 만들며, 대답들이 ASSISTments에 기록되고 모두 볼 수 있도록 투영될 수 있다. 이 기능은 이 책 10장에서 논의된 것처럼, 교실에서 DTP 효과를 위해 아주 중요하다.

요약하면, DTP는 교사의 일상적인 활동의 여러 시점에서 사용될 수 있다.

- 수업 계획 ASSISTments는 교사가 범위와 순서를 살펴보고, 과거 수업 데이터를 꺼내 보고, 현재 데이터에 바탕을 두고 수업 계획을 수정하도록 도울 수 있다.
- 수업 전달 ASSISTments는 코칭과 안내된 연습 측면에서 보다 중점을 두고 수업을 전달할 수 있다.

- 수업 평가 ASSISTments는 교사가 수업의 성공 또는 유보 여부를 판단할 수 있게 도울 수 있다.
- 숙제 지원 제공 학생들은 자신들의 행동에 대해 즉각적 피드백을 받는다. 이는 필요한 시점에 지원하며 교사들에게 학생들의 산출물에 대한 즉각적 피드백을 가능하게 한다.

실제 교실에서 실행 중인 ASSISTments

여기에서는 교사에게 정보를 제공하고, 학생들의 성공적인 성취를 돕기 위해서 ASSISTments를 사용하는 많은 교사들의 사례를 자세하게 검토하고자 한다. 교사들은 숙제, 완전학습, 진보된 학생 반응 시스템 등을 사용하고 있다. 이 모두는 이 기능들의 유연성과 반응성이 어떻게 교사들이 더 잘 가르치는 데 도움을 줄 수 있는지를 시범적으로 보이고 있다.

숙제

집에서 수행하게 되는 숙제는 교실 학습의 연장이므로 중요한 부분이다. ASSISTments를 가지고, 교사들은 숙제 프로세스의 부분들인 채점, 학생들에게 제공하는 도움, 진단 평가들의 흐름을 다듬을 수 있다. 한 교사는 "아침에 내 이메일로 온 보고서(ASSISTments 숙제에 관한)를 보면서, 나는 시간을 절약하고 그 날 오전에 내 교수를 이끌어갈 정보를 얻을 수 있다"고 언급하였다(Christine O'Connor in Heffernan, 2010).

전통적인 숙제의 과정은 학생들에게 집으로 정해진 숫자만큼의 문제들을 보내는 것을 포함한다. 학생들은 열심히 풀고 다음날 와서 틀린 문제를 확인하고 질문들에 답을 한다. ASSISTments와 함께, 교사는 숙제용 문제들을 선택하고, 학생들은 정답을 맞춰보거나 어떤 때는 1:1 형태로 피드백을 받기도 하고, 교사는 오전 수업 전에 받는 이메일 보고서로 개별적인 피드백이나 검토 또는 수업 계획을 할 수 있다. 교사는 심지어 숙제에서 항목 보고서(그림 5.2 참조)를 가져와서 프로젝터에 투영함으로써 데이터를 학급과 공유할 수도 있다. 인터넷 접속이 안 되는 학생들을 위해서, 교사는 유인물을 인쇄하는 옵션도 있다.

단순히 ASSISTments 숙제를 완료하는 것이 종이와 연필로 하는 것보다 더 많은 학습을 가능하게 한다(Mendicino, Razzaq & Heffernan, 2009). 이는 다른 분야에서 타 연구자들이 발견한 것과 동일한 결과이다(Warnakulasooriya & Pritchard, 2006). 다음 일화는 Tignor 선생님이 어떻게 이러한 사전에 제작한 문제들을 교수에 사용하고, O'Connor 선생님이 어떻게 보통의 숙제와 함께 ASSISTments를 사용하는지 설명한다.

Tignor 선생님

Tignor 선생님은 기술 학교에서 일하는데, 학생들이 학교 밖에서 온라인으로 풀 수 있도록 주 단위 평가에서 출제된 문제들(ASSISTments 교습과 함께)을 제공한다. 각 학생은 "숙달" 단계의 성적을 받아야 하며, 그렇지 못하면 수학 복습을 하고 시험을 다시 치러야 한다. Tignor 선생님이 학생들에게 내주는 숙제의 목표는 시험을 위해서 문제를 통해 연습하고, 틀린 문제에 대해서 ASSISTments 교수 형태로 도움을 받고, 틀린 문제에 대해서 해결책을 사용하는 것이다. 이 세 가지 목표를 염두에 두고, 그녀는 학생들이 주 단위에서 실시하는 시험에 얼마나 잘 준비되었는지 평가하는 데 학생들을 참여시킨다. 학생들은 도움을 받고, 교수를 통해 학습한 후 이해한 것을 그녀에게 보여 주어야 한다.

Tignor 선생님은 학생들이 산출물의 중요성을 강조하며 문제를 틀렸을 경우 작성해야 하는 연습문제지를 준다. 그녀는 주 시험에서 학생들이 자신의 작업을 설명해야 하는 주관식 답안 부분이 가장 어렵다는 것을 알고 있다. 그녀는 모든 설명을 모으고 학생들이 자신의 답안을 설명할 능력에 중점을 두고 이의 평가에서 그녀를 돕게 고안된 루브릭을 학생들에게 내준다.

처음에 문제를 틀린 모든 학생들은 문제를 해결하는 과정을 돕는 ASSISTments 교수를 경험하게 된다(그림 5.1 참조). 문제는 스크린에 공개되어 있고, 학생들은 자신의 설명을 쓰는 데 도움이 되도록 교수 내용을 다시 참조할 수 있다. Tignor 선생님은 단지 문제를 풀지 못하고 모니터링되어야 하는 학생의 산출물만 보면 된다.

숙제를 온라인으로 내주는 것의 큰 장점 중 하나는 전체 학급이 어떻게 하는지를 모니터링하기 위해 Tignor 선생님이 다음날까지 기다릴 필요가 없다는 것이다. 그녀는 "학생 결과물을 '실시간'으로 볼 수 있다는 것은 매우 유용하며 내 수업 스타일에 지대한 영향을 미쳤다"고 설명한다(Donna Lee Tignor in Heffernan, 2010). 그림 5.2에 보는 것처럼, Tignor 선생님은 데이터를 즉시 또는 다음날 아침 매일의 수업 계획 전에 우선적으로 얻을 수 있다. 그녀는 그런 다음 학생들을 평가하고 그 다음 주의 교육 계획을 작성하는 데 이 데이터들을 사용한다.

Tignor 선생님은 수집한 데이터에 대하여 두 가지 루틴을 사용한다. 첫째, 그녀는 지난 주의 숙제로부터 문제 중에 하나 또는 두 개를 선택하여 수업시간에 워밍업 문제로 추가할 수 있다. 예를 들면, 어느 한 주에는 전체 학생의 3분의 1만이 문제를 맞추었다. 결과를 살펴본 Tignor 선생님은 많은 학생들이 확실히 헷갈렸을 주제에 대해 토의해 보는 것이 좋겠다고 생각한다. 둘째, 어느 달의 주간 시험 중에, Tignor 선생님은 진도에 대해서 개별 학생들과 얘기하는 중에 ASSISTments에 대한 그들의 활동에 대해 논의한다. 이러한 미팅 중에, Tignor 선생님은 학생들이 설명한 답안을 적는 것에 대해 제안하기도 한다. 이 같은 활동은 학생들로 하여금 수학에 대해 써보고, 산출물을 보이며, 시간을 관리하는 훈련과 같은 많은 것과 관련된다.

O'Connor 선생님

O'Connor 선생님은 도시 외곽의 중학교 교사이다. 그녀는 정규적인 숙제를 ASSISTments를 이용하여 부여하며, 추가적인 ASSISTments를 작성해서 학생들이 온라인으로 답을 입력하도록 하고 적절한 피드백을 받도록 한다. 학생들은 텍스트를 통해 어떤 문제를 해결해야 하는지 파악한다. 그들은 종이에 문제를 풀기 시작하는데, 이는 O'Connor 선생님이 산출물을 조직화하고 수업시간에 참고하는 데 가치를 두기 때문이다. 그 다음에 학생들은 답을 시스템에 입력하고, [제출]을 클릭하고, 틀렸으면 다시 해야 하는지, 아니면 맞았으면 다음 문제로 가는지 즉시 피드백을 받게 된다. O'Connor 선생님은 원하는 대로 이 문제들을 위해서 [힌트] 또는 다른 지원을 제공해줄 수 있다.

이 예들은 교사가 어떻게 이 저작 기능들을 달리 사용할 수 있는지를 보여준다. 또한 이 예들을 통하여 이런 기능이 어떻게 가정과 학교를 연결시키며 학부모가 학생 산출물에 통합적으로 연관되도록 기술을 활용하는지를 강조한다. 그리고 다음 수업에 있을 미팅 전에 개별 학생의 학습을 이해하는 교사의 능력에 어떻게 효율성을 만들어 내는지, 그리고 오늘날 청소년들이 기술적 환경에서 공부하고 싶어하는 욕구에 기반하여 학생들이 온라인상에서 숙제에 몰입하도록 해준다.

완전 학습

[완전 학습]은 4장에서 설명한 Grasser의 진단 및 교정 프레임워크의 처음 단계들과 유사한 것으로 ASSISTments 130개 역량들 중에서 어느 한 개 역량에 대한 학생의 지식 수준을 평가하는 ASSISTments의 한 기능이다. [완전 학습]의 중요한 과제는 시스템이 갖고 있는 학습자

들의 성취에 대한 기록이다. 학습자들의 역량 습득 정도를 파악하는 것은 시간이 많이 걸리고 상세함이 요구되는 과업이다. 교사들은 각 학생이 숙달했거나 숙달하지 못한 역량, 누가 역량을 습득하는 데 어려움을 겪고 있는지, 각 역량의 전제조건들이 무엇인지를 파악할 필요가 있다.

ASSISTments는 교사, 학생, 학부모들을 위해 이 모든 것들을 기록하고 있다. [완전 학습] 기능은 방정식을 푼다든지 분수를 더하는 것과 같은 한 가지 역량 항목들에 중점을 두고 있는데, 이는 ASSISTments가 제공하는 대부분 문제들이 학생들에게 두 가지 이상의 역량(예, ASSISTments 78번은 두 개 기술을 요구, 그림 5.1)을 사용하도록 요구하는 것과는 다르다. 학생들은 자신들과 교사에게 한 역량을 숙달했음을 입증하기 위해 서로 다른 연습량을 필요로 한다.

이러한 종류의 연습을 위해 충분한 콘텐트를 만드는 것은 [완전 학습]에서 가장 중요한 부분이다. ASSISTments는 문제 정의에서 변수를 사용하며, 다른 숫자와 이름을 이용하여 제작된 각 문제들이 같은 역량을 측정하는 일련의 문제군을 구성하게 만들었다. 이를 통하여 학생들이 연습을 계속할 수 있게 한다. 추가로, 추적된 130개 역량 요소에서는 미리 학습되어야 할 선행 역량 구조가 있다. 예를 들어, 학생이 피타고라스 정리를 숙달하기 위해서는 먼저 방정식 풀이와 제곱근을 숙달했어야 한다. 이 연결은 어느 한 가지의 지식 요소에서 난관에 봉착한 학생이 현재의 역량을 계속 학습하기 전에 선행 역량으로 돌아갈 수 있게 해준다.

만일 ASSISTments 문제군 하나가 완전 학습과 연결되어 있다면, 이는 자동적으로 학생들의 연습량을 기록하는 데 학생이 문제에 얼마나 잘 답했는지에 따르게 된다. 대부분의 문제군은 학생이 주어진 일련의 문제들을 연속적으로 맞혔을 때 그 학생이 역량을 "습득"했다고 판단

Assistment » Teacher » Reports

Student	Mastery Status	Amount of time that he/she has been working on this assignment	Problems seen
Student 1	Mastered	00:03:26	2
Student 2	Still Working	00:30:08	26
Student 3	Mastered	00:17:02	11
Student 4	Mastered	00:08:37	18
Student 5	Never Started		
Student 6	Mastered	00:00:34	2

그림 5.3. 학생 6명의 숙달 현황을 보여주는 교사 보고서들

한다. 이 때문에 해당 역량을 아는 학생들은 재빨리 이를 보여줄 수 있다. 문제를 틀린 학생들은 ASSISTments 교수의 도움을 받거나 다른 소스에게 도움을 청할 수 있다. 교사들은 간단한 보고서(그림 5.3 참조)를 사용하여 학생들을 모니터링하고 어려움을 겪는 학생들을 찾을 수 있다.

Mulcahey 선생님

Mulcahey 선생님은 매일 밤 도시 외곽에 있는 8학년 학급에 [완전 학습] 문제 한 세트를 내준다. 학년 초에 그녀는 학생들이 7학년 때 습득했어야 할 역량들을 선택하고 진도를 모니터링하였다. 많은 학생들이 실수를 했으나, 곧 습득할 수 있었다. Mulcahey 선생님은 특정 역량을 습득하지 못한 학생들을 모니터링하고 학습을 시켰다. 학년 말에, 그녀는 학기 중에 다루었던 역량들을 선택한다. 이 간단한 문제 세트는 학생들 저녁 숙제에 단지 몇 분 더 걸릴 뿐이며, 학생들이 필요로 하는 연습을 주는 것은 그녀의 교수 역량에 있어서 중요한 부분이다.

Burnett 선생님

Burnett 선생님은 교외의 중학교 교사로 [완전 학습]을 위해 ASSISTments만을 사용한다. Burnett 선생님의 학생들은 컴퓨터 실습실에서 학습을 시작하고 그런 다음 그 주 내에 집에서 끝마친다. Burnett 선생님은 [완전 학습]을 아래와 같은 방식으로 사용한다.

"나는 [완전학습]을 교실에서 배운 것을 강화하고 어떤 문제나 약점을 정확히 집어내기 위해 사용한다. 나는 ASSISTments를 2단계에 걸쳐 사용한다. (1) 학생들이 어려워할 때 개별적으로 힌트를 사용해서 공부하고 스스로 해결할 수 없을 때 나에게 오도록 한다. (2) 일부 학생들에게 큰 동기부여 요소로 작용한다. 특히 학생들은 '습득 완료'라는 단어를 보려고 정말 열심히 한다"(Mr. Andrew Burnett, personal communication to M. B. Decoteau, May 25, 2010).

Burnett 선생님은 [완전 학습] 진도 보고서를 참고하여 학생들의 진도를 모니터링한다. 보고서는 학생이 그 역량을 완전히 습득했는지, 아직 익히고 있는지 말해준다. 이는 학생이 얼마나 많은 문제를 해결했는지와 역량을 습득하기 위한 탐구에 얼마나 시간을 투자했는지를 말해준다. Mulcahey 선생님과 같이, Burnett 선생님은 학년 초에 콘텐트를 검토하였다. 이는 연습이 필요한 학생들에게만 연습을 제공함으로써 효율적 교수 방식을 가능하게 하였다. [완전 학습] 활동의 결론으로서, 그는 역량마다 한 문제를 가지고 정규 ASSISTments 문제 세트를 구성하였는데, 이는 그와 학생들이 그런 선행 역량들의 전체적 진도를 모니터링하는 것을 돕기 위해서이다.

[완전 학습] 기능의 부수적인 기능 중 하나는 자동적 재평가 및 유지 시스템이다. 이는 학생들의 역량 유지를 평가하고 숙달 후에 주제를 다시 학습하도록 강제해서 시간이 지나도 습득된 기술이 유지됨을 보일

수 있다. 일반적으로 학생들은 한 주제에 대해 1주, 2주, 1달 후에 재평가된다. 만약 학급의 통과 비율이 50% 미만이라면, 이는 학습 실패의 강력한 증거로써 그 주제는 교사가 다시 가르칠 필요가 있다.

[완전 학습] 기능은 교사로 하여금 학생들이 개별 역량 단위로 필요로 하는 만큼 연습할 수 있는 플랫폼을 제공한다. 학생들이 연습할 때마다, 학습자들이 배워야 할 기술의 강점과 약점을 모니터링한 것을 [보고서] 기능을 통하여 교사에게 제공한다. 이러한 역량은 다양한 변수들을 이용할 수 있는 템플릿을 제공함으로써 교사들로 하여금 광범위한 문제들을 만들게 해준다. ASSISTments는 또한 저작 도구가 있어 누구나 훈련을 받으면 학습해야 할 어떤 역량에 대해서도 원하기만 하면 이러한 문제 세트들을 만들 수 있도록 해준다.

진보된 학생 반응 시스템

이 절에서는 ASSISTments가 해결 전략의 읽기와 쓰기의 설명이라는 중요한 과업을 어떻게 다루는지를 보여준다. 미국의 전국 수학교사 평의회(NCTM: National Council of Teachers of Mathematics)가 제시하는 학습 기준은 "수학에서 의사소통이 학생의 수학적 개념 이해를 향상시킬 수 있는" 기준의 하나로 포함되어 있다. 오늘날의 수학 교사들은 학생들이 자신의 과업을 구두로 또는 문자로 써서 설명하도록 가르쳐야 한다. 또한 그들은 수학 교실에서 쓰기를 포함하도록 요청받는다.

ASSISTments는 교사가 토론을 이끌고 학생 작업의 설명을 평가하는 것을 돕는다. ASSISTments의 진보된 학생 반응 시스템은 서술적, 사실적 지식의 암기를 넘어서, 학생들에게 수학에서 절차적 지식 획득 및 의사소통 방식을 제공한다. 절차적 지식은 수학적 지식과 역량의 깊은 이해에 필수적 요소이다(NCTM, 2000).

교사가 학생들에게 ASSISTments에서 설명을 제공하길 원할 때 개방형 응답 문제 유형이 선택되는데, 이는 [빈칸] 채우기 또는 [선다형] 문제들과는 다르다. 이 문제 유형에서는 학생들이 설명을 타이핑할 수 있게 하기 위해 글상자 하나가 제공된다. 이 질문 유형의 한 가지 단점은, 다른 것들과 달리, ASSISTments는 이들 항목들을 채점할 수 없다는 것이다. 다만 이러한 응답들을 촉진하기 위해서, 에세이 채점이라고 불리는 기능에 대한 특별한 링크가 있다. 일단 교사들이 이 페이지에 링크하면, 그들은 문제와 이름 옆에 학생들이 쓴 설명 모음을 볼 수 있다. 그런 다음 그들은 1에서 4까지 등급으로 에세이를 채점할 수 있다.

채점을 하고 나면, 점수는 "미채점"에서 정규 항목 보고서에 퍼센트로 바뀐다(그림 5.2 참조). 그리고 학생들 평균이 바뀐다. 만약 교사가 에세이들을 학급과 같이 검토하고자 한다면, 몇 개의 에세이 사례를 선택할 수 있고 단지 토론을 위해서만 보이게 할 수도 있다. 이는 교사가 학습목표들을 달성하며 에세이에 대한 토론에 집중할 수 있도록 해준다.

O'Connor 선생님

1차 방정식 단원의 후반부에, O'Connor 선생님은 정규 [빈칸] 채우기 ASSISTments와 한 개의 개방형 응답 ASSISTments를 포함한 ASSISTments 문제 세트를 주었다. 숫자로 된 답들은 자동으로 채점되어서 O'Connor 선생님이 학생들이 쓴 설명을 검토하고 돌아보는 시간을 절약하게 해준다. 일단 그녀는 모든 설명들을 수집하고 ASSISTments에서 꼼꼼히 읽어본 후, 수업시간에 사용할 설명 몇 개를 선택하였다. 그녀는 학생들이 자신의 설명이 읽혀지고 아마도 다른 학생들과 공유되고, 다른 학생의 설명도 읽게 될 것임을 알기 원했을 것이다. 서로의 설명을 읽을 때,

학생들은 다른 학생의 해결책과 자신의 설명을 어떻게 더 잘 쓰는지를 살펴보고, 노출됨으로써 두 가지 방법으로 수학을 배운다.

O'Connor 선생님은 이 활동에서 얻은 데이터를 보고 많은 것을 배웠다. 첫째, 학생들은 한 명 빼고는 문제 A에서 D까지 전부 답을 맞혔으므로, 그녀는 학생들이 이 문제의 절차적 부분에 대해서는 모두 잘 이해함을 알았다. 이 정보를 이용하여, O'Connor 선생님은 문제 E의 답들을 검토하기 시작하였다. 이 문제는 학생들이 여행을 가는 클럽 회원의 수가 그들의 결정에 어떤 영향을 미치는지 설명함으로써 자신들의 답을 정당화하는 문제이다. O'Connor 선생님은 학생들과 그들의 설명에 대해 학습해 왔다. 그녀는 정확한 어휘, 맞는 답, 그리고 학생들이 어떻게 답을 얻었는지에 대한 분명한 설명을 찾고 있었다. 그녀는 이와 같은 설명을 향상시키는 가장 좋은 방법은 서로의 산출물을 읽고 토론하는 것임을 알게 되었다.

O'Connor 선생님은 다양한 수준의 이해와 실수를 보여주기 위해 그림 5.4에 보이는 5개 에세이를 신중하게 선택하였다. 예를 들면, 학생 1은 y 절편만을 보고, 인당 비율을 고려하지 않은 실수를 하였다. 학생 2는 72(A와 B에서 계산된 숫자인)라고 질문에 답하였다. 그 학생은 또한 손익 분기점을 100명의 스키어라고 언급했지만, 이 숫자가 결정에 어떻게 영향을 주는지는 설명하지 않았다. 학생 3은 어떤 수의 학생들이 각각의 회사를 선택해야 하는지 분명하게 상술하는 아주 좋은 설명을 하였다. 그 학생은 100에서, 어느 쪽 회사든지 선택될 수 있고 또한 정해진 요금과 인당 비율이 이에 어떻게 영향을 주는지를 분명히 하였다. 학생 4는 100을 발견하기 위해 어떤 작업을 했겠지만, 설명에서 어떤 것도 분명히 하지 않았다. 학생 5는 두 회사가 같아지는 시점이 있다는 것조차 이해하지 못하였다. 이 학생은 그저 50명을 선택하고는 그 숫자를 위해선 마운틴 차터가 더 저렴할 것이라고 주장하였다. O'Connor 선생님이 답들을 점검할 때 이 모든 점들과 그 이상의 관련된 내용이 수업 중에 토의되었다.

이 예에서 진보된 학생 반응 시스템은 O'Connor 선생님이 교사로서 보다 효율적이고 효과적이 되도록 해준다. 여기에 설명된 활동은 교사가 쉽게 읽고 채점할 수 있도록 했고, 나머지 학급생들과 함께 선택한 설명들을 공유하고 그러한 응답들을 토의하도록 지원하였다.

A local ski club plans to charter transportation for a ski trip. Two different companies are available for charter services.

SNOWBIRD CHARTER	MOUNTAIN CHARTER
Roundtrips depart daily 6 and 8:00am	Roundtrips daily at 6 and 8:00am
$300, plus $12 per person	$15 per person
Reservations are required	*Call for reservations*

If 72 club members sign up for the trip, what would be the total transportation cost for Snowbird Charter?

Comment on this question

Type your answer below (mathematical expression):

_____

Submit Answer

● ● ●

If the club members want to choose the less expensive of the two companies, which company should they choose? Justify your answer by explaining how the number of club members who go on the trip should affect their decision.

Comment on this question

Type your answer below:

```




```

Submit Answer

Assistment » Teacher » Reports

Student 1

One should always choose mountain charter because snowbird started out with 300$

Student 2

They should choose Mountain charter. Sinse 72 members are going the cost would be 1080 as aposed to 1164 for Snowbird. Buf if the had more than 100 members then the best choice would be Snowbird.

Student 3

The choice varies on the total number of members.
Moutain Charter is the cheapest from 1-99 members, as itr doesnt have the 300 dollar fee, but a higher cost per person of $15.
Snowbird Charter is the cheapest 101+ members as the cost per person is lower than the other company.
At 100 members, its equal at $1500.

Student 4

Club members should chose Mountain Charter
if there are less than 100 club members signing up.
Club members should chose Mountain Charter if there are
more than 100 club members signing up.

Student 5

They should chose Mountain Charter If 50 people go...
Mountain Charter total cost is 750$ Snowbird Charter total cost is 900$
Mountain Charter is Cheaper

🌐 Internet

그림 5.4. O'Connor 선생님 교실에서의 개방형 응답 문제를 위한 ASSISTments 문제(학생들에게 보여진)와 항목 보고서

결과적으로, 수업의 책임은 더 이상 교사와 학생 사이에만 있지 않았다. 이러한 유형의 발전된 기술들과 함께, 과업은 더욱 공개적이거나 또는 이 책 10장에 묘사된 [갤러리]와 같이 되어 간다. 본질적으로, 학생이 수행하는 과업은 교사와 동료들과 상호작용적이 된다. 학생 과업을 보다 공개적으로 만드는 것은, 학생 익명성을 보장하는 한편, 학생 학습을 촉진시키는 강력한 도구가 되기도 한다.

DTP의 미래

테크놀러지와 교육의 진화는 각기 다른 속도로 진행되어 왔다. 테크놀러지는 사무실, 상점, 항공사, 철강공장, 병원, 군대를 크게 변혁시켰다 (Tyack & Cuban, 1995). 그러나 학교는 아직 별 영향을 받지 않은 채 남아있다. 학교에 남아있는 힘을 미쳤던 혁신들은 조작하기 간단하고, 접근하기 쉽고, 교사들에게 효율적이라는 특징들을 갖는 것들이었다 (Cuban, 1986, 2001). 칠판, 교과서, 복사기, 상호작용적 화이트보드는 이러한 중요한 특징들을 갖고 있다.

먼저, 교육 개혁은 많은 것을 약속했으나 성과는 아주 적었는데, 그 몇 가지 이유는 다음과 같다. 개혁의 설계자들이 대체로 교육 전문가가 아니었다. 전문가들은 위험 회피 성향이 있다. 학교와 교육구 조직은 매우 관료적이어서 제 기능을 하지 못한다. 그리고 제도로서의 교육은 현재의 관례와 일상을 반영해 개혁을 변형시키는 전통을 가지고 있다. 결론적으로, 우리는 우리 삶의 다른 측면에서와 같이 교육에서 테크놀러지가 표명한 만큼의 영향을 못 끼친 것에 대해 놀라선 안 된다.

그러면 우리는 학교에서 어떻게 실제적이고 지속 가능한 테크놀러지의 진보를 얻을 수 있는가라는 문제를 고려할 때 이 장에서 제공된 사례들을 통하여 이러한 새로운 실천들이 제공할 수 있는 것과 그것들이 어떻게 나타나게 되는지에 대해 다음과 같은 짧은 경험을 이야기할 수 있다.

- 교사들의 일상인 채점과 데이터를 조직화하는 반복적인 행정 업무에서 해방될 수 있다.
- 학생들은 자신의 학습뿐 아니라 동료 학생들의 학습에 대해서도 숙고하게 된다.
- 학생들은 혼자 학습하기도 하고 동료 학생들과 협업하는 것을 필요로 하기도 한다.
- 교사들은 학습 요약뿐 아니라 가능한 문제 영역의 특정한 측면도 볼 수 있다.
- 학생들과 교사들은 서술적 지식과 절차적 지식 모두의 시험을 통해 배운 것을 잘 표현할 수 있다.
- 학생들에게 미래 시험에 나올 법한 것과 유사한 문제 세트가 주어진다.
- 플랫폼은 웹 또는 클라우드 기반으로, 단지 연결성으로 인하여, 발생되는 새로운 형태의 정보 격차에 대한 접근성을 가능하게 해 준다.

ASSISTments와 같은 교육용 테크놀러지들은 교육 정책, 실천 및 연구에 있어서 강력한 시사점을 가지고 있다. 먼저, 정책 전문가들은 학교 개혁 논의에서 학생 평가와 테크놀러지를 계속 강조하고 있다. 위에서 설명한 교사들의 예에서 보았듯이 교사들은 자신들이 수행하고 있는 학생 지도 과정을 알리고 교수와 학습을 향상시키기 위해 학생들의 성취 데이터를 사용하라는 분명한 압력을 현재에도 받고 있다.

게다가, 이 작업은 교사와 교사 훈련의 현재와 미래의 실천에 중요한 시사점을 제시한다. 만약 교육의 실천이 새로운 테크놀러지의 발전과 학생들의 기대에 보조를 맞추기 위해 변화하는 것이라면, 예비 교사 및 현직 교사의 전문성 개발 노력이 바뀌어야 한다. 더군다나, 더 많은 클라우드 기반, 상호작용적 교수 기술들이 학교 내에서 개발되고 실행되어야만 한다.

마지막으로, ASSISTments와 같은 교육용 테크놀러지의 효용성을 이해하기 위한 후속 연구가 필요하다. 이 연구는 단지 학생 성취에 대한 실험 연구나 준실험 연구뿐 아니라, 학교 수준의 교사 연수, 실행, 학생 관여에 대한 더 치밀하고, 자세한 실험들을 또한 포함하여야 한다.

DTP는 교수와 학습에 영향을 미칠 수 있는 차세대 교육 혁신이 될 상황에 놓여 있다. 이 새로운 테크놀러지를 실행하는 이들은 과거 기술 혁신의 역사에 정통해야 할 것이다. Kling(1996)은 "우리는 단순히 말과 노새를 자동차와 트럭과 바꾸지 않는다. 우리는 자동차를 교통 수단으로 이용하기 위하여 사전에 새로운 도로, 교통 법률, 주유소, 정비소들, 보험 등을 포함하는 정교한 시스템의 환경을 설정하였다."(p. 44)고 언급하였다. 이와 유사하게, 시스템, 구조, 테크놀러지가 학교에서 개발, 실행, 지원되어야 하며 지속되어야 한다.

교육용 테크놀러지 사용은 올바른 테크놀러지와 올바른 사람들, 지원 및 자원이 합쳐졌을 때 효과적이고 가치 있다. 만약 테크놀러지가 교사가 가르치는 방식과 학생들이 얼마나 학습하는지에 대하여 강력하고 지속적인 영향력을 가지려면, 개발된 테크놀러지와 그것이 사용되는 방식은 매우 중요하다. ASSISTments와 같은 교육용 테크놀러지는 교직의 규범적 실천을 근본적으로 바꿀 잠재력을 가지고 있으며, 따라서 학생의 학습을 향상시킬 잠재력 또한 가지고 있다.

참 | 고 | 문 | 헌

Cuban, L. (1986). *Teachers and machines: The classroom use of technology since 1920.* New York: Teachers College Press.

Cuban, L. (1993). Computer meets classroom: Computer wins. *Teachers College Record, 95,* 185–210.

Cuban, L. (2001). *Oversold and underused: Computers in the classroom.* Cambridge, MA: Harvard University Press.

Heffernan, C. (2010). *Reville.* Accessed from http://teacherwiki.assistment.org/wiki/Reville.

King, J. L. (1996). Where are the payoffs from computerization? Technology, learning, and organizational change. In R. Kling (Ed.), *Computerization and controversy: Value, conflict and social choices* (pp. 239–260). New York: Academic Press.

Kling, R. (1996). Hopes and horrors: Technology utopianism and anti-utopianism in narratives of computerization. In R. Kling (Ed.), *Computerization and controversy: Value, conflict and social choices* (pp. 40–59). New York: Academic Press.

Mendicino, M., Razzaq, L., & Heffernan, N. T. (2009). Comparison of traditional homework with computer supported homework: Improving learning from homework using intelligent tutoring systems. *Journal of Research on Technology in Education, 41,* 331–359.

National Council of Teachers of Mathematics. (2000). *Principals and standards for school mathematics.* Reston, VA: Author.

Ravitch, D. (2000). *Leftback: A century of battles over school reform.* New York: Touchstone.

Tyack, D., & Cuban, L. (1995). *Tinkering toward utopia: A century of public school reform.* Cambridge, MA: Harvard University Press.

Warnakulasooriya, R., & Pritchard, D. E. (2006). Learning and problem-solving transfer between physics problems using web-based homework tutor. In P. Kommers &

G. Richards (Eds.), *EdMedia 2005: World Conference on Educational Multimedia, Hypermedia, and Telecommunications, Montreal, Canada* (pp. 2976–2983). Chesapeake, VA: Association for the Advancement of Computing in Education.

CHAPTER

6

고도의 적응적·상호작용적 교수
_ 네크워크화된 교실을 위한 통찰

_ Stephen J. Hegedus, Jeremy Roschelle

이 장에서는 DTP를 이용한 수학과 과학의 몰입적 교수 형태에 대해 소개한다. 네트워크화된 교실은 무선 네트워크의 유비쿼터스적인 특성을 활용하여 역동적인 소프트웨어 애플리케이션과 적응적 교육과정을 통합시킨다. 오늘날 학교에서 교육용 테크놀러지가 널리 보급된 것을 감안할 때 네트워크화된 교실은 실현 가능하다.

이에 따라 이 장에서는 교실 내 연결성, 교육과정, 그리고 학생들과 교사들 사이의 상호작용적 관점에서 네트워크화된 교실의 요소들이 어떻게 보이는지에 대한 설명을 제공한다. 네트워크화된 교실이 학생들의 학습과 동기를 변화시킬 수 있을 것이라는 우리의 주장을 뒷받침하기 위해서, 우리는 네트워크화된 환경을 효과적으로 통합하기 위해 무엇이 필요한지에 대한 개요를 서술하고 10년간의 연구와 개발 내용을 폭넓은 범위의 DTP에 적용 가능한 핵심 구현 원칙으로 제안하고자 한다. 우리는 테크놀러지의 설계, 학습, 교수의 관점에서 미래의 DTP 사용을 위한 제언으로 결론을 맺을 것이다.

교실용 테크놀러지:
설치된 인프라 구조와 새로운 방향

교실에서의 인터넷 접속 기술 이용 논의에 대한 큰 틀을 마련하기 위해서 이 절에서는 오늘날 교실에 존재하는 일부 인프라 구조를 밝히고 교실 내 접속 기술의 새로운 방향들과 비교해 보이고자 한다.

설치된 인프라 구조

오늘날 수학과 과학 교실에는 도구적 테크놀러지, 튜터적 테크놀러지, 매체적 테크놀러지라는 크게 세 가지의 범주가 존재한다.

도구적 테크놀러지 수학과 과학 교실에서의 하드웨어(예, 도해 계산기, 컴퓨터) 또는 소프트웨어(예, 역동적 기하학 애플리케이션) 형태의 테크놀러지는 전통적으로 도구로 불려 왔다. 이는 테크놀러지가 어느 특정한 목적 또는 일련의 목적들을 위한 것임을 의미한다. 이들은 다양한 능력을 가진 학생들이 그들이 전에 보지 못했던 것들을 볼 수 있는 접근 가능한 루트를 만든다는 관점에서 인지적일 수도 있고, 학습자들이 한 특정한 활동에 몰입하도록 동기 부여한다는 관점에서 정서적일 수도 있다. 일반적으로, 도구들은 사용자가 특정한 과업을 입력하고 산출물을 얻을 수 있는 계산용 목적들을 나타낸다. 놀라울 정도로 빠른 그래픽과 계산용 루틴의 발달은 이러한 도구들의 사용을 가능하게 하였다.

튜터적 테크놀러지 정교한 프로그램을 가진 컴퓨터는 가상 과외교사의 역할과 유사한 상호작용적이고 반응적인 환경을 만들 수 있다(예, 온라인 또는 소프트웨어 기반의 상호작용 튜터). 이와 관련된 이 책의 대표적인 사례들이 4장의 iSTART와 5장의 ASSISTments이다. 이러한 환경들은 사용자들에게 도움이 되는 방식으로 피드백을 제공하고, 사용자 응답 패턴을 제시할 수 있고, 사용자 입력과 일치하는 계속적으로 보다 지원하는 프롬프트를 제공할 수 있다. 어떤 측면에서 이러한 시스템들은 개인적인 1:1 상호작용을 지원한다.

매체적 테크놀러지 보다 더 편리한 개인용 컴퓨터의 출현과 단순한 편집 도구들의 사용 가능성과 함께, 창조적 매체의 사용은 단지 전문적 환경에서의 테크놀러지뿐 아니라, 학교에서 학생들을 위한 것이기도 하다. 개인적 데이터로부터의 사진, 동영상, 오디오를 편집하는 것은 호소력 있는 발표를 통해 학생들에게 동기 부여하는 학습의 경험을 제공해 줄 수 있을 것이다. 이는 테크놀러지를 도구로 사용하는 또 다른 예이지만, 이런 경우는 다른 테크놀러지들의 활용을 통해 사용된 도구라고 볼 수 있다(예, 디지털 카메라).

새로운 방향: 디지털 및 표상적 인프라 구조의 교차

DTP의 개념은 포괄적인 부분과 구체적인 콘텐트 도구 둘 다를 통합하고, 사용자 입력을 통제하고 모니터링하는 것과 같은 교육적 지원을 제공하고, 피드백 순환고리를 제공하는 것이다. 이러한 관점에서 DTP는 생성적이라서, 추가 콘텐츠를 쉽게 저작할 수 있게 함으로써 교수와 학습이 창조적으로 나아갈 수 있도록 한다.

각각의 인프라 구조 사례들에서 볼 때, 교실에서는 표현적 테크놀러지가 중요하다. 아름다운 풍경이든, 동영상 캡처된 인상적인 춤의 형태이든, 상호작용적 튜터로써 평가 또는 질문의 표현이든 또는 그래프 형태의 계산과정의 디지털적 표현이든, 표현은 아주 중요하다. 이러한 다양한 표현들은 DTP를 위한 표현적 인프라 구조를 형성한다.

계산과 시각화 기능의 제공은 표현가능성과 운영가능성에 바탕을 둔 기능을 제공하는 풍부한 인프라 구조를 제공한다(Hoyles, Morgan & Woodhouse, 1998). 현대 사회에서 인프라 구조는 물질적 개념뿐 아니라 사회적인 것이기도 하다. 그러한 표현적 인프라 구조의 제공은 의사소통을 원활하게 함으로써 사회적 학습의 네트워크 창출을 가능하게 한다(Kaput, Noss & Hoyles, 2001; Kaput & Roschelle, 1998; Kaput & Schorr, 2007). 이러한 표현적 요소들의 실행은 융통성을 강조하는데, 이는 다양한 요소들이 특정한 교육과정 목표, 학생의 요구, 교육적 접근을 향하여 다양한 조합에 의해 사용될 수 있다는 의미이다.[18] 이 접근법은 구조를 기호로 캡슐화한 다른 역사적인 것들과 유사하다. 예를 들면, 정수를 위한 표준 플레이스 홀더 시스템[19]은, 간결한 형태로, 거의 자의적으로 큰 숫자들을 가지고도 계산에 접근할 수 있도록 하는 방식의 계층적 지수 구조를 내재하고 있다(Kaput & Shaffer, 2002).

---

18. 우리가 다양한 교실들을 위해 설계하고 실행한 소프트웨어에 관한 세부사항을 위해서는 다음을 참조 (http://www.kaputcenter.umassd.edu/products/software).
19. [역주] 표준 플레이스 홀더 시스템이란 식(式) 안의 문자 중 정해진 집합의 요소 이름을 대입할 수 있는 것을 의미함.

유사하게, 의사소통의 진화와 성장을 뒷받침하는 인프라 구조인 디지털 인프라 구조는 사회에 큰 영향을 끼쳤다. 이러한 변화들은 표현적 인프라 구조와 함께 동시적으로 진화해 왔다. 이러한 인프라 구조들의 동조화가 교실을 비롯한 교육에 미칠 수 있는 막대한 영향은 과거보다 더 분명해지고 있다. 디지털 인프라 구조는 대중에게 의사소통 행위와 서비스를 통해 정보를 통신하는 네트워크, 선, 서버들로 구성되어 있다. 표현적 인프라 구조와 유사하게, 디지털 인프라 구조는 성격상 대부분 물리적이나, 그 구성에 있어서는 사회적이기도 하다. 오늘날까지, 주요한 개발 관점은 사회 안에서의 물리적 구축의 관점이었다(예, 전체 마을 또는 국가에 걸쳐 브로드밴드 연결 설치).

DTP는 디지털과 표현적 인프라 구조 둘 다를 교실에서 실현할 수 있게 하고, 그럼으로써 의미를 만드는 것이 확장되는데, 이는 전통적 표현의 형태가 변화되거나 가능해지기 때문이다. 이 융합의 중심에서 학습자들은 소프트웨어의 표현적 레이어들을 통하여 스스로를 표현할 수 있고 참여적 구조가 학습자들이 발화 행위(예, 은유, 비격식체, 지시)와 물리적 행동(예, 제스처 또는 큰 몸 동작들) 모두 다를 통하여 자연스러운 방식으로 스스로를 표현할 수 있게 하는 표현의 자유가 있다. [20]

그런 환경하에서는, 테크놀러지가 아닌, 수학과 과학을 학습하는 학생들의 사고 과정이 교실의 중심이 된다. 테크놀러지는 의사소통과 토론을 지속할 수 있는 구조를 제공하고, 교사는 DTP를 개인의 활동을 구조화하고 전체 학급 토론을 생성하기 위해 사용할 수 있다. 또한, 교사는 수업 안내자로서 학급 전체를 위한 학습의 장을 제공할 수 있다. 모든 학생들이 개별적으로 수학 함수 또는 자연 현상의 모델을 만들어

---

20. 구체적 소개를 위해서는 Moreno-Armella & Hegedus, 2009 참조.

보는 등 수학적으로 의미 있는 방식으로 기여할 수 있다. 이는 학생들의 공헌이 의미와 관련성을 가지기 때문에 보다 자발적으로 참여하고자 하는 동기를 증가시킨다. 그러한 개인 대 전체 그룹의 전환을 통한 학습은 몰입의 경험을 만들 수 있는데(이 책 7장에서 전개한 바와 같이), 이는 어린이의 학습과 수학 학습 욕구의 지속에도 변화를 이끌어 내는 것으로 알려져 왔다.

고도의 적응적·상호작용적 교수

표현적인 디지털 인프라 구조에 기반한 교실의 원칙들을 상세히 보여주기 위해, 우리는 SimCalc Math World라는 타임투노우(이 책 10장에서 설명한 바와 같은)와 유사한 흐름의 역학을 강조하는 교육과정이자 수업 플랫폼 소프트웨어 환경을 검토하고자 한다. 관련 정보는 4년 이상에 걸친 연구조사 프로그램(2007~2011)의 결과이며, 이는 4개 클러스터의 무작위 시도들과 매사추세츠 주 내 7개 교육구에 걸쳐 대수 1과 대수 2 교실에서 SimCalc Math World를 실행하는 하나의 준 실험 연구를 포함하고 있다. 소프트웨어와 교육과정은 다트머스의 매사추세츠 대학에서 개발되었으며, 외부 자문은 SRI 인터내셔널에서 그리고 평가 팀은 매사추세츠 대학의 도나휴 연구소에 거점을 두었다. 사례들은 대수 1 교육과정을 이용한 것이다.

SimCalc MathWorlds

SimCalc MathWorlds(이하 SimCalc)는 학생들이 역동적이고, 실행 가능한 수학적 명문[21]을 사용할 수 있도록 한다. SimCalc는 또한 주의를 집중시키고, 개인의 정체성을 향상시키며, 매개변수 집단과 같은 보다 더 큰 구조 내에서 개인적 해석을 제시할 기회를 제공한다. SimCalc 소프트웨어는 텍사스 인스트루먼츠(TI: Texas Instruments)의 그래프 계산기에서 TI 내비게이터 학습 시스템과 함께 무료로 제공된다. 이는 또한 더 큰 규모의 학교와 교육구에서 채택을 위해 상업용, 범용 플랫폼 소프트웨어 애플리케이션으로도 제공된다. SimCalc 소프트웨어의 컴퓨터 버전은 TI 그래프 계산기 버전에 직접 통신하거나, 학생 산출물을 모으거나, 데이터를 해석하고 다시 보여줄 수 있다.

이 소프트웨어의 또 다른 버전은 학생들이 컴퓨터를 사용하고 유무선 네트워크를 통하여 교사와 산출물을 공유하도록 한다. 학습 기회와 실행 용이성의 관점에서 가장 대표적인 예시는 노트북 무선 카드를 통해 제공 가능한 컴퓨터 버전의 소프트웨어이다. 이것이 DTP의 이상적인 인프라 구조이다.

네트워크화된 교실은 계산기 또는 개인용 컴퓨터에서 학생 활동을 효율적으로 수집하는 것을 가능하게 할 뿐 아니라, 교사용 컴퓨터를 통하여 일부 수학적으로 의미 있는 방식으로 학생 작품을 수집할 수 있게 한다(이 책 8장 참조). 네트워크화된 교실의 가능성을 활용하는, 새로운 수학 활동 구조들은 학생이 자신의 계산기 또는 컴퓨터에서 개인적인 수학적 객체를 개발할 수 있도록 한다. 이것이 다른 사람들에게 공개될

---

21. [역주] 명문(銘文)이란 (책 또는 금석에) 적힌(새겨진) 글(출처: Oxford Advanced Learner's English-Korean Dictionary)

때 추가적인 수학적 의미를 갖게 되는데, 이는 학급 동료들이 만든 것들을 포함하며 이는 교실 토론을 통하여 더 확장된다(또한 10장 참조).

SimCalc 소프트웨어는 학생들이 움직이는 객체들과 상호작용할 수 있는 학습 환경을 제공하는데, 이들의 동작은 시각적으로 편집할 수 있는 개체들이나 또는 대수적으로 정의된 위치와 속도 함수들로 통제된다. 또한, 학생의 물리적 동작으로부터의 동작 데이터는 SimCalc로 불려와서 통상적 방식의 함수로 변환되어 (재)애니메이션으로 또한 보여질 수 있다. SimCalc 교실의 활동 구조는 선형함수와 방정식의 의미를 조직의 세 가지 다른 수준인 개인, 소그룹, 전체 학급에서 개발하는 것을 도울 수 있다.

매개변수적으로 다양한 수학적 대상물(이 경우에는 선형함수의 계수)을 강조하는 활동에서는, 개별 학생들은 매개변수(그러므로 각 학생이 자신의 함수를 가진다)를 위한 색인으로서 활동하고, 학급 토론을 위한 선형함수들의 집단은 교실 전체로 디스플레이가 되는 컴퓨터로 취합된다. 함수들은 동작 시뮬레이션을 움직이는 동적 위치 유지 대 시간 함수이다. 따라서 대수적 계수와 결과인 함수의 좌표 그래프가 다양할 뿐만 아니라, 그들의 동작 또한 매우 다양하게 표현된다.

결론적으로, 개별 학생은 공식적인 수학 함수(대수와 그래프 형태로)와 시뮬레이션상에서 동작하는 대상물 둘 다에서 개인적으로 확인받게 된다. 따라서 학생의 산출물은 자신의 개인적 기기 또는 컴퓨터의 개인적인 위치로부터 교실 앞의 공개적인 위치로 이동한다. 각 학생은 활동 시작 전에 학급의 도해 지도를 수정함으로써 교사에 의해 구조화되고 소프트웨어를 통해 공급된 고유의 숫자로 된 식별자를 가질 수 있다. 이 식별자는 학생의 그룹 번호와 그룹 내 번호의 조합이다, 예를 들면, 0105는 그룹 1, 그룹 내 번호 5이다.

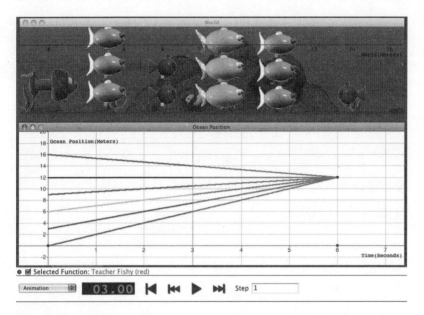

그림 6.1. SimCalc의 물고기 세상

하나의 이상적 활동은 시간차를 둔 시작-동시 완료인데, 여기에서 학생들은 SimCalc 가상 세계에서 그들의 행위자를 위하여 선형함수 (y=mx+b)를 써야만 한다. 각 학생은 그룹 번호의 3배에서 시작해야 하고 모든 학생들은 목표 행위자와 동점으로 끝내야만 한다. 이 활동은 SimCalc의 [물고기 세상](그림 6.1 참조)에서 할 수 있으며, 여기서는 목표 행위자가 교사 물고기이며 함수 y = 2x[0, 6]으로 표시되거나 또는 초당 2미터로 6초간의 동작으로 표시된다. 시간차를 둔 [시작-동시 완료 활동]은 여러 개의 해결 전략을 산출한다. 학생들은 관점에 따라서, 그들의 물고기의 속도, 물고기의 시간 도표에 대한 위치의 각도 또는 시간 함수 대 대수적 서술에서의 계수 x의 위치, y = mx + b를 결정할 필요가 있다. 교사는 소프트웨어 내에서 활동이 도해적으로(즉, 학생들은 그래프를 핫스팟을 경유하여 드래그할 수 있다) 완성되도록 환경을 설정하든지 또는 학생들로 하여금 함수와 그 영역을 위한 매개변수들을 입력함으로써 대수적으로 함수를 정의하도록 할 수 있다.

어떤 학생들은 시작점과 목표 끝점에 기반하여 체계적으로 기울기를 계산하였다. 다른 학생들은 거리-시간 관계로부터 추론하였다. 그리고 또 다른 이들은 동작 또는 도표에 기반하여 시행착오를 사용하였다. 여기서 초점은 어떻게 학급의 사회적 구성과 함께 연결성이 그들의 전략에 영향을 주었고 쉽게 성취될 수 없었던 토론의 형태를 어떻게 가능하게 했느냐는 것이다.

또한 이 사례는 수준 높게 환경 설정할 수 있는 교육과정 활동 시스템의 실질적 예로서, 많은 다른 활동들을 생성하기 위해 쉽게 조작 가능함이 강조되어야 한다. 예를 들면, 교사는 선생님 물고기의 속도 또는 그것이 헤엄치는 시간의 분량 등을 바꿀 수 있다. 수많은 수학적 변형과 처음 숫자의 곱하는 숫자 변경 또는 시간 경과 후 경주의 상계 또는 두 편의 경주 발생에 이르기까지 계산적 복잡성의 다른 유형들이 있다. 이 모든 변형들은 과학 교실에서 유사한 점이 있다.

이 대수적 구조는 전체 학급 수준에서 적용하고 DTP의 속성을 가지고 있다. 그림 6.1에서, 교사 물고기(망치 머리 형태)와 함께 14명 학생의 작품이 모아졌다(1초에서 2초 내에). 그룹(물고기의)은 수직으로 줄서 있다. 이 경우에는, 애니메이션 3초 후에, 그룹 One은 합쳐서 7.5미터를 이동하였다. 그룹 One의 각 학생의 작품은 세계에서 독립적이고, 그러나 도해적 표현은 동일하며 상대방의 위에 "쌓여간다." 이들은 그래프에 클릭함으로써 순환될 수 있다. 학생의 다양한 표현들(예, 그래프, 표, 대수적 표현들)은 동시에 디스플레이되거나 또는 그룹별로 점진적으로 보여질 수 있다. 이런 활동은 $y = mx + b$ 표현에서 시작점의 역할, 표현의 이 부분에 관한 각 학생들의 개별적 역할, 각 학생의 위치에 관한 건설적인 학급 토론으로 이끌어가게 된다.

학생들은 일관적으로 개인의 정체성을 디스플레이의 실체와 동일시하며, 최초 숫자 식별자 또는 그를 만든 학생의 이름으로 지칭한다. 예를 들면, 학생들은 "0201은 0203보다 가파르다" 또는 "Jon은 Benny보다 빠르다"라고 말할 수 있고, 학생들은 또한 객체에 대해서도 최초 또는 그 "주인"과의 관계에 의해 지칭할 수 있다(예, "존이 만든 함수" 또는 "존의 함수"). 1인칭 상황에서는, 학생들은 자주 객체들이 그들 자신인 것처럼 지칭하였다. 예를 들면, 그들은 "내 물고기는 되돌아 간다" 대신 "나는 되돌아 간다"라고 말할 수 있을 것이며, 이는 전자가 만들어진 객체에 관하여 개인적 소유권과 정체성을 나타내는 것이다.

참여적 학습은 현실 세계의 상황을 반영한다

Donald(2001)는 인간들이 어떻게 정신적 자원과 언어의 문화적 도구들을 사용하고, 다른 표현 도구들을 일상의 사회적 맥락에서 의사소통을 관리하는 것으로 이용하여 예외적으로 복잡한 과업들을 성취하는지 설명하였다. 대부분의 수학적 활동은 학급 내 의사소통의 힘과 탐구 및 유목적적 토론을 지원하는 규범들의 만장일치적 학계 인정에도 불구하고 이런 자원들을 무시한다. SimCalc에서 기술된 종합적인 활동 구조들이 의도적으로 체계적인 수학적 변화, 개인적인 정체성 및 소유권을 활동 구조 그 자체의 본질이 되게 함으로써 DTP는 소프트웨어 제공과 매우 적응적이고 상호작용적인 교육을 가능하게 하는 참여적인 교육과정의 상승적 통합을 가져온다.

이러한 형태의 교수는 유연하고, 신속하며, 강화된 형식의 교실 내 담화와 활동을 가능하게 한다. SimCalc에서 제시된 바와 같이, 수학적 담화는 개인적 속성들이 반영되어 있으며 학생들이 서로 경청하는 것을 필요로 한다. DTP로서의 SimCalc는 수학적 사고를 향상시키는 데 지속적인 주의 깊은 집중을 할 수 있도록 지원하는데, 이는 참가자들이 자신들의 생각을 표현하는 방식으로 이에 기여하게 하고 있다.

테크놀러지는 교실 안과 밖에서 학습을 변모시키고 있다. 그럼에도 불구하고, 교실 밖과 교실 안에서 사용되는 네트워크(예, 소셜 네트워크와 위키피디아)와 이 장에 제시된 네트워크화된 교실의 유형은 구분된다. 교실 내 분산된 인지와 소셜 네트워크 간의 주된 차이점은 참가자들을 위한 개인적 대리인의 잠재적 결여인데 이는 소셜 네트워크에서는 개인의 정체성이 감춰질 수 있기 때문이다. 참가자들은 토론에서 어떤 사람들이 공헌하는지 반드시 알 수 있는 것은 아니지만 네트워크화된 교실에서의 생각과 아이디어들에는 개인의 정체성이 반영되어 있다. 그러한 관념은 학생들과 교사들 모두를 위한 참여적 학습에 연결되며 교실 내에서 그들의 역할을 변모시키는 데 일조할 수 있다. DTP 내에서 교수의 변모는 테크놀러지 환경 내에서 학습이 적극적이라는 인식에 중점을 두고 있으며, 이는 학생들이 테크놀러지 없이는 불가능한 방법으로 생각을 서술하는 것을 가능하게 한다.

│ 역동적 표현

│ 기능이나 모델은 정적이 아닌 동적인 객체이다. 이들은 월급이 시간 경과에 따라 어떻게 변화할 수 있는지, 누군가의 키가 양팔을 벌린 길이와 상대적으로 어떻게 늘어나는지, 또는 집에서 학교로 운전하는 동

안에 시간에 따라 자동차의 위치가 어떻게 바뀌는지와 같은 역동적 관계를 묘사한다. 정적인 그래프는 역사적으로 서로 다른 데이터(즉, 데이터 두 세트가 서로간에 어떻게 변화하는지)를 표현하기 위해 사용되어 왔지만, 이 시스템은 해석하기에는 여전히 추상적이다. "그래프를 읽는다"는 것은 무슨 의미인가? 대부분 우리는 USA 투데이(폭넓은 일반인을 대상으로 하는 대중 신문)의 표지면에 실린 그래프를 관찰할 수 있고, 일반 시민은 이 그래프가 표현하는 의미를 해석하는 것으로 생각한다.

그러나 정적인 그래프는 동적인 과정들을 표현하는 데는 제한적이다. 예를 들면, 구분적 그래프(piecewise graph)는 누군가 직선 모서리에 점들을 모아놓은 것으로 보이지만 매일의 어떤 상품이나 지수(예, 다우 존스 지수)의 값으로 별개의 움직임들을 표현하는 경향이 있다. 다른 그래프들은 시간(예, 시간 경과에 따른 기관의 회원 비율)에 대한 비율을 표현하는데, 이는 어떤 것이 날마다 어떻게 변화하는지를 표현한다.

1월에 매일 100명의 신규 회원이 가입할 수도 있고 그 다음 2월에는 매일 50명의 신규 회원이 가입할 수도 있다. 그러나 '2월말에 전체 회원은 얼마나 되는가?' '그래프가 이러한 숫자들을 적절히 표현하고 있는가?' 하는 질문의 대답은 변함없이 "아니오" 이며, 이러한 추상적 표현에 주석을 달기 위해 다른 계산기 기술이 필요하다. 정적인 그래프에 대비하여, 동적 표현은 이러한 그래프들이 무엇을 표현하며 또한 변화를 가져올 수 있는 상호작용들에 대한 정보를 제공하여 부드럽고 연속적인 애니메이션을 허락한다. 그러한 매체를 통하여, 어린이와 어른들은 함수와 모델의 복잡함과 변화와 변이의 기저에 있는 원칙들에 접근할 수 있다.

교수법 구조화

상호작용적이며 고도로 적응적인 교수는 디지털 또는 물리적 매체를 통하여 어느 특정한 문제나 또는 전체 학급의 주의를 끌어내는 발생적 구조일 수 있다. 네트워크화된 교실에서 많은 정보를 볼 때, 교사가 특정한 참가자들과 그들의 기여에 주의를 기울이는 것은 중요하다. 예를 들면, 어느 교사는 한 학생이 만든 캐릭터의 움직임에서 특정한 측면을 가리킴으로써 학급의 주의가 한 학생의 기여에 쏠리도록 지도할 수 있다.

고도로 적응적이고, 상호작용적인 지도는 새로운 형태의 디지털 관리를 필요로 한다. SimCalc 내에서, 교사는 한 개인 학생의 SimCalc 환경 내 활동을 동일한 문제 공간에서 공부하고 있는 모든 학생들에게 보냄으로써 학생의 작업 환경을 통제하고 수정할 수 있다. 교사는 그 다음 각 학생의 SimCalc 환경을 정지시킴으로써 이 특정한 설명에 대해 학생들의 주의를 집중시킬 수 있다. 이는 DTP가 지닌 유용하며 일반적인 기능이기도 하다.

SimCalc DTP의 다른 속성은 교사가 학생 활동을 버튼 클릭 한 번으로 간결한 표로 만들어 사용하고 각 학생의 기여를 수집, 발표 또는 숨김으로써 상호작용의 흐름을 관리할 수 있는 것이다. 표현 레벨에서 이러한 시간에 구애받지 않는 관리 기능(예, "나는 내가 선택한 때 언제든지 Billy의 위치를 보여줄 수 있다")을 이 책 10장에 설명된, 타임투노우 플랫폼의 교실 현황에 대한 시간적 스냅샷과 대조하는 것은 유용하다.

그러한 방법론들 또는 컨트롤 패널은 효율적이고 효과적인 실행을 만들기 위해 필수적이다. 테크놀러지는 단순화할 수 있어야지 교실에 복잡함을 더해서는 안 된다. 교사들은 정리되어 있지 않은 공간을 포맷할 힘이 필요하다. 교사들은 지나치게 많은 버튼, 메뉴 또는 데이터에 직면하면, 금세 시스템을 거부하게 된다.

단순한 분석 도구들을 통하여 교사들이 투명한 인터페이스로 한두 번 클릭하는 것만으로도 한 학생, 한 그룹 또는 전체 학급의 작업을 클릭해서 보여줄 수 있도록 한다. 이는 유용성 관점에서뿐만 아니라, 고도로 적용적이며, 상호작용적인 교수의 관점에서도 중요하다. 시각적인 측면에서 미묘한 변화를 보여주는 것은 학생들의 숙고와 추측을 돕는 방법이다. 어느 한 그룹에 속한 일련의 그래프와 애니메이션 캐릭터를 숨기고, 학급 나머지에게 이것들을 보여주기 전에 무엇을 볼지 기대하는지를 묻는 것은, 학생들이 자신의 작업 또는 발표들의 속성을 관찰함으로써 추측해 볼 수 있는 공간을 만든다.

요약하면, DTP로서의 SimCalc는 동적이고, 상호작용적이며, 생성적이다. 이는 환경 내에서 개인적 정체성을 강화시키고 협업과 추론을 테스트함으로써 실행을 돕는다. 이는 학생과 교사의 역할들에 관한 전통적 생각들을 수정한다. SimCalc 교육 지도는 학생들이 지식을 생성하고 교사가 안내자로 봉사하는 것을 특징으로 한다.

최적의 학습을 위한 DTP 실행

네트워크화된 교실에서 DTP를 실행하기 위해 필요한 세 가지 필수 구성요소들이 있다. 첫째, 정교한 DTP를 가능하게 하기 위해서는 환경의 인프라 구조를 잘 이해해야 한다. 중요한 것은 표현적, 의사소통적 인프라 구조 둘 모두를 제공하는 것이다. 앞에서 기술한 바와 같이, DTP는 교실에서 인지적, 사회적 자원으로 무선 기술과 컴퓨터가 교육 예산의 투자 또는 학생들 자신들이 가져오는 기기(예, 휴대폰, PDA, 아이폰)에 의

하여 가능해질 것이다.

둘째, 전문성 개발이 필수적이다. 오늘날, 단지 몇몇의 교육자들만이 세상에 대한 학생들의 관념들을 형성하기 위해 학습의 경험을 변모시키는 것을 교수의 핵심적 요소로 보고 있다. 일관된 콘텐츠와 창의성 모두를 지원하기 위하여 목적을 갖고 설계된 교육과정은 적응적 교육을 가능하게 한다(Roseman, Linn & Koppal, 2008). SimCalc를 잘 사용하기 위해서, 교사들은 학생의 참여를 확대하고, 개인과 그룹의 개입 타이밍을 관리하고, 새롭고 다양한 아이디어들을 집단 학습의 절차로 통합하는 것을 포함하도록 교수법을 어떻게 변모시킬지 배워야만 한다.

강의와 구조화된 활동들을 넘어서 개방적 담화와 교사와 학생들 간 다양한 아이디어의 상호작용을 포함하는 교수는 독립적 사고를 조성하고 학생들이 더 학습하기를 원하도록 동기부여를 할 수 있다. 이와 같이, DTP는 구조화된 활동들에 영향을 미치는 방식으로 학생들의 생산성 강화의 개념을 재정의하고 새로운 유형의 학문을 구성하기 위해 학생들과 교사들 간에 협업을 독려할 수 있다. 교사들과 학생들은 탐구를 해 나갈 뿐 아니라, 보다 복잡한 아이디어 이해의 발판이 되는 경험들에 동참할 수 있다. 전문성 개발 부분에서는 테크놀러지가 어떻게 학급 의사소통의 상호작용과 규범들을 수정하는지 이러한 새로운 측면들에 집중할 필요가 있다.

셋째, DTP 내에서 일어나는 고도로 적응적이며, 상호작용적인 교육 지도를 위해서, 교과 활동 시스템들은 유연하면서도 생성적으로, 그리고 표현 시스템들은 동적으로 가능하게 조직화하는 방향으로 개발되어야만 한다. 교육학에서 교실 네트워크의 영향은 빠르게 진화하고 있다. 결과적으로, 교실 구조에서 전통적 관행들, 학생 대 교사 관계들, 교사의 역할, 자원에의 접근, 학생 참여에 대한 혁신이 필요하다. 특히,

DTP는 교사들로 하여금 참여적 학습의 설계를 수용하도록 하기 위해 그들의 교수법을 변경할 수 있게 한다. 교사들은 학급, 학생 그룹 또는 개별 학생들에게 제시되는 활동의 순서와 횟수에 대해 융통성을 가질 수 있다.

교실 접속은 교과 활동 시스템들을 지원하고 강화시켜 준다. 이러한 시스템들은 생성적이고 상호작용적 교수를 위한 장을 제공한다. 그러한 적응적 설계는 개별 학생들이 상호작용하고, 정체성을 높이 사며, 다른 이들의 아이디어에 도전하도록 행동을 취하도록 힘을 줄 수 있다. 에이전트가 옮겨 감에 따라, 교사는 단상 위의 성인이라기보다는 길 옆의 안내자라고 할 수 있는 역할 변화가 예상된다. 네트워크 기술과 교육학의 긴밀한 형태가 학생이 수업의 중심이 되는 것을 확대할 수 있고 궁극적으로 교사 목소리에 힘을 싣게 해줄 것이다.

어떤 학생들은 그룹 내에서 공부하고 자신들의 생각을 소통하는 것을 선호한다. 다른 이들을 위해 자료를 널리 공유한다든지, 동료 학습 활동에 접속한다든지, 그리고 온라인 상호작용 형태의 환경에서 피드백을 다는 협업 노력이 개방적 학습과 유사한 모델을 제공한다. 이러한 환경에서 교사들은 학생 반응을 더 설명하거나 주제에 관련된 상반되는 설명을 끌어내어, 개인과 그룹의 아이디어들을 명확하게 하는 것을 돕는다. 이에 따라 담론적 실행을 넘어 논쟁이나 토론에서 어떤 계기를 만들어 낼 수 있는 개인적이고 순간적인 물리적 활동이라는 의미 있는 영향을 줄 수도 있다.

다양한 학습 성향을 가진 학생들의 학급에서, 동적 소프트웨어와 적응적 교육과정은 학생들이 자신들의 개인적 속도와 스타일에 부합하는 방식으로 아이디어들을 살필 수 있게 해준다. 이 접근법으로, 교사들은 교육과정의 학습 목표에 학생들을 다시 이끌어 들이고 학생들 자신에게 학습 과정의 더 큰 통제를 제공함으로써 학습 과정을 촉진한다.

　SimCalc는 고도로 적응적인 교육과정과 함께 사용될 때 학생-교사 관계를 변모시킬 수 있다. 교사들은 단일 자원에 매어 있지 않으며 대신에 교사들은 한 가지의 교수 지원이 아니라 인터넷에 연결된 교실이 제공하는 정보에 자유롭게 접근할 수 있는 교육환경을 남용하지 않는 효율적인 교수적 방법을 추구할 수 있게 될 것이다.

　개인적 자신감, 사회적 또는 문화적 규범의 결여 또는 학습 장애가 일부 학생들이 수업에 참여하는 기회의 접근을 막거나 또는 여러 관점들을 제공하는 자원들을 추구하는 데 관심을 쏟지 못하게 할 수도 있다. 그럼에도 불구하고, 집단적 환경 내에서 자신들의 활동과 정체성이 가치를 인정받는 것을 보면서 학생들의 동기는 시간이 감에 따라 변화한다. 달리 말하자면, "수학적" 질문에 대하여, "맞다" 또는 "틀리다"의 대답이 중요하지 않다고 판단되면 수학에서 아이디어들을 탐색할 수 있게 된다.

DTP의 미래

다음의 질문들은 미래를 내다보고 테크놀러지, 학습, 교수에 대해 다른 사고를 이끌어 내기 위해 제시되었다. 비록 SimCalc가 하나의 테크놀러지를 활용한 환경을 나타내는 DTP이지만, 여기에서 다루어진 많은 이슈들은 테크놀러지를 통합하는 보다 더 넓고 다양한 교육적 세팅들과 관련이 있으며 많은 다른 유형의 DTP에 적용될 수 있을 것이다.

테크놀러지는 무엇이 다른가?

테크놀러지가 언제나 수학 또는 과학 교실에 기능적인 정보 제공을 위한 도구일 필요는 없다. 테크놀러지는 교실에서 상호작용을 강화시키고 교육과정의 의도들을 지원하거나 조직화할 수 있다. 이 장에 제시된 환경들은 고도로 적응적이고 상호작용적인 교수법을 설명하는 것이다. 그러한 환경들의 세 가지 주 설계 원칙은 통합된 교과과정을 가진 DTP의 사례들이다.

첫째 원칙은 많은 학생들이 교사와 분산된 상호작용 인터페이스를 만드는 것이다. 그러한 [인터페이스]는 학생들이 실행할 수 있는 수학 모델을 만들 수 있도록 해준다. 즉, 학생들이 자신의 활동에 대한 예측을 테스트할 수 있도록 한다. 게다가, 인터페이스는 학생들이 그들의 산출물을 공유할 수 있도록 한다. 교사가 수학적으로 의미 있는 방향으로 학생의 산출물들을 관리할 수 있게 지원한다. 그리고, 가장 중요한 점은 넓은 범위에서 다양한 활동들을 부여하거나 취합할 수 있게 한다는 점이다.

둘째, 다양한 하드웨어 플랫폼에 걸쳐 제시되는 다양한 표현이 가능하게 하는 능력은 서로 다른 기기들(예, PDA, 스마트폰, 계산기)이 계산 속도가 더 빠르고 더 높은 화질의 플랫폼에 연결되는 것을 가능하게 하여 교사의 교육적 기회를 확대시켜 주는 역할을 하게 된다.

마지막으로, 이 장에 설명된 테크놀러지는 사람들이 그 이전에는 불가능했던(또는 아마도 허락조차 되지 않았던) 방법으로 자신을 표현하는 것을 가능하게 해준다. 이 테크놀러지는 학생이 적극적으로 참여하거나, 표현적인 언어를 사용하거나, 심지어 학생들이 수식에서 공식의 변수 또는 등호가 되는 경험을 권장함으로써 시스템의 인공물에 대하여 개인적 연결을 이루도록 돕는다. 이는 어떤 평범한 그래프 계산기도 제공할 수 없는 학습과 관련 있는 사건들이다.

학습에서는 무엇이 다른가?

학생들이 활동의 중심에 있어야 한다. 그러므로, 주된 학습 목표는 각각의 학생이 자신의 산출물 또는 수학적 대상을 소유하는 것이다. 그러한 주인의식은 인공물에 감정과 개성을 반영하게 할 수 있고 이는 그런 다음 공유되며, 개인적 식별자를 사용하여 언급된다. 수학적으로 의미 있고 테크놀러지에 의해 쉽게 뒷받침되는 참여적 구조를 만드는 것은 표현적 행동들을 지원하며 추론하기, 주장 방어하기, 그리고 일반화하기를 포함하는 수학적, 과학적 소양 능력은 테크놀러지가 공적인 맥락에서 중요한 발전을 가져오게 한다(Hegedus & Penuel, 2008).

교수에서는 무엇이 다른가?

교사들은 DTP의 활용 가능성과 DTP 사용 교실 내에서 일어날 수 있는 상호작용이 강화된 표현적 측면 둘 다를 알아야 할 필요가 있다. 이는 모두 교사가 되기 위한 준비와 현직 교사의 계속되는 전문성 개발에 영향을 준다. 구체적으로, 테크놀러지 환경 내에서 또는 전체 학급 토론에서 학생들의 활동을 위하여 많은 시간과 공간이 허락되어야 한다. 그렇게 되면, 교수는 학생의 의견을 반영하기 위한 상호적이며 동시에 독립적인 방향으로 발전하게 된다.

이 장에서는 DTP를 이용함으로써 가능한 모습을 설명하였는데, 이는 각 학생의 학습을 발표하고 듣기, 수학적 토론을 분석하고 이끌기, 그리고 반복적으로 더 정교하고 추상적인 의사소통을 통한 생각하기를 연관시킨 것이다. 서로간의 생각을 탐구하는 어린이들 간 상호작용의 흐름이 교실 내 모든 참가자들의 표현에 주어지는 존중에 바탕을 둔다면, 보다 깊고 지속적인 추론 과정을 일으킬 것이다. 그리하여, 교사들은 각 학생의 정체성을 가치 있게 여길 필요가 있다. 이러한 제안들은 성장, 사용, 그리고 새로운 유형의 DTP로서 SimCalc와 교실 연결성의 효과적 실행에 대한 생각을 구조화하는 것을 도울 수 있다.

주 | 석

이 연구는 미 교육부, 교육과학원 지원금 No. R305B070430에 의해 지원된 연구에 바탕을 두고 있다. 이 장에 표현된 어떠한 의견, 결과, 결론 또는 제안도 저자의 것이며 이 기관들의 견해를 반드시 반영하는 것은 아니다. 우리는 이 장 초기 버전에 대한 Brenda Berube의 조언에 감사한다.

참 | 고 | 문 | 헌

Donald, M. (2001). *A mind so rare: The evolution of human consciousness*. New York: W.W. Norton & Company.

Hegedus, S., & Penuel, W. R. (2008). Studying new forms of participation and identity in mathematics classrooms with integrated communication and representational infrastructures. *Educational Studies in Mathematics, 68*(2), 171–183.

Hoyles, C., Morgan, C., & Woodhouse, G. (Eds.). (1998). *Rethinking the mathematics curriculum*. London: Springer-Verlag.

Kaput, J., Noss, R., & Hoyles, C. (2001). Developing new notations for learnable mathematics in the computational era. In L. D. English (Ed.), *The handbook of international research in mathematics* (pp. 51–73). London: Kluwer Academic Publishers.

Kaput, J., & Roschelle, J. (1998). The mathematics of change and variation from a millennial perspective: New content, new context. In C. Hoyles, C. Morgan, & G. Woodhouse (Eds.), *Rethinking the mathematics curriculum* (pp. 155–170). London: Springer-Verlag.

Kaput, J., & Schorr, R. (2007). Changing representational infrastructures changes most everything: The case of SimCalc, algebra and calculus. In M. K. Heid & G. Blume (Eds.), *Research on technology in the learning and teaching of mathematics: Vol. 2: Case studies* (pp. 211–253). Charlotte, NC: Information Age Publishing.

Kaput, J., & Shaffer, D. W. (2002). On the development of human representational competence from an evolutionary point of view: From episodic to virtual culture. In K. Gravemeijer, R. Lehrer, B. van Oers, & L. Verschaffel (Eds.), *Symbolizing, modeling and tool use in mathematics education* (pp. 277–293). London: Kluwer Academic Publishers.

Moreno-Armella, L., & Hegedus, S. (2009). Co-action with digital technologies. *ZDM: The International Journal on Mathematics Education: Transforming Mathematics Education through the Use of Dynamic Mathematics Technologies, 41*, 505–519.

Roseman, J. E., Linn, M. C., & Koppal, M. (2008). Characterizing curriculum coherence. In Y. Kali, M. C. Linn, & J. E. Roseman (Eds.), *Designing coherent science education: Implications for curriculum, instruction, and policy* (pp. 13–36). New York: Teachers College Press.

3부에서는

교사가 안내하는 동료 협업의 다양한 형태를 비롯해 DTP가 제공하는 맞춤화의 다양한 측면들을 검토한다. 이 맞춤화는 교수를 위한 가이드라인을 제공하는 진단 평가들을 이용하여, 각 개인의 특정한 필요에 맞추어 학습을 조정할 수 있게 해준다. 저자들은 형성 평가를 콘텐트와 매핑하는 DTP의 기능뿐 아니라 1:1 교실에서 이루어지는 평가에 대해 서술한다.

7장에서는 몰입 학습 환경에 의해 제공되는 기회들을 검토하고 1:1 컴퓨터 사용과 함께 일반적인 교실에서 이들을 활용하기 위해 DTP를 사용하는 방법을 다룬다. 몰입 학습 환경은 집단으로 가르치는 환경에서 개인들에게 학습을 맞춤화하는 시도를 제공한다. 이러한 풍부한 디지털 맥락은 다른 어떤 상호작용 미디어와도 다른 기능을 제공한다. 이들은 참여자, 협력자, 환경 자체가 개인적 욕구와 필요에 맞는 개인적인 교육 경험을 가능하게 한다.

또한 DTP 인프라 구조가 어떻게 몰입 학습의 발판(scaffolding)을 제공하여 교사를 돕는지, 어떻게 DTP가 학생 수행에 대한 데이터를 수집하고 학생들과 교사들을 위한 진단 피드백을 제공하는지를 탐색한다.

개별화

8장에서는 다양한 평가 기능을 수행하고, 교사가 가르치는 일을 보다 수월하게 수행하도록 돕는 포괄적, 통합적, 교실 평가 시스템을 위한 기능의 개요를 서술한다. DTP의 개발과 설계는 평가의 성격, 목표, 가능성에 변화를 가져온다. 저자들은 학생 성취를 기록한 학습 현황에 기반하여 설계된 진단 평가가 어떻게 교과 과정과 지도에 자연스럽게 반영될 수 있는지를 입증한다.

DTP의 설계와 개발을 통하여 평가의 성격, 목적 및 가능성에 변화를 가져왔다. 논문의 저자들은 그러한 평가의 첫 번째 세대를 구현하기 위한 현재의 연구에 대해 보고하고 그들이 어떻게 교사의 교수 활동을 향상시킬 수 있는지에 대한 서술로 장을 마친다.

9장에서는 다양한 형태의 평가를 검토한다. 이 장에서는 컴퓨터 기반의 테크놀러지들이 형성 평가를 뒷받침할 수 있는 일부 최근 개발된 방식들을 탐색한다. 또한 대수와 기하를 위해 인지적 진단 평가 시스템을 개발하고 있는 두 프로젝트를 검토함으로써, 인지적 진단 평가도 탐색한다. 세 번째 부분에서는 학생 활동을 모으고 분석하는 효율성을 향상시키기 위한 컴퓨터 기반 기술의 잠재적 사용을 탐색하고, 마지막 부분에서는 형성 평가의 목적과 타당성 및 중요성에 대해 숙고해 본다.

몰입 학습 환경에서의 개별화
_DTP를 위한 시사점

_ Chris Dede

우리 연구팀은 학급 전체를 대상으로 가르치는 상황에서도 개별화 교육을 실현하기 위한 [몰입 학습 환경]을 10년 이상 연구해 왔다. 이러한 디지털 기술을 풍부하게 사용하는 환경은 다른 어떤 상호작용 매체와도 다른 특징들을 가지고 있다. 즉, [몰입 학습 환경]은 참여자, 협력자, 그리고 환경 자체가 개인적 선호와 필요에 맞추어 참여를 유도하고 몰입적인 교육 경험을 형성하는 것을 가능하게 하기 때문이다.

그럼에도 불구하고, 급속도로 발전하고 있는 전자매체를 이용한 개별 맞춤 학습의 완전한 실현을 위해서는 여러 가지 어려운 기술적 과제들을 해결해야 할 뿐만 아니라, DTP와 1:1 컴퓨터 사용을 하는 보통 교실 내에서 [몰입 학습 환경]을 통합할 것을 요구하고 있다. 이러한 목표들을 달성하고자 하는 시도에서는 DTP의 또 다른 형태인 개별 맞춤화를 설계하는 데 있어서 필요한 통찰을 얻을 수도 있을 것이다. 게다가, 맞춤화된 가상 환경은 교사들을 위해 형성적, 진단적 데이터를 만들어 낼 수 있는데, 이런 진단 정보는 개별 학생을 위한 개별화 교수를 가능하게 하는 요인이 된다.

몰입 학습 환경의 유형

학습에 있어서 몰입을 이끌어 내기 위해 사용된 인터페이스와 상관없이 "몰입" 그 자체는 주관적인 느낌이며 개인이 총체적이고 실제적인 경험에 참여하는 것을 말한다(Lessiter, Freeman, Keogh & Davidoff, 2001). 간접적인 경험이나 모의 경험에서의 몰입은 매체를 사용하거나 가상 현실이나 증강 현실과 같은 모의 환경을 통하여 얻어지는 불신을 자발적으로 유예함으로써 이루어진다. [다수사용자 가상 환경](MUVE: Multiuser virtual environment)과 [증강 현실](AR: Augmented reality) 인터페이스라는 두 가지 몰입형 인터페이스가 최근 형식적 및 비형식적 교육 경험을 제공하는 데 사용되고 있다(Dede, 2009).

다수사용자 가상 환경(MUVE) 인터페이스는 학생들로 하여금 매력적인 이상한 나라의 앨리스 경험을 하도록 하는데, 이는 그들의 디지털 캐릭터들이 그래픽으로 처리되고, 가상적인 상황에서 다른 참여자들의 아바타나 컴퓨터 에이전트와 적극적으로 서로 관계를 맺도록 설계되어 있기 때문이다. MUVE는 역사적 사진들 또는 가상 현미경과 같은 디지털 객체들과 도구들을 가지고, 참여자들이 상호작용할 수 있는 환경을 제공한다(Ketelhut, Nelson, Clarke & Dede, 2010).

증강 현실(AR) 인터페이스는 유비쿼터스적인 컴퓨터 사용 모델을 가능하게 한다. 현실 세계 맥락에서 학생들은 모바일 무선기기를 통하여 현실 풍경과 겹쳐진 식물적 특성들을 묘사하는 나무, 현재 광경에 대조를 제공하는 역사적 사진 또는 모바일 기기를 통해서만 볼 수 있는 "은폐" 우주선 같은 가상적 정보를 접할 수 있다. 이런 유형의 중재된 몰입은 현실 세계와 결합된 디지털 자원들을 통하여 학생 경험과 상호작용을 증강시킨다(Klopfer, 2008).

이 장에서는 MUVE의 맞춤화와 DTP의 개별화를 통한 시사점에 집중하면서도 유사한 경험들이 몰입 인터페이스와 소셜 미디어의 영역에 걸쳐 적용됨을 보이고자 한다.

상황 학습의 교육적 가치

심리적 몰입을 조성하기 위한 컴퓨터 인터페이스는 기술 집약적인 교육 경험을 가능하게 하는데, 이는 강력한 교수법이 적용된 상황 학습을 가능케 한다. 상황 학습은 전문가 모델링, 멘토링, 그리고 타당한 주변 참여와 함께 현실 세계에 있을 법한 상황 제시, 활동, 평가를 필요로 한다(Dede, 2008). 타당한 주변 참여의 사례는, 학문 실천의 본을 보여주는 전문 연구자들이 실험실에서 일하는 것과 같은 것을 예로 들어 볼 수 있다. 그런 환경에서 학생들은 전문가들뿐 아니라 다양한 분야에 있는 학문의 복잡한 과정들을 이해하는 연구 팀의 다른 구성원들과도 상호작용할 수 있다. 이런 실험실에서, 학생들은 점차 신참 연구자에서 발전해 가는 기술 습득과 함께 보다 발전된 역할을 수행하게 된다.

이와 같이 상당히 효과적인 잠재력을 가진 상황 학습은 공식적 수업에서는 좀처럼 사용되지 않고 있는데, 이는 복잡한 현실 세계에서 암묵적이고, 상대적으로 구조화되어 있지 않은 학습을 실천하는 것이 어렵기 때문이다. 그럼에도 불구하고 가상 환경(MUVE)과 증강 현실(AR)

은 현실 세계와 유사한 문제들과 상황들을 통하여 몰입적이고, 확장된 경험들을 제공함으로써 상황 학습의 효과를 이끌어 낼 수 있다(Dede, 2009). 특히, MUVE와 AR은 학습에 참여하는 사람들이 다양한 수준의 기술을 가진 다른 이들과 상호작용을 통하여 지식과 기술을 습득할 수 있는 문제 해결 공동체를 만들 수 있는 가능성을 제공해 주고, 이에 따라 합당한 주변 참여를 가능하게 한다.

전이의 교육적 가치

상황 학습은 전이라는 중요한 쟁점 때문에 부분적으로도 중요하다. 전이는 "한 상황에서 습득된 지식의 다른 상황에의 적용"으로 정의하며, 만약 특정 학습, 특정 과제에서 수업을 통하여 전이 과제를 성취하도록 이어진다면, 이런 성취가 실제 세상에서도 숙련된 행동으로 나타날 때 보여지게 된다(Mestre, 2002). 전이를 측정하기 위한 미래 학습을 위한 준비 접근법은 학생들이 풍부한 환경에서 어떻게 학습하는지를 배우고 난 다음, 현실 세계 맥락에서 관련된 문제들을 해결하는 성취의 확장에 중점을 두고 있다(Schwartz, Sears & Bransford, 2005). 전통적 지도와 문제 해결로는, 미래 학습 준비를 위해 원격 전이를 요구한다. 원격 전이는 한 상황에서 배운 지식과 기저의 의미가 연관되어 있긴 하지만 상당히 다른 맥락에 적용하는 것과 같은 것으로, 오늘날 교육이 받는 주요 비판 중의 하나는 설명적 지식에 의해서는 원격 전이가 일어날 확률이 낮다는 것이다. 심지어 교육 환경이 뛰어난 곳에서 수업을 받은 학생들도 종종 그들이 학습한 것을 유사한 현실 세계 맥락에 적용하지 못한다(Mestre, 2002)는 비판이 제기되고 있다.

상황 학습을 위한 몰입 인터페이스의 또 다른 잠재적 이점은 현실 세계 문제와 상황의 시뮬레이션은 학생들이 미래 학습을 위한 준비를 달성하기 위해 근접 전이만으로도 충분하다는 것이다. 근접 전이는 어느 상황에서 배운 지식을 표면적 특징과 기저의 의미가 밀접하게 연관된 유사 맥락에 적용할 수 있는 것으로, 예를 들면, 비행기 조정 시뮬레이션과 수술용 시뮬레이터는 디지털 시뮬레이션이라는 공통점에서 현실 세계에 적용 가능한 심리운동적 스킬의 활용이라는 근접 전이를 보여준다. 이와 유사하게 전이가 실제 세상에 적용될 수 있게 하기 위한 다른 형태의 몰입 학습과 관련된 다양한 연구들이 현재 진행 중이다.

DTP를 통한 상황 학습 경험의 통합

이 책 10장에서 논의된 바와 같이, 현재 최첨단 DTP를 대표하는 타임투노우의 교과과정은 다양한 학습 경험들을 포함하고 있다. 이것들 중 어떤 것들은 고도로 구조화되어 있으며, 다른 것들은 보다 자유롭게 해답을 제시하는 방식을 취하고 있어서 어떤 것들은 교사가 안내할 수 있고, 다른 것들은 기술적 인프라 구조가 각 학생들에게 맞춤화된 교수를 제공할 수 있다. 또한 어떤 것들은 개별적 학습을 하게 하고, 다른 것들은 협업 형태로 학습을 하게 한다. 이러한 서로 다른 교수 중재 방법들은 교수와 학습에 관한 행동주의, 인지주의, 구성주의의 세 가지 이론에 주로 근거를 두고 있다(Dede, 2008).

행동주의자들에 의하면 학습은 경험에 바탕하고 있기 때문에, 수업에서는 학생들의 행동을 변화시키는 방식의 내용과 절차를 심어주는 교수와 관련된 사건들을 만드는 환경 요인들을 조작하는 데 중점을 두어야 한다고 믿는다. 인지주의자들에 의하면, 학습은 경험과 사고 둘다 연관되기 때문에, 교수에서는 학습자의 지식과 기능의 바탕을 형성하는 상호 연관되고, 상징적이고, 정신적인 구인을 개발하는 것을 돕는데 중점을 두어야 한다고 믿는다. 구성주의자들은 학습이란 자신의 지식을 구성하는 것에 연관되기 때문에, 가르친다는 것은 학습하는 이들이 경험으로부터 개별적 의미를 적극적으로 끌어내는 것을 돕는 데 중점을 두어야 한다고 믿는다. 이 모든 접근법들은 학생들의 유형이 다르고, 교육내용, 교수 목표의 다양성 때문에 모두 각각의 가치가 있다고볼 수 있다.

DTP는 가급적이면 많은 연구를 통하여 입증된 학습 이론을 반영해야 하는데, 이는 모든 학생들을 위해서 효과적 교수법이 오직 한 가지만 존재한다고 말할 수 없기 때문이다. 앞서 설명한 바와 같이, 몰입 인터페이스가 현재의 DTP에 더할 수 있는 것은 상황 학습에 바탕을 둔교수 경험이라고 할 수 있다. DTP에 이 같은 교육적 방법론을 포함시킨다는 것은 사용할 수 있는 레퍼토리를 확대하고 각 학생과 과목 내용, 일련의 교육 목표에 더 적합한 맞춤 학습을 가능하게 한다. 특히, 몰입 모듈에 내재된 평가 기능은 교사가 나머지 교과과정을 가르칠 때더 좋은 결정을 하기 위한 유용한 정보를 제공한다.

몰입 학습 환경에서 맞춤화의 가능성

몰입 인터페이스는 개별 참여자의 경험을 맞춤화하기 위한 다양한 기능을 제공한다. 이러한 기능들의 일부는 사용자에 의한 개별화에 관련된것이고 다른 것들은 몰입 시스템 그 자체에 의한 정교한 활동들을 요구한다. 이들 가운데 어떤 것도 연구의 관점에서 잘 이해되고 있지 못하며 환경의 자동적 개별화를 사용자에게 제공하기 위해서는 상당한 기술적 어려움이 존재한다.

몰입 학습 경험의 사용자 기반 개별화

몰입 학습 환경은 개인 참여자로 하여금 그 경험을 개인적인 것들로 만들 수 있게 하기 위하여 두 가지 중요한 가능성을 제공한다. 그 첫 번째는 아바타의 모습과 역량을 개인에게 맞춤화하는 것이다. 많은 가상 세계의 사용자들이 그들 자신이 선택한 디지털 캐릭터의 모습을 만들어 갈 수 있는 자세한 방법들을 제공하고 있다. 이러한 것에는 성별, 인종, 키, 몸의 구조, 심지어 종(예, 난장이, 엘프 등) 같은 현실 세상에 가능하지 않은 옵션들도 포함된다. 이러한 옵션들은 독특한 강점들과 약점들(예, 난장이는 싸움에 이점이 있을 수 있고, 엘프는 마법에 능숙할 수 있다)로 귀결될 수 있으며 전형적으로 가상 환경의 설계자들은 힘 대신에 지능을 높이는 것과 같이 복잡한 선택에 따른 이점과 한계점을 극복할 수 있도록 만들어 준다.

몰입 학습 환경에서, 이러한 유형의 개별화는 현재까지는 주로 사용자의 심리적 몰입을 강화하기 위해 사용되어 왔다. 만약 누군가의 아바타가 자신(또는 현실 세계에서 물리적으로 나타나지 않은 자신의 내적인 버전 또는 자신이 원하는, 상상의 자신)과 같게 보인다면, 그 개인은 그 아바타의 경험들에 보다 투사된 것으로 느낄 것이다(Kafai, Quintero & Felton, 2010). 연구자들은 어떻게 자신을 닮은 가상의 캐릭터가 학습자의 학습 참여와 학습을 도울 수 있는지를 연구해 왔다(Cassell, Tartaro, Rankin, Oza & Tse, 2007;

Kim, Baylor & Shen, 2007).

아바타 맞춤화의 또 다른 차원은 교육용 시뮬레이션의 차원들을 조작할 수 있도록 역할 선택의 교환 방법을 사용하는 것이다. 예를 들면, 증강 현실에 기반한 교과과정인 외계인 접촉![22]에서, 한 팀의 학생들이 가정할 수 있는 화학자, 암호 전문가, 컴퓨터 해커, FBI 요원과 같은 네 가지 역할 각각은 특별한 유형의 데이터에 접속이 가능하다는 독특한 능력을 갖도록 되어 있다(Dunleavy, Dede & Mitchell, 2009). 이러한 이율배반은 실제 세계에서 기자들과 과학자들이 데이터 수집에서 각기 다른 기회와 강점들을 가지는 상황을 반영하며, 또한 사용자가 학습의 수단으로 암묵적으로 교육용 시뮬레이션의 변수들을 조작할 수 있도록 허락한다. 예를 들면 경험과 성취를 통하여 힘이 증가한다든지 하는 게임에서, 특정한 일련의 경험에서 성과를 극대화할 수 있는 능력들을 선택할 수도 있도록 되어 있는 것과 같다.

개별 참여자가 몰입 학습 환경에서 그 경험을 개별화할 수 있는 두 번째 방법은 경험적 특징으로 어떤 대안들이 제공 가능한지를 선택하도록 하는 것이다. 예를 들면, MUVE 기반의 교과과정인 리버 시티[23]에서, 참가자들은 다양한 유형의 힌트에 접속하여 이들을 활성화할지 무시할지를 선택할 수 있었다(Nelson, 2007). 물론, 사용자의 대안 선택은 많은 교육 애플리케이션의 한 특성이긴 하지만, 이런 선택에 따른 교육 효과는 다른 유형의 교육적 경험보다 더 널리 수용되고 있는데, 이런 현상은 몰입 학습 환경이 가상 세계의 모든 측면을 사용하기 때문이다.

---

22. http://isites.harvard.edu/icb/icb.do?keyword=harp
23. http://muve.gse.harvard.edu/rivercityproject

시스템 자체에 의한 몰입 학습 경험의 맞춤화

테크놀러지의 측면에서, MUVE는 각 참여자의 매 순간의 움직임, 행동, 발언을 아주 자세하게 기록하는 독특한 기능을 가지고 있다. 이 개인이 보이는 성과의 "감사 추적(audit trail)[24]"은 행동에 바탕을 두고 있고 참여자가 무엇을 알고 모르는지에 대한 해석을 통하여 개별 학습자들에게 맞춤화를 잠재적으로 가능하게 한다. 이에 비하여 증강 현실 같은 일부만 몰입적인 인터페이스는 이 정보의 일부만을 획득하며, 이는 모든 소셜 미디어도 마찬가지이다. 학습자들의 성취에 대한 프로젝트와 교과과정 프로젝트에 대한 현재 연구를 통하여 어떻게 이벤트 로그, 채팅 로그, 그리고 학생이 생성한 유사한 서버의 데이터가 개별 학생들에게 학습 경험의 맞춤화를 위해 무엇을 해야 하는가 등에 관한 통찰을 제공하는지 설명할 수 있을 것이다.

맞춤형 가상 성취 평가 우리 연구팀은 교육과학연구원(IES: Institute of Education Sciences)의 자금을 지원받아 중학교 환경(7학년과 8학년)에서 사용 가능한 과학적 탐구의 평가를 위한 가상 성과 평가 개발 및 사용의 타당성을 연구하고 있으며, 이는 프로그램의 표준 요소이다.[25] 이러한 가상 환경에서 획득한 성취 평가의 결과들은 개별 학생들이 학습 경험의 관점에서 다음에 무엇을 필요로 하는지에 대한 진단적 이해를 위한

---

24. [역주] 감사 추적(audit trail): 감사를 위해 입력된 데이터가 어떤 변환 과정을 거쳐 출력되는지의 과정을 기록하여 추적하는 방법으로, 하나의 처리 과정 또는 하드웨어의 고장, 정전 동안에 일어나는 입출력 오류를 추적하고 각 단계의 이상 유무를 검정하는 데 사용된다. 정보 처리 시스템에서는 감사 기록 데이터를 이용하여 사용자의 비인가된 행위, 사용자 행위의 처리 과정, 정보 시스템 활용 현황 등에 대한 정보를 조사한다(IT용어사전, 한국정보통신기술협회).

25. http://vpa.gse.harvard.edu

잠재적인 기반을 제공하며, 가르치는 것을 맞춤화하는 것을 가능하게 한다.

White와 Fredrickson(1998)에 의하면, 과학적 탐구는 이론화, 질문과 가설 수립, 조사, 그리고 분석과 통합이라는 네 개의 주 요인으로 구성된 능동적 과정이고 이러한 탐구 과정들을 측정하는 것은, 그로부터 도출된 산출물일 뿐 아니라, 교육자들과 연구자들에게 오랫동안 주어졌던 과제였다(Marx, Blumenfeld, Krajcik, et al., 2004). 우리는 White와 Fredrickson의 네 개의 범주를 우리가 평가하고자 하는 지식, 기술, 능력이라는 프레임으로 재편했다. 우리는 이러한 기술과 능력을 전미 과학교육표준과 전미 교육진도평가(NAEP: National Assessment of Educational Progress) 프레임워크에 다시 연결시켰다.

그림 7.1. 가상의 알래스카 만

우리는 학생들이 문제를 식별하고 있다는 증거를 끌어내는 작업들을 개발하기 위해 탐구 기술들의 나열에서 시작하여 실증 중심 설계(ECD: Evidence-Centered Design) 프레임워크(Mislevey & Haertel, 2006)를 통한 작업으로 범위를 좁혀 나갔으며, 관찰을 통해 데이터를 수집하고, 가설 설정을 위해 정보에 대한 추론을 하고, 실험 결과들을 토대로 결론을 이끌어 낸다는 것을 설정하였다. 평가 삼각형(National Research Council, 2001)과 ECD 같은 프레임워크들은 각 학생들이 무엇을 알고 모르는지에 대한 해석뿐만 아니라, 학습과 지식에 대한 이론을 평가하는 상황에서 학생들을 성과에 연결시키기 위한 엄격한 절차들도 제공한다.

우리가 개발하는 평가들은 인과 모델을 기반으로 한 진정한 생태 시스템의 시뮬레이션으로서(Clarke & Dede, 2010), 이들 몰입 시뮬레이션에서 우리는 인과 모델을 다양하게 하거나 또는 학생들이 실험을 할 수 있는 대안적 조건들을 만드는 변수를 정할 수 있도록 하였다. 우리의 첫 번째 평가는 바다 속 열대우림 켈프 숲(Kelp forest)이 있는 알래스카 만의 고성능의 몰입 가상 시뮬레이션을 기반으로 하고 있다(그림 7.1 참조).

이 평가에서, 학생들은 해양 생태 시스템을 탐색하고 왜 켈프 숲이 고갈되어 가는지를 발견해 내야만 한다. 그들은 과학자로서의 정체성을 가지고 가상 세계 주위에서 움직이는 아바타를 조정할 수 있는 상황이 주어진다. 그들의 아바타는 우리가 프로그래밍한 플레이하지 않는 캐릭터들(NPCs: Nonplayer characters)과 상호작용할 수 있고 걸어 다니면서 시각적 실마리를 관찰할 수 있으며 그 세계 안의 어디서든 염도, 질산염, 기온을 측정하기 위해 과학자의 도구들을 사용할 수 있다.

평가의 첫 번째 부분은 게임 설계로부터 빌려왔는데, 학생들을 켈프에 대한 탐색을 통해 관찰과 추론으로 이끌도록 하였다. 그들은 정보를 모으면서 시간을 보내고 난 다음 문제를 인식하게 된다. 데이터 수집과 문제 인식과 같은, 이러한 탐구의 초기 단계들은 선다형 시험에서 파악하기 힘들지만, 그 세계에서 이루어지는 학생의 움직임과 행동을 통해서는 쉽게 묘사될 수 있다. 학생들은 또한 그 세계의 NPC들과 얘기하고, 그들에게 물어볼 질문들에 대해 결정하고 왜 켈프들이 죽어 가는지에 대한 가설을 형성하고 정교화하는 데 연관된 데이터를 수집하기 위해 필요한 시험의 유형을 선택할 수 있다.

학생들이 그 세계에서 하는 모든 것은 그들이 가상 환경에 들어가는 순간부터 떠나는 순간까지 기록된다. 이러한 데이터 흐름은 생태 시스템 안에서 학생들이 걸어간 길의 실시간 분석을 가능하게 하는 후위의 아키텍처에서 XML로 기록될 뿐만 아니라, 추후 분석을 위해 데이터로

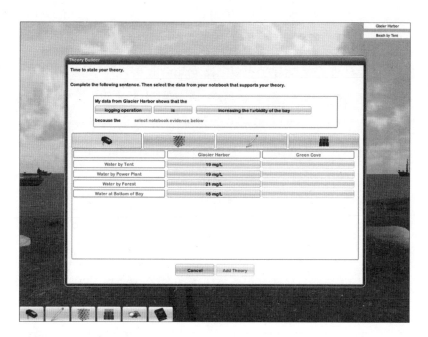

그림 7.2. 이론 구축 인터페이스

기록된다. 그럼에도 불구하고, 이 시스템이 단순히 학생 활동을 캡처해서 클릭한 횟수만을 세고 있는 것은 아니다.

우리는 학생들이 왜 데이터를 수집했고 또는 왜 특정한 선택을 했는지에 대한 피드백을 제공함으로써 성과를 삼각검증할 수 있도록 하는 방법을 만들고 있다. 예를 들면, 우리는 텍스트 작성을 요구하지 않는 인터페이스를 개발 중인데(그림 7.2 참조), 이는 학생 산출물과 성과 평가를 위한 상호작용의 한 방법으로서 가능하게 된다. 이 시스템에서는 우리가 텍스트에 덜 의존하고(그럼으로써 읽기/쓰기에 대한 학생들의 어려움이 평가에 뒤섞이지 않도록), [드래그 앤 드롭] [인터페이스], [상징적 표현], [청각적 질문]과 같은 좀 더 상호작용적인 표현을 허락하는 기술들을 활용한다. 이 책의 9장이 묘사하는 것처럼, 이러한 유형의 학습을 위한 보편적 설계(UDL: Universal Design for Learning) 전략들은 감각적인 것과 인지적인 것 모두의 측면에서 특수한 학습 필요에 몰입 인터페이스를 맞춤화하는 것을 도울 수 있다(Meyer & Rose, 2005).

학생의 과제 수행 단계에서 실수를 하더라도 결과적으로 그 실수가 의미하는 바를 파악할 수 없는 결과 중심의 현실 세계의 평가와 달리 우리는 각 학생이 언제나 다루는 과제의 틀을 짜고 수행하는 데 필요한 정확한 정보들을 확보할 수 있는 이벤트 로그와 다른 데이터들을 사용한다. [내러티브]를 통하여, 우리는 계속적으로 직전의 성과에서 문제를 교정할 수 있도록 유효한 정보를 학생에게 업데이트해 주며, 그럼으로써 그들의 이해를 평가하는 다양한 단계들이 상호의존적이 아닌 독립적인 것이 되도록 보장한다.

이 책의 다른 장들에서는 맞춤화를 돕기 위한 교수와 밀접한 평가를 사용하는 DTP의 중요성에 대해서 더 자세하게 논의할 것이다. 예를 들면, 이 책의 5장에서는 이러한 평가들을 적응적으로 만드는 것을 통하여 학생이 무엇을 알고 모르는지에 대한 정확한 판단을 하는 데 들이는 시간을 최소화하는 효과적인 방법을 설명하였다. 나중에 논의되겠지만, 설계자들은 이벤트 로그의 실시간 분석을 통해 적응적이고 몰입적인 가상 환경을 통하여 성과 평가를 개발할 수 있다. 9장은 교수를 위한 형성 평가와 진단 평가가, 시스템과 교사 모두를 위해서, DTP를 활용하는 데 있어 필수적이라는 것을 설명할 것이다. 아래에 설명된 바와 같이, 개발자들은 이러한 유형의 내재적 진단을 수행하기 위해 몰입적 가상 성과 평가를 교육과정과 연계시킬 수 있다.

학생 활동 추적을 통한 교과과정 맞춤화 평가의 타당성과 진정성을 향상시키는 것을 넘어서 학생들의 감사 추적 분석 전략은 잠재적으로 개별 학생들이 다음에 어떤 학습 경험을 필요로 하는지 진단하는 데 풍부한 기반을 제공하며 이는 가르칠 때 형성 평가로의 전환을 가능하게 한다. 예를 들면, 우리는 EcoMUVE[26]를 개발하여 연구 중인데, 이 시스템은 6학년에서 8학년들을 위한 생명과학 전미 과학교육표준을 다루는 MUVE 기반의 교과과정(Metcalf, Clarke & Dede, 2009)이다. EcoMUVE는 생태 시스템 과학, 탐구 프로세스, 생태 시스템 역학에 내재된 복잡한 인과관계의 학생 이해를 강화하기 위해 몰입적, 시뮬레이션 가상 생태 시스템 내 학생 경험들을 통합하는 탐구 기반의 4주 교과과정이다. 두 가지 디지털 생태 시스템 중의 하나는 [연못]인데(그림 7.3 참조), 학생들은 그들의 아바타를 사용하여 환경을 탐구하고, 자연 서식지 내에 있는 현실과 같은 유기체들을 관찰하고, 지역 주민들과 대화할 수 있으며, 물, 날씨, 인구 데이터를 수집할 수 있게 되어 있다.

---

26. www.ecomuve.org

그림 7.3. 연못 생태 시스템 측정하기

그림 7.4. 잠수함에서 바라본 딱정벌레

EcoMuve의 [잠수함 도구](그림 7.4 참조)는 학생들이 미생물을 보고 식별할 수 있게 하는데, 조류나 박테리아와 같은 매크로 수준에서는 보이지 않는 유기체들이 연못 생태 시스템에서 필수적 역할들을 하고 있다는 것을 깨닫도록 한다. 학생들은 가상 환경에서 여러 날에 걸쳐 연못을 방문하고, 결국 많은 물고기들이 갑자기 죽었다는 놀라운 발견을 하게 된다. 이것을 설명하기 위하여 학생들은 데이터를 수집하고 분석하기 위해 팀으로 작업하고, 복잡한 인과 관계에 대한 학습을 통해 미스터리를 해결한다.

EcoMUVE는 몰입적 시뮬레이션을 통해 생태 시스템 관계들에 내재된 일상적인 구조에 접속하는 새로운 방법들을 제공한다. 예를 들면, 가상 세계를 통해 움직이는 것은 학생들이 공간적으로 분산된 생태학적 현상을 이해하는 것을 도울 수 있다. EcoMUVE 세계는 인근의 골프장과 주택 개발을 포함하여, 연못과 그 주변을 모델링한다. 학생들은 물이 어떻게 연못으로 흘러드는지 보기 위해 그들의 아바타를 주택 개발 지역 언덕 위로, 배수로를 따라 아래로 걷게 할 수 있다. 이와 같은 탐구를 통해, 학생들은 개발 과정에서 흘러 넘친 비료가 지역 연못에 조류 번성의 근본 원인임을 발견한다.

이것과 관련된 시각적 표현들이 추상적 에코 시스템 개념들에 대한 학생들의 학습을 강화해 준다. 예를 들면, 학생들은 연못 표면이 조류가 번성하는 동안 더 초록색이 됨을 보게 된다. 그들은 연못의 탁도를 측정하고 아바타를 통하여 연못 물 밑을 걸으면서 날짜에 따라 얼마나 탁하게 보이는지 봄으로써 측정치를 그들의 경험에 연계시킬 수 있다. EcoMUVE 교과과정은 직소(jigsaw) 교수법을 사용하는데, 각 학생이 다른 역할(수질 전문가, 동식물 연구가, 미생물 전문가, 조사관)을 맡아서 팀의 성공을 위해 필수적인 전체적 범위의 데이터를 수집한다. 이는 이 책

4장에서 묘사하는 협력적 전략의 유형들에 기반을 두고, 6장에서 DTP의 맞춤화를 위해 옹호하고 있는 다양한 표현을 포함하는 간접적 의사소통 유형들을 강조한다.

학생이 생성한 다른 유형의 데이터뿐 아니라, MUVE로부터의 이벤트 로그와 채팅 로그를 사용함으로써, 우리는 4학년에서 6학년 생태학 맥락에서 학생들의 복잡한 과학 추론의 학습 진도를 평가할 수 있는 형성적, 몰입적 가상 평가를 개발하려고 계획하고 있다. 이 책의 8장은 과목에 맞는 학습 진도를 통한 학생 학습의 지도와 평가에 중점을 두는 DTP의 가치를 설명하고 있다.

우리는 교과과정의 끝에서 학습하는 동안 주기적으로 실시되는 이러한 진단 평가들을 통하여 연필과 종이를 이용한 시험으로는 가능하지 않은 학생 학습에의 통찰을 교사들에게 제공할 것이라 믿는다. 게다가, 이러한 진단 평가들은 교사들이 학생들을 지도하는 동안 수행하는 것이 거의 불가능했던 일로써 각 학생에게 지도 과정 동안에 맞춤화된 피드백을 제공할 것이다.

학생에게 맞춤화된 피드백은 개인 학습을 통제할 수 있게 하고 주인 의식의 발달을 촉진한다. 자기 통제 학습에서 학습자들은 능동적이고, 노력하는 과정으로 학습자들이 학습을 위한 목표를 세우고 난 다음 그들의 인지, 동기부여, 행위를 모니터링, 규제, 통제하려고 의도한다(Pintrich, 2000). 자기 주도적 학습을 위해서, 학생들은 학습 목표들을 달성하기 위한 그들의 행동을 의식적으로 선택하고 영향을 미치고 구조화하는 능력을 가질 필요가 있다(Code, 2010). 이런 것들은 몰입 인터페이스와 감사 추적을 생성하는 다른 매체에 의해 가능해진 또 다른 유형의 개별화이다.

몰입 학습 환경을 통한 실시간 맞춤화된 교정　앞에서 논의된 바와 같이, 몰입 학습 환경은 잠재적으로 개별 학생들을 위해 다양한 방법으로 경험을 맞춤화할 수 있는 후위 시스템(back-end system)을 가질 수 있다. 감사 추적 분석에서 파생된 학생 모델에 기반하여, 이러한 후위 시스템들은 전형적으로는 독특한 건물들, 자원들, 길들, 기타 등등과 같이 일부 특정하게 설정된 환경 시뮬레이션 버전을 제시하는 것과 연관되어 있다. 미 육군에서 군사 모집 방법의 하나로 사용되는 가상 세계인, '미국의 군대'(America's Army)와 같은 몰입적 학습 환경들에서 프래그매틱스(Pragmatics)와 같은 회사에서는 가상 세계의 실시간 조정과 함께 사용자 행동의 자동화 분석을 시연해 보였다(Underwood, Kruse & Jakl, 2009).

이 장에서는 다른 가능성들을 분명하게 보여주는 교정 세트를 오직 하나만 설명하고자 하는데, 그것은 동영상 교육 에이전트들(APAs: Animated Pedagogical Agents)이다. APA는 질문과 대답을 하고, 안내를 제공하고, 학생들이 현재의 활동에 연결되어 있음을 느끼게 도울 수 있다(Bowman, 2008). 어떤 연구에서는 APA들이 전문가, 동기부여자, 협력자, 그리고 배우는 동료를 포함하는, 멘토십의 다양한 역할들을 채울 수 있다고 제안하고 있다(Chou, Chan & Lin, 2003). 이는 이 책의 4장에서 묘사된 에이전트의 역할과 유사하다.

예를 들면, Baylor와 Kim(2005)은 전문가, 참가자들보다 나이가 많게 설계되었고, 외모와 언어가 정중하며, 특정 영역 관련정보를 제공하는 APA를 소개하고 있다. 즉, 동기부여자이면서, 외모와 언어가 격식이 없으며, 격려를 해주는 세 가지 버전의 APA를 창조하였다. 이 에이전트는 멘토, 전문가보다는 격식을 덜 차리지만 동기부여자보다는 나이가 많고, 정보와 격려를 섞어서 제공한다(Bowman, 2008). Baylor와

Kim의 연구 결과는 에이전트의 역할은 학생들에 의해서 설계자가 의도한 목적들을 반영한다고 인식될 뿐만 아니라, 설계가 의도한 바와 같이 학습과 동기부여에 있어 상당한 변화로 이끌 수 있음을 보여 주었다. 구체적으로, 전문가 에이전트는 정보 습득의 향상으로 이끌었고, 동기부여자는 자기 효능감의 신장, 그리고 멘토는 전체적으로 향상된 학습과 동기부여를 가능하게 하였다(Baylor & Kim, 2005, p. 1).

이러한 세 종류의 APA뿐만 아니라 넓은 범위의 APA를 다양한 학생의 필요에 맞추고 이들을 몰입 학습 환경 내부로 맞춤화된 방식으로 내재시키는 것을 상상해 볼 수 있다. 설계자들은 개인 학습을 맞춤화하고 향상시키는 정교한 방법들로 APA를 조작할 수 있다. 예를 들면, Bailenson, Beall, Blascovich, Loomis와 Turk(2005)는 몰입적 가상 환경들이 어떻게 사회적 상호작용에 대한 현실 세계의 한계들을 효과적으로 극복하는지를 연구하였다. 모든 상호작용(언어적 그리고 비언어적)은 상호작용자의 인식 없이 시스템에 의해서 전략적으로 걸러지거나 조작될 수 있다(변화된 사회적 상호작용; TSI(Transformed Social Interaction)).

예를 들면, 사회적 상호작용에서 눈으로 응시하는 것이 설득에 영향을 미치는 결과를 이용하여 디지털 교사가 모든 디지털 학생들과 가상의 교실에서 동시에 눈높이를 유지할 수 있는 가상 세계를 설계해 낼 수 있다. 이런 것이 가능한 이유는 모든 학생들이 가상 세계를 자신들의 컴퓨터 디스플레이를 통하여 보기 때문에 이 정도 수준의 현실성이 동시에 제공될 필요가 없기 때문이다.

학습에 관련된 TSI의 또 다른 흥미 있는 사례는 아이덴티티 캡처를 포함한다. 이는 한 사람의 얼굴을 다른 이와 유사하게 보이도록 모핑하는 것(Bailenson et al., 2008)으로, 예를 들면 디지털 교사들을 그들의 학생들과 좀 더 닮도록 개별화시킬 때, 통제 조건들 속에서 비교했을 때 교사는 그들을 닮은 학생들에게 더 많은 주의를 기울이는 것을 보고하였다.

마찬가지로, 바로 그들처럼 생겼지만, 그들이 전혀 해 본 적이 없는 신기한 행동들을 하는 가상 인간들과 상호작용한 참가자들은 그들의 학습에서 더 극적인 결과를 가져왔다(Fox & Bailenson, 2008). 예를 들면, 참가자들은 육체적 활동을 통해 체중을 감소시킨 가상의 자신을 보는 것에 기반한 운동과 건강에 해로운 음식을 먹음으로써 그들의 가상의 자신이 체중이 느는 것을 봄으로써 식습관에 있어 행동 변화를 보여 주었다. 이와 같은 결과들에도 불구하고 APA가 개별적 동기부여와 학습을 향상시키기 위해 맞춤화될 수 있는 방법들의 범위를 보여주려면 추가적 연구가 필요하다.

또 하나 유념할 점은 가상 연관 및 교육적 이점을 향상시키기 위해 학습을 함께하는 이들이 학생보다 더 똑똑할 필요는 없다는 것이다. Schwartz 등은 [베티의 뇌(Betty's Brain)]라고 하는 컴퓨터 기반의 에이전트를 개발하였고, 이는 학습의 사회적 측면들을 활용하는 것이었다. 학생들은 교수 내용을 바탕으로 추론을 할 수 있는 교수용 에이전트(TA: Teachable Agent)라는 캐릭터를 지도하는데 교정을 통해 지식이 향상될 수 있는 환경을 제공한다. 그들의 학습자는 학생들은 자신들을 위해서보다 그들의 TA를 위해 학습하는 데에 더 큰 노력을 들인다는 후배 효과를 보여준다(Chase, Chin, Oppezzo, & Schwartz, 2009). 연구자들은 개인적 TA를 가지는 것이 학습에 동기를 부여하는 어떤 책임감을 불러일으키고 또한 실패의 심리적 영향으로부터 학생들의 자존심을 보호할 수도 있다고 추측한다. 전반적으로, 몰입 학습 환경으로부터 로그 파일의 후위 분석은 각 학생의 경험들을 욕구와 필요에 맞출 수 있는 풍부한 일련의 개입을 이끌어 낼 수 있다. 그렇기 때문에 분석에 연관된 기술적 과제들 및 학습을 개별화할 수 있는 중재의 전체 범위 둘 모두에 대해 더 많은 연구가 이루어져야 한다.

DTP의 미래

몰입 학습 환경은 집단을 가르치는 상황에서도 개인들에게 학습을 맞춤화하는 독특한 상황을 제공한다. 이러한 풍부한 디지털 상황들은 다른 어떤 상호작용적 매체와도 다른 특성들을 제공하며, 참가자, 협력자, 그리고 환경 그 자체가 개인의 욕구와 필요에 맞춘 개인적 교육 경험을 형성하는 것을 가능하게 하는 역량을 가지고 있다. 그럼에도 불구하고, 맞춤화를 위한 이러한 학습 매체의 완전한 잠재력을 실현하기 위해서는 해결해야 할 기술적, 개념적 과제가 남아있다.

맞춤화된 가상 환경들은 교사가 개별 학생을 위해 지도를 개별화하는 데 가치 있는 형성적, 진단적 데이터를 만들 수 있다. 이러한 몰입적 경험들을 포함하는 DTP를 이용한 교수를 어떻게 구조화할 것인지에 대한 연구가 필요하며, 교사들이 가상 환경의 모든 장점을 활용할 수 있도록 하기 위한 효과적인 전문성 개발의 제공도 필요하다. 오늘날까지 이루어진, 이 최신의 교육적 개입과 관련된 초기 연구 결과는 고무적이며, DTP는 몰입적 인터페이스를 교실 수업에 통합시키는 데 유용한 수단을 제공한다.

주|석

이 장에서 참조된 연구는 전미 과학재단과 미 교육부의 교육과학원으로부터의 몇몇 보조금 으로 지원되었다. 이 장에 나타난 견해들은 필자의 것이며 이들 자금 제공자들의 시각을 반 드시 나타내는 것은 아니다.

참|고|문|헌

Bailenson, J., Beall, A., Blascovich, J., Loomis, J., & Turk, M. (2005). Transformed social interaction, augmented gaze, and social influence in immersive virtual environments. *Human Communication Research, 31,* 511–537.

Bailenson, J., Yee, N., Blascovich, J., Beall, A., Lundblad, N., & Jin, M. (2008). The use of immersive virtual reality in the learning sciences: Digital transformations of teachers, students, and social context. *The Journal of the Learning Sciences, 17,* 102–141.

Baylor, A. L., & Kim, Y. (2005). Simulating instructional roles through pedagogical agents. *International Journal of Artificial Intelligence in Education, 15,* 95–115.

Bowman, C. (2008). *Measured and perceived effects of computerized scientist mentors.* Unpublished doctoral dissertation, Harvard University, Graduate School of Education, Cambridge, MA.

Cassell, J., Tartaro, A., Rankin, Y., Oza, V., & Tse, C. (2007). Virtual peers for literacy learning. *Educational Technology, 47*(1), 39–43.

Chase, C., Chin, D. B., Oppezzo, M., & Schwartz, D. S. (2009). Teachable agents and the protege effect. *Journal of Science Education and Technology, 18,* 334–352.

Chou, C., Chan, T., & Lin, C. (2003). Redefining the learning companion: The past, present, and future of educational agents. *Computers and Education, 40,* 255–269.

Clarke, J., & Dede, C. (2010). Assessment, technology, and change. *Journal of Research on Technology in Education, 42,* 309–328.

Code, J. (2010). *Agency for learning.* Unpublished doctoral dissertation, Simon Fraser University, Burnaby, British Columbia, Canada.

Dede, C. (2008). Theoretical perspectives influencing the use of information technology in teaching and learning. In J. Voogt & G. Knezek (Eds.), *International handbook of information technology in primary and secondary education* (pp. 43–62). New York: Springer.

Dede, C. (2009). Immersive interfaces for engagement and learning. *Science, 323,* 66–69.

Dunleavy, M., Dede, C., & Mitchell, R. (2009). Affordances and limitations of immersive participatory augmented reality simulations for teaching and learning. *Journal of Science Education and Technology, 18*, 7–22.

Fox, J., & Bailenson, J. (2008, May). *Virtual exercise in the third person: Identification, physical similarity, and behavioral modeling*. Paper presented at the Annual Conference of the International Communication Association, Montreal, Quebec, Canada.

Kafai, Y. M., Quintero, M., & Felton, D. (2010.) Investigating the "why" in Whypox: Casual and systematic explorations of a virtual epidemic. *Games and Culture, 5*, 116–135.

Ketelhut, D. J., Nelson, B. C., Clarke, J., & Dede, C. (2010). A multi-user virtual environment for building and assessing higher order inquiry skills in science. *British Journal of Educational Technology, 41*, 56–68.

Kim, Y., Baylor, A. L., & Shen, E. (2007). Pedagogical agents as learning companions: The impact of agent affect and gender. *Journal of Computer-Assisted Learning, 23*, 220–232.

Klopfer, E. (2008). *Augmented reality: Research and design of mobile educational games*. Cambridge, MA: MIT Press.

Lessiter, J., Freeman, J., Keogh, E., & Davidoff, J. (2001). A cross-media presence questionnaire: The ITC-sense of presence inventory. *Presence: Teleoperators and Virtual Environments, 10*, 282–297.

Marx, R. W., Blumenfeld, P. C., Krajcik, J. S., Fishman, B., Soloway, E., Geier, R., & Revital, T. T. (2004). Inquiry-based science in the middle grades: Assessment of learning in urban systemic reform. *Journal of Research in Science Teaching, 41*, 1063–1080.

Metcalf, S. J., Clarke, J., & Dede, C. (2009, April). *Virtual worlds for education: River City and EcoMUVE*. Paper presented at Media in Transition international conference, MIT, Cambridge, MA.

Mestre, J. (2002). *Transfer of learning: Issues and a research agenda*. Washington, DC: National Science Foundation.

Meyer, A., & Rose, D. H. (2005). The future is in the margins: The role of technology and disability in educational reform. In D. H. Rose, A. Meyer, & C. Hitchcock (Eds.), *The universally designed classroom: Accessible curriculum and digital technologies* (pp. 13–35). Cambridge, MA: Harvard Education Press.

Mislevy, R. J., & Haertel, G. D. (2006). *Implications of evidence-centered design for educational testing* (PADI Tech. Rep. No. 17). Menlo Park, CA: SRI International.

National Research Council. (2001). *Knowing what students know: The science and design of educational assessment.* Washington, DC: National Academies Press.

Nelson, B. C. (2007). Exploring the use of individualized, reflective guidance in an educational multi-user virtual environment. *Journal of Science Education and Technology, 16,* 83–97.

Pintrich, P. (2000). The role of goal orientation in self-regulated learning. In M. Boekaerts, P. Pintrich, & M. Zeidner (Eds.), *Handbook of self-regulation* (pp. 451–502). San Diego, CA: Academic Press.

Schwartz, D. L., Sears, D., & Bransford, J. D. (2005). Efficiency and innovation in transfer. In J. Mestre (Ed.), *Transfer of learning from a modern multidisciplinary perspective* (pp. 1–51). Charlotte, NC: Information Age Publishing.

Underwood, J. S., Kruse, S., & Jakl, P. (2009). Moving to the next level: Designing embedded assessments into educational games. In P. Zemliansky & D. Wilcox (Eds.), *Design and implementation of educational games: Theoretical and practical perspectives* (pp. 126–140). Hershey, PA: Information Science Reference.

White, B., & Fredrickson, J. (1998). Inquiry, modeling, and metacognition: Making science accessible to all students. *Cognition and Instruction, 16,* 3–118.

CHAPTER

8

학습 궤적에 따른
차세대 디지털 교실 평가

_ Jere Confrey, Alan Maloney

DTP의 설계와 개발은 교실 수업에서 이루어지는 평가의 성격, 목적, 가능성에 변화를 가져올 것이다. 이 장에서는 교실 평가에서 DTP 설계를 위한 개념적 프레임워크를 설명하고자 한다.

여기에서 말하는 교실 평가는 교수적 의사결정을 위해 필요한 다양한 평가 방법들의 조합을 지칭한다. 이 장에서는 전체 교과과정, 교수, 평가의 환경 설정 내에서 교실 평가에 대한 논의를 시작한다. 여기에서는 교과과정 모니터링, 형성 또는 내재적 평가, 진단 평가라는 교실 평가의 세 가지 핵심 기능을 살펴볼 것이다. 다음으로 이들 각각의 기능을 뒷받침하는 평가 플랫폼의 설계 요소들과 DTP의 효과에 필수적인 것이 어떤 것인지를 정의하고자 한다. 그런 다음 이 장에서는 학습 궤적을 둘러싸고 설계된 학생 지식의 습득을 조성하는 진단 평가들을 구축하는 기술적 진보에 대해 더 자세히 보고하고자 한다. 다음으로는 교실 수업에 어떻게 진단 평가들을 설계하고 보급할 것인지에 대한 논의가 뒤따른다. 마지막으로, 공유된 교실 평가 플랫폼 안에서 설계 요소들과 학습 궤적의 통합을 다시 한 번 살펴볼 것이다.

교실 평가의 과제

학생들의 성취에 대한 교실 평가의 긍정적 효과들을 최적화하는 것은 다음과 같은 세 가지 핵심 과제들을 만족시키는 데 달려 있다. 첫 번째 과제는 중요한 평가를 치르기 전에 모든 학생들이 총괄 평가에서 평가될 표준과 관련된 교과과정 자료들을 배울 기회를 보장하는 것이다. 두 번째 과제는 학생들과 교사들 간에 더 많은 표현, 고민, 연관을 생성하고 지원하며, 학생들이 매일매일 자신의 학습을 인식하고 보다 많은 책임을 지도록 하는 것이다. 세 번째 과제는 최초 상태에서부터 보다 강력하고, 일관되고, 정렬된 개념들로 효율적이고 효과적으로 성장을 촉진하기 위해, 경험적으로 검증된 학습의 경로와 같이, 학생들 자신의 응답을 사용함으로써 내용 및 과정 학습과 이해에서 학생 성장을 기록하는 것이다. 첫 번째 과제는 교과과정 모니터링과, 두 번째는 형성 평가와, 그리고 세 번째는 진단 평가와 주로 관련되어 있다.

이 장에서는 보다 큰 DTP 개념의 부분으로서, 학생 학습에 대한 평가 데이터의 표현, 수집, 축적, 분석을 지원하는 평가 플랫폼의 주의 깊고 의도적인 설계를 논의하고자 한다. 우리는 학습 지도의 향상과 교수와 학습을 안내하는 교실 평가의 잠재력을 완전히 실현하기 위해 학습 궤적의 구성이 교실 평가의 세 가지 전부를 위한 통합의 기초로 사용될 수 있을 것이라고 제안한다.

교실 평가, 교수, 교과과정 간의 관계

교실 평가는 교사의 교수적 의사결정을 위해 학생의 학습 과정에 관한 내용을 피드백으로 사용하여 교수와 평가를 자연스럽게 연관시킬 때 생산적이라 할 수 있다. 그림 8.1은 의도된 교과과정(교과과정 프로그램 이론, 자료의 선택, 수업계획 포함)이 어떻게 실행된 교과과정, 교수 행위 및 교실 평가로 구성된 상호작용 사이클에 관하여 알려 주는지를 모델링한 것이며, 이들 모두는 성취 표준과 성취 수준 도달 측정을 위한 중요한 평가 사이에 위치한다(Confrey & Maloney, 2011).

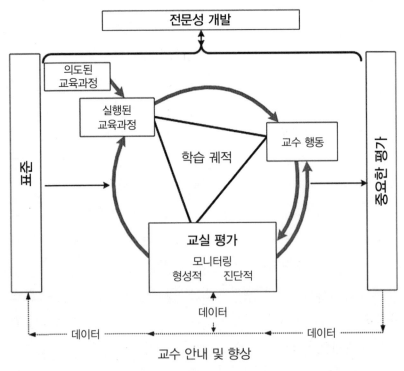

그림 8.1. 성취 표준에 따른 교수와 평가 시스템 내에 이루어지는 요소와 상호작용

이 장은 특별히 교실 평가와 교수 행동 간의 직접적 상호작용과 관련된 상호작용 사이클의 일부분을 부각시키며 가르친다는 것이 교과과정 자료 또는 새로운 과제의 의도적 도입과 같은 평가 피드백에 대한 직접적 반응에서 수정 또는 채택될 수 있는 것들뿐 아니라 연습을 수반함을 인정하는 한편, 특정한 교과과정으로부터 독립성을 가지는 평가의 필요성을 강조한다. 그리고 상호작용 사이클의 핵심에 있는 세 번째 초점을 상호작용 사이클의 중심인 학습 궤적에 두어 더 관심을 기울일 것이다.

교수 향상을 위한 세 부분의 교실 평가

교과과정 모니터링은 교과과정의 어떤 부분들이 가르쳐졌는지를 기록하고, 교사들이 특정 챕터나 또는 단원 테스트와 같이 주기적 관리 도구들을 공유할 기회를 제공하는 비교적 큰 틀에 있어서의 수단을 가리킨다. 이와 대조적으로, 형성 또는 내재적 평가는 교사들이 그들의 관찰, 학생 반응, 학생 작업 분석을 바탕으로, 매일 이루어지는 교수 행위를 학생들의 상황에 맞추어 적응하거나 조정하기 위해 사용되는 섬세한 실천을 가리킨다. 진단[27] 평가는 핵심 개념들에 대한 학생들의 성취 정도에 대한 명시적인 설명을 교사들과 학생들에게 제공하기 위한 목표를 위해 설계된 도구들이다.

우리는 진단적 관점의 형성 평가 관행의 한 부분으로서 비공식적 사용과 학습 프로파일을 만드는 진단 평가를 구분하고자 한다. 우리는 진단 평가를 '한 학생이 학습한 것과 특정한 개념 학습의 기저 이론에

---

27. dia는 나누다, 그리고 gnosi는 학습하다 또는 지식을 뜻함.

관계되어 무엇이 부족한지를 보여주는 행동들과 반응들의 환경 설정과 함께 특정한 평가 항목들의 배열을 지칭'하기 위해 사용한다.

우리의 연구에서 기반이 되는 이론은 학습 궤적 구성체이다. 학습 궤적들은 표준, 인지 개발, 교수, 평가를 위한 개념들을 조직화하는 데 더욱 중요한 "큰 생각들"을 분명히 표현하는 한 방법이다. 학습 궤적의 구조는 어느 하나에서 다른 것으로 이끄는 일련의 개념들에 대해 특정한 주제에서 기술의 개발과 추론에 영향을 주는 학습의 요소들을 구별하도록 허용하는 구조, 즉 덜 정교한 것에서 보다 정교한 추론으로의 진행을 의미한다(Clements & Sarama, 2004; Confrey, Maloney, Nguyen, Mojica & Myers, 2009; Corcoran, Mosher & Rogat, 2009). 학습 궤적이 큰 생각들의 진행을 지원할 때 교과과정의 영향을 받는 것이 가정되고 있는 한편, 학습 궤적이 복수의 교과과정에 걸쳐 학생 진도의 진단을 지원하는 것도 가정되고 있다.

교실 평가의 세 가지 요소들의 상술은 미국 내 주 성취 기준(Confrey & Maloney, 인쇄 중), 노스 캐롤라이나의 책임 및 교과과정 혁신 노력(North Carolina Department of Public Instruction, 2008), 그리고 전미 연구평의회의 교과과정 효과 평가 연구(Confrey & Stohl, 2004)에 보고하기 위한 학습 궤적에 대한 이전 연구에 바탕을 두고 있다. 실제적으로, 이들 세 가지 평가 요소들은 평가 항목들의 공통된 데이터베이스에 기반한 것이다.

교과과정 모니터링과 학습 기회

교과과정 모니터링은 위의 첫 번째 과제, 다시 말하면 의도된 교과과정을 학습할 기회를 다룬다(Porter, 2005). 이는 의도된 교과과정의 어떤 부분들이 다루어졌는지, 교과과정이 얼마나 잘 실행되었는지, 그리고 교사 협력의 촉진이나 교육과정에 기반하여 학생의 성취가 측정되었는가 등에 초점을 맞추고 있다. 교과과정 주제에 대한 학생들의 학습을 모니터링하는 방법은 교사가 교육청의 범위와 순서를 준수하는 정도를 기록하는 것에서부터, 개별 교사가 그들의 개인적 상황과 학생들의 필요에 비추어 볼 때 교과과정을 조정 또는 보충하는 결정을 내리는 데까지 이를 수 있다. 기록과 학생들의 학습 기회 모니터링에 대한 최근의 관심은 표준에 기반한 실천들, 교과과정 범위, 교수학습 과정안, 실행된 수업, 교과서의 완전성에 관련된 교과과정 실행을 검토하는 데까지 이르렀다(Krupa & Confrey, 2010 참조; Tarr, McNaught & Grouws, 인쇄 중). 그러므로 컴퓨터를 이용한(역주) 교과과정 모니터링 도구는 교육 종사자들이 그들의 교과과정에 관련된 지도 범위를 소통하고 조정할 수 있는 다양한 방법을 포괄하여야 한다.

교과과정과 실행 모니터링에 관련된 새로운 접근을 지원하기 위해 DTP는 관련된 교사들의 교과과정 포함 범위, 속도, 교과과정 기반의 평가에 대한 학생 성취 자료를 얻기 위한 설계 요소들을 포함하여야 한다. 플랫폼은 전문가 교사들의 선택과 코멘트를 기록하고, 이 기록들을 다른 이들이 검토하고 논의할 수 있게 제공함으로써 교과과정 사용상 교정적 접근을 촉진할 수 있을 것이다. 전체적으로 본다면 교과과정 모니터링 요소는 계속적인 교사의 관심과 교사와 교사 그리고 교사와 관리자 소통뿐만 아니라, 교과과정 실행에 관련된 상호 전문성 개발을 위한 관련 기회도 지원할 것이다. 풍부한 네트워크 설계에 내재되어 컴퓨터로 구현된, 교과과정 모니터링 요소는 전문성 개발의 근본적인 수단 및 DTP 진화를 위한 중요한 선구자가 될 수 있을 것이다.

형성 평가

교실 평가의 이점들을 최적화하는 두 번째 과제는 학생들과 교사들 사이에 보다 많은 표현, 서술, 연관을 갖도록 하며 학생들이 매일매일 자신의 학습을 보다 잘 인식하고 책임을 지도록 조성함으로써 학생과 교사로 하여금 형성 평가의 잠재력을 보다 완전하게 깨닫도록 해주는 것이다. '주요 주 학교 임원 평의회(CCSSO: The Council of Chief State School Officers)'는 형성 평가를 "의도된 교수 결과에 따른 학생 성취를 향상시키기 위해 계속적으로 교수와 학습을 조정하는 피드백을 제공하는 학습 과정 동안에 교사와 학생들에 의해 사용되는 프로세스"로 정의하였다 (McManus, 2008, p. 22). CCSSO는 형성 평가가 지닌 학습 진도에의 의존, 명백한 학습 목표와 성공 기준, 학생에게 설명적 피드백, 협력, 학생, 동료, 자기 평가라는 다섯 개 핵심 특징을 언급하고 있다(McManus, 2008).

형성 평가는 학생 성취 향상을 위한 핵심 요소이다. 이것은 가르치는 것을 구성하는 데 사용하기 위해 교실 상호작용들(동료들 간 또는 동료-교사 간 정보 교환)을 통해 과정을 배우는 학생의 사고를 드러내는 것을 목표로 한다(Black & William, 1998; Heritage, 2007; Shepard, 2000). 교사들은 명령, 과제 또는 유도 질문들에 의해 끌어내어진 학생 발언, 질문, 설명 또는 작업 사례들을 통해 가시화된 학생의 아이디어에 기반하여 학생들의 학습 과정을 진단한다(Popham, 2008; Stiggins, 2005).

형성 평가는 무엇보다 어떻게 다양한 개념들이 진화하는지 보여주고 다양한 학생 아이디어들을 끌어내고 학생 반응들을 순서화하고 학생들이 가진 오개념과 실수에 대하여 조기에 조치를 취할 수 있게 식별하여 학습자를 교정하는 것을 목표로 한다. 연구들을 종합해 보면 이러한 형성 평가 활동들이 학생 성취에 도움이 됨을 보여 주는데(Black &

William, 1998), 이는 형성 평가가 신중하게 정의되고 효율적인 방법론을 사용한다는 전제에서만 그렇다(Dunn & Mulvenon, 2009; Shute, 2008).

형성 평가의 목적을 위해 학생의 사고를 끌어내는 교수에 성공하려면 실시간으로 학생 반응을 해석하고, 학습자 대 동료 상호작용을 조성하고, 매일의 학생 학습을 지원하는 지도 활동들을 조정하는 교사의 능력이 필요하다. 형성 평가가 도구보다는 학습자들이 수행해야 하는 일련의 실천들로 구성되어 있고, 에피소드들이 지속적이라기보다는 단기적이기는 하지만, DTP들은 이러한 실천들에 대한 데이터 획득을 도울 수 있다. 기록된 타당한 학습 궤적이 의미하는 바에 대한 깊은 이해를 개발하고 체계적으로 학생 성취에 대한 타당하며 신뢰할 수 있는 데이터를 모으는 것은 이러한 필수적인 여러 가지 교실 평가 실천들을 보완하고 강화할 것이다.

형성 평가를 테크놀러지 기반으로 실시하기 위하여 디지털 교실 테크놀러지들이 개발됨에 따라 다양한 형태로 나타나고 있다. 기술이 풍부하게 사용된 환경에서 형성 평가를 위한 지원은 이 책 9장에서 묘사되고 있다. 형성 평가의 사용은 또한 교수에 대한 학생이 보이는 반응들의 신속한 수집과 평가에 기반하여 교수 의사결정을 지원하는 만일에 대비한 교수법들의 개발을 낳게 되었다(DeBarger, Penuel, Harris & Schank, 2010). 이것은 결국 학생의 행동들로부터 직접적으로 발생된 것에 기초하여 해석하고 반응하는 것(즉, 해석, 행동)이다. 예를 들면, 많은 학생들이 이미 숙제와 프로젝트 과제에 대해 협력하기 위해 제공되는 소셜 네트워킹 기술들(전화뿐 아니라 문자, 인터넷 채팅, 이메일)에 비공식적으로 의존하고 있는데, DTP들은 잠재적으로 그러한 협력의 발판, 연장, 기록 수단을 제공해 준다.

형성 평가 실천에 대한 이 모든 접근법들은 [클리커], 학생 작품 [갤러리들, [숙고]와 [동료 비평 지원 시스템]들을 포함한 디지털 도구들에 의해 지원될 수 있다. 형성 평가는 학생들 간의 풍부한 산출물 위주의 상호작용을 촉진하는 환경들과 네트워크 아키텍처뿐 아니라 빠르고 유연한 네트워크 기기들에 의해 풍부하게 향상될 수 있다. DTP는 교실 평가 시스템의 형성적 요소들을 지원하기 위해 많은 설계 요소들(제공되는 것들)을 포함하여야 한다. 이러한 설계 요소들은 교육적 경험과 컴퓨터 과학 이론뿐 아니라, 풍부하고 다양한 소셜 네트워킹, 검색 엔진, 통신기기들, 다수사용자 게임들(7장에서와 같이)에 의해 정보를 받는다. 이들 설계 요소들 중 주요한 것들은 다음과 같다.

1. 평가 자원들과 산출물을 위한 데이터베이스
2. 동료 대 동료 및 동료 대 멘토 의사소통
3. 동료와 멘토를 위한 코멘트 제공 역량
4. 산출물과 글을 디스플레이하고 순서를 매기는 역량
5. 데이터, 증거, 관찰의 선택, 누적, 디스플레이, 요약
6. 정보 교환과 증거를 해석하고 학생의 행동을 가져오는 후속 조치, 지시적, 서술적 또는 촉진적인지를 결정하는 다음 단계를 위한 도구들

자원 및 산출물 데이터베이스

DTP에서 교실 평가의 형성적 요소를 위한 첫 번째 설계 요인은 구조적인 것으로 다양한 평가 자원들과 산출물들(항목들, 수단들, 채점 지시문들, 시뮬레이션들, 명령들, 프로젝트들)을 구축, 기록, 설정, 저장할 수 있도록 하고

다양한 상황에서 사용될 수 있도록 하기 위해 유연하게 태그할 수 있는 동적이고 확장 가능한 라이브러리를 갖게 하는 것이다. 예를 들면, 어떤 항목들(또는 평가들)은 안전하게 격리될 필요가 있는 데 비하여 다른 것들, 예를 들면 지시문, 채점 방법, 항목, 인공물 내력은 더 광범위하게 접근 가능하도록 둘 수 있다.

동료 대 동료, 그리고 동료 대 멘토 의사소통

DTP는 산출물의 생성과 반응, 협력을 지원해야 하기 때문에, 이 두 번째 설계 요소는 학급의 의사소통을 지원하는 도구들을 포함한다. [시범 보이기], [설명], [대표하기], [모델링], [질문], [응답하기] 등이 그것이다. 대부분의 학생들은 이미 휴대폰 문자, 인스턴트 메신저, 동영상 교환 또는 스카이프나 아이챗 같은 애플리케이션을 통하여 직접적으로 소통하고 있다. 따라서 디지털 환경에서의 학급 담화는 청각, 문자적, 시각적이라는 세 가지 기본적 양태들을 요구한다. 또한 수학에서 효과적인 형성 평가는 주제 영역에 특정한 정보, 예를 들면 그래프, 스프레드시트, 데이터 디스플레이들과 수학적 글쓰기에 필수적인 다른 자원들의 영역인 웹 페이지, 사진, 시뮬레이션 등의 의사소통 지원 도구들을 요구한다.

논평

의사소통 역량과 밀접하게 관련되어 있으나 구분이 되는, 자신이나 다른 사람의 학습에 대해 언급할 수 있는 능력은 피드백, 협력, 동료 및 자기 평가의 의사소통을 지원하도록 요구한다. 이러한 요소는 쪽지를 올리고, 위치 또는 장소를 표시하고, 강조, 등급 또는 선호를 보여주고, 정서적 반응을 나누는 자원들을 포함한다.

참가자의 산출물과 작성한 글의 디스플레이

형성 평가에서 가장 효과적인 지도 전략들 중의 하나는 학생들이 만드는 산출물을 의도적으로 순서화하여 내러티브를 구성하는 것이다. 여기에 해당되는 설계 요소는 선택적인 분리와 학습자의 기여를 디스플레이하는 것을 관리하는 방법들이다. 이 요소는 일부 웹 기반의 회의용 애플리케이션에서 중재자 주도의 [갤러리] 기능들을 활용하는데, 자세한 내용은 이 책의 10장을 참고하기 바란다. 형성 평가 맥락에서 소그룹이나 전체 학급과 같은 여러 학습 집단의 협력을 지원하기 위해서는 교사와 학생을 통제할 수 있는 체제로의 설계가 필요하고 자신의 활동을 보여주고 교사가 시범을 보이고 토론할 수 있도록 하는 학생들의 대리자를 활용하는 것이 중요하다.

산출물, 데이터, 증거, 관찰의 선택, 축적, 디스플레이, 요약

DTP는 자원들과 산출물들을 선택하고, 유지하고, 재사용하고, 목록을 만드는 융통성 있는 수단들을 제공하며, 교사들에게 시간의 경과와 동료들과의 협력 안에서 형성 평가 자원들과 의사소통을 확장하고 다듬을 수 있는 방법들을 제공한다. 예를 들면, 교사들은 "적시의" 공유를 위해서 학생이 남긴 글을 선택할 수 있다. 그들은 또한 여러 장기 목적들을 달성하기 위해 개별 학생 작업의 장기적인 기록들을 선택할 수도 있다. 예를 들면 학생 및 학부모와의 과제의 검토 또는 동료들과 지도 접근법의 숙고와 수정 등이 포함된다. 학생의 산출물을 수집, 디스플레이, 축적, 회상, 그리고 이를 요약하고 평가하는 능력은 또한 교사들이 교수를 지원하기 위해서 개인 및 그룹 평가뿐 아니라, 학생들을 그룹핑할 때 등에서 데이터의 범위를 활용할 수 있게 할 것이다. 집합적으로 볼 때 이 기능들은 학생이 수행한 학습의 증거로써 데이터와 관찰을 통하여 체계성을 보다 증가시키는 것을 조성할 수 있다.

교사들은 전문성 개발을 통하여 DTP가 그들에게 제공할 수 있는 데이터를 검토하는 다양한 방법들을 배우고, 중심 집중 경향, 분포와 분산, 시간에 따른 변화, 그룹 비교 방법의 핵심 개념들을 포함한 기술 통계학의 더 깊은 이해 역량을 발전시키며, 출석 데이터 또는 과정 끝 시험 결과들과 같은 다른 데이터 자원들을 사용하는 것을 배우게 될 것이다(Dede, Honan & Peters, 2005; Mandinach & Honey, 2008; Means, Padilla, DeBarger & Bakia, 2009).

다음 단계 도구들

형성 평가가 생성된 정보에 기반하여 교수 결정과 교수 행동으로 유도되지 못한다면 아직 완전하지 못한 것이다. 형성 평가를 위한 최종적 설계 요소는 다음 단계의 도구들로서 교사(또는 학생)가 이를 가지고 요약된 데이터를 해석하고 취할 행동을 결정하는 것이다. 다음 단계들은 교사의 전문성―교사의 이전 경험, 내용에 대한 지식, 교수법에 기반한―에 의존하고 형성 평가에 의해 가능할 때 생겨난 데이터, 관찰들, 다른 증거들에 의해 향상된다. Black과 Wiliam(1998)은 교수 반응에서 두 가지의 일반적 유형을 구분하였다. 그것들은 지시적(엄밀한 일련의 행동들이 처방된), 촉진적(의도된 행동들이 학생 행동, 반응, 비평, 숙고의 기대에 연관되는)인 것으로 분류된다. DTP 내에서 교실 평가 시스템의 설계를 위해서, 형성 평가에 있어 시스템이 어느 정도까지 해석과 의사결정을 지원할 수 있을까를 짐작해 보면 많은 모델들이 있을 수 있겠지만, 우리는 학습자들에 중점을 두고 적응적으로 반응하는 시스템과 교수에 있어서 기저로 사용되는 학습 모델을 제안하고자 한다.

교실 평가 시스템은 내용과 독립적인 소프트웨어 군이 아니며, 교수를 위하여 제공되는 것과 다음 단계들의 학습 모델에 관계되는 소프트웨어 기능과 설정된 자원들의 시스템이다. 아래에 논의되는 바와 같이, 학습 궤적은 형성적인 것과 진단적인 평가 접근법 모두의 경우에 이런 역할을 지원할 수 있는 모델을 제공한다.

진단 평가와 학습 궤적

교실 평가의 세 번째 과제인 초기 단계에서부터 보다 강력하고, 일관되고, 구조화된 이해들로 학습과 이해에서 학생들이 이루어 내는 성장을 기록하기(콘텐트 및 프로세스)는 분명히 학습 궤적을 중시한다. 미 전역에 걸쳐, 시간 경과에 따른 학생 학습을 상세히 설명하는 프레임워크로서 학습 궤적(또는 학습 진행)의 개념에 대한 관심이 증가하고 있다.

학습 궤적은 교실 평가 시스템의 척추에 해당된다. 이 평가의 요소는 교수적 의사결정을 주도하고 교수의 맞춤화를 촉진할 수 있으며, 잠재적으로 디지털 세계에서 교수와 학습이 어떻게 나타나고 있는지에 대한 패러다임 전환을 야기시킨다. 학습 궤적은 진단 평가를 수학 교육에 기반을 두는 것과 유치원에서 8학년에 이르기까지의 긴 시간에 걸쳐 수학의 큰 아이디어들을 배우는 데 가장 맞는 학습 모델이다. 학습 궤적은 또한 형성 평가에서 요청된 5개 주요 특징들 중 하나이다(Heritage, 2010). 학습 궤적은 수학적 개념, 지도, 학생 추론, 교수와 학습에 대한 연구에서 발전에 따라 수정하는 것이 가능하다.

우리는 학습 궤적을 다음과 같이 정의한다.

[학습 궤적이란] 학생이 비형식적인 생각에서 표상, 발화, 숙고의 연속적인 정제를 거쳐 더욱 복잡한 개념들로 발전해 나가기 위하여 가르침을 통해 구성하는 구인들의 질서 있는 네트워크에 대하여 연구자가 추측했거나 경험적으로 지지되는 서술(즉, 활동, 과업, 도구, 상호작용 형태, 평가의 방법)들이다(confrey et al., 2009, p.346).

학습 궤적에 따라 이루어지는 처치는 다섯 개의 공통된 가정을 기반으로 하고 있다.

1. 학습 궤적은 기존의 연구, 수순을 완전하게 하기 위한 추가 연구, 경험적 연구에 기반한 검증 방법론에 기반하고 있다.
2. 학습 궤적은 특정한 영역과 이해의 목표 수준을 식별하고 있다.
3. 학습 궤적은 학습자들이 연관되어 있지만 다양한 경험들을 가지고 교수에 들어감을 인식하고, 그 점들이 효율적인 시작점이 되도록 한다.
4. 학습 궤적은 단순한 것에서 복잡한 인지 상태로의 진행을 가정한

다. 그러한 진행이 선형적인 것은 아니지만, 무작위도 아니며, 이는 예상되는 경향들 또는 그럴 법한 가능성들로써 순위 매겨지고 정리될 수 있다.

5. 학습 궤적을 통한 진보는 잘 정리된 일련의 과업(교과과정), 지도 활동, 상호작용, 도구, 숙고를 가정한다(Confrey, Maloney, Nguyen & Rupp, 인쇄 중).

과학과 수학에서는 학습 진행과 관련된 평가들을 체계적으로 연결하려는 노력이 나타나기 시작하였다. Clements와 Sarama는 [기하학적 모양의 구성과 해체]를 위한 학습 궤적에 기반해서, 유치원에서부터 2학년을 위한 평가를 포함하는 교과과정을 개발하였다(Clements & Sarama, 언론 보도; Clements, Wilson & Sarama, 2004). Battista(2004, 2007)는 초등학생들을 위한 [인지 기반의 평가]들과 아울러, 면적과 부피의 측정을 위한 개념적 프레임워크를 개발하였다(Lehrer, Schauble,). 그리고 그의 동료들은 수학적 모델링, 측정의 구성, 통계적 추론의 주제들에 관한 학습 궤적을 개발하였다(Lehrer, Kim & Schauble, 2007; Lehrer & Schauble, 2006). Minstrell(2001)은 현상들의 이론적 구성 및 웹 기반의 수학과 과학 평가 프로그램인 [Diagnoser]와 함께, 부분적 이해들과 오개념들을 포함하는 구체적인 인지적 행동들과 연계된 평가를 사용하기 시작하였다(Thissen-Roe, Hunt & Minstrell, 2004). DeBarger, Penuel, Harris, Schank(2010)는 Minstrell의 진단 도구들을 지구과학의 특정한 교과과정 처리의 사용에 연결하고 있고, Minstrell의 현상 접근법을 사용하여 유도 질문들에 대한 학생 반응에 비추어 교실에 적용되는 클리커(clickers)들과 같은 기술들과 함께 교사들의 만일에 대비한 교수법의 사용을 조사하고 있다.

진단적 이러닝 궤적 접근법(DELTA: Diagnistic E-Learning Trajectories Approach)에서는 학습 궤적 모델을 사용하여 평가에 직접적으로 활용하도록 하고 있다. DELTA 프로젝트의 목표들은 다음과 같다.

1. 기존의 연구들을 종합하여, 특정한 수학 개념들과 관련된 학습 궤적들의 핵심 수준들을 도출하기
2. 학습 궤적을 검증하고 임상 인터뷰와 실험 수업을 통해 최초의 결과 공간들을 설명하기
3. 다양한 학생 집단들에 걸쳐 평가 항목들을 구축하고 필드 테스트하기
4. 진단 평가 도구들의 원형 개발하기
5. 교실에서 평가들을 보급하기 위한 사용 모델을 개발하고 시험하기. 우리는 학습 궤적들을 따라 타당하고 생산적인 학생 진도를 식별하고 지원하는 수단으로 수학 교육에서 진단의 개념을 활성화하는 것을 모색한다.

그림 8.2에 개략적으로 나타낸(Maloney & Confrey, 2010) 저자들의 방법론은 [근거 기반 설계 원칙]들에 의해 통보받았다(Mislevy, Steinberg, Almond and Lucas, 2006; Wilson, 2005). 이것은 먼저 기존 연구를 종합함에 의해 지원되는 학습 궤적의 변별로 시작된다. 그런 다음 우리는 초기 학습 궤적의 어떤 필요한 수준이라도 반복적으로 연장하고 채우기 위하여 임상적 인터뷰를 실시하였다. 이 인터뷰들로부터, 우리는 또한 결과 공간, 각 수준에서 일련의 과제들에 대한 가능한 다양한 반응들의 개요를 끌어냈다.

그 다음 일련의 평가 항목들을 구축하고 인터뷰 과제들과 유사한 반

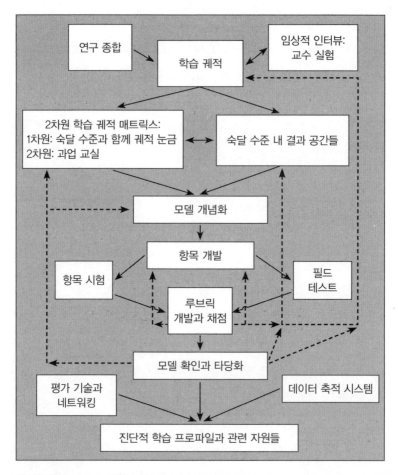

그림 8.2. 학습 궤적에 기반한 진단 평가들 구축의 방법론

응 설정을 끌어내는 정도를 결정하기 위해 학생들과 시범적으로 실시하
였다. 항목과 서로 간에 관련된 학습 궤적의 타당성을 더 폭넓게 검토
하기 위해, 우리는 다양한 학생들에 걸쳐 항목들의 필드 테스트를 실시
하고, 학생 반응에 기반한 항목 지시문을 구축하고, 학습 궤적 숙달 수
준에 관련된 항목 반응들의 일관성을 검증하였다.

점수 데이터는 [항목 반응 이론]과 같은 다양한 측정 모델로 분석되며, 학습 궤적 숙달 수준과 과제를 수행하는 학급들과 연계되어 해석된다. 일단 일련의 항목들이 학습 궤적 수준들을 적절하게 평가하는 것으로 보이면, 이들은 진단 평가들로 구성되어야 한다. 델타 프로젝트 방법론의 마지막 단계들은 교실 지도 내에서 진단적 정보들을 수집하는 수단을 설계하고 진단적 학습 프로파일에서 학생과 교사들에 의해 결과를 수집하고 해석하는 것이다. 델타 프로젝트에서 사용된 콘텐츠의 초점은 [논리적인 숫자 추론] 안에서 [균등 분배], [나눗셈과 곱셈], [분수], [비율], [비], [소수]와 [백분율], [유사성]과 [눈금], [길이]와 [면적의 측정]이라는 6개의 개념적 클러스터이다(Confrey, 2008). 이러한 논리적 숫자 추론의 개념적 클러스터는 대수 과목이나 그 이상에서 학생의 성공에 매우 중요하고 대수와 고등 수학에서 성공하지 못하는 학생들에게서 가장 많이 나타나는 약점이 있는 주제들이다. 이 분야의 연구를 종합한 결과 우리가 [논리적 수학 추론]의 개념적 지도를 제안하고 학생들이 꼭 숙달하고 구별할 수 있어야 하는 a/b 표현을 수직선상에 위치한 숫자로서의 a/b, 곱셈 연산자로서의 a/b, 비율로서의 a/b의 세 개의 필수적 핵심 의미들을 식별하도록 이끌 수 있었다(Confrey, 2008).

학습 궤적이 의미한 바를 보여주기 위해, [균등 분배] 개념을 위한 학습 궤적이 자세하게 설명되었다.

- [균등 분배/쪼개기]는 각각 일련의 개인들을 위해 "정당한 몫"으로 같은 크기의 그룹들(집합으로부터) 또는 조각들(계속되는 전체로부터)을 만드는 목표를 가진 인지적 행위들을 가리킨다.
- [균등 분배/쪼개기]는 동등하지 않은 부분들을 만드는 부러뜨리기, 균열시키기, 산산이 부수기 또는 분할하기가 아니다.

- [균등 분배/쪼개기]는 [나눗셈]과 [곱셈], [비율], [비], [분수]의 기초이다.

2차원 매트릭스는 [균등 분배] 학습 궤적의 개념적 프레임워크를 나타낸다(그림 8.3). 이 매트릭스는 또한 평가 항목들, 지시문, 동영상 예들의 발판(scaffolding)이 된다. 수직축은 학습 궤적의 숙달 척도를 정의한다. 숙달 수준들은 많은 연구 결과들을 반영하는데, 예를 들면 어린이들은 대개 집합을 나누는 것을 금세 배울 수 있다. 그런 다음 그들은 자연수를 나누는 것을 배우며, 점차적으로 점차적으로 정수가 아닌 답을 만들기 위하여 수취인들의 집합에서 여러 개의 정수를 공유하는 능력을 개발하게 된다. 학생들은 적절한 몫의 수를 만들고, 동등한 크기의 몫을 만들고, 원래의 양을 남김 없이 사용하는 것이라는 균등 분배의 세 가지 핵심 기준을 이해하게 된다. 궤적의 숙달 수준은 또한 결과를 이름 붙이고 정당화하는 것뿐 아니라, 일반화된 결과로 인도하는 수학적 관계와 속성 같은, 총체적 학생 추론을 강화하는 전략 같은 핵심 수학적 실천을 포함한다.

학습 궤적 매트릭스의 수평축(그림 8.3)은 평가 항목 맥락들 또는 과제 묶음들의 범주를 나열하고 있다. 이들은 [균등 분배]된 대상들의 유형(집합 대 개별 자연수, 직사각형 대 원)과 나뉜 것들의 숫자값을 나타내는데, 이 둘 모두는 학생들에게 어려운 정도가 다른 항목들을 의미한다. 과업 묶음들에서 난이도의 구분은 다소 직관적이지 않다. 이는 나누는 사람 수에 따라 세는 순서가 상응하지 않음을 의미한다. 예를 들면, 대부분의 어린아이들은 쉽사리 집합 또는 두 사람 사이의 직사각형 또는 원을 공정하게 같은 크기로 나눌 수 있지만, 세 사람보다는 네 사람을 가정한 경우에 더욱 쉽게 나눌 수 있음을 볼 수 있다. 그렇기 때문에 어린이들이 세 사람 사이에 어떤 것을 나누는 것을 조작하기 전에 짝수로 표현되는 여섯 사람 사이에 원 전체를 공평하게 나누는 것을 성공적으로 수행하는 것이 흔하다.

Equipartitioning Learning Trajectory Matrix (grades K-8) Task Classes→ Proficiency Levels	A Collections	B 2-split (Rect/Circle)	C 2ⁿ split (Rect)	D 2ⁿ split (Circle)	E Even split (Rect)	F Odd split (Rect)	G Even split (Circle)	H Odd split (Circle)	I Arbitrary integer split	J $p = n + 1; p = n-1$	K p is odd, and $n = 2^i$	L $p >> n$, p close to n	M all p, all n (integers)
16 Generalize: a among $b = a/b$													
15 Distributive property, multiple wholes													
14 Direct-, Inverse- and Co-variation													
13 Compositions of splits, mult. wholes													
12 Equipartition multiple wholes													
11 Assert Continuity principle													
10 Transitivity arguments													
9 Redistribution of shares (quantitative)													
8 Factor-based changes (quantitative)													
7 Compositions of splits; factor-pairs													
6 Qualitative compensation													
5 Re-assemble: n times as much													
4 Name a share w.r.t. the referent unit													
3 Justify the results of equipartitioning													
2 Equipartition single wholes													
1 Equipartition Collections													

그림 8.3. [균등 분배]의 학습 궤적 매트릭스. 숙달 수준이 수직 척도를 형성한다. 과제 묶음들은 수평 차원을 형성한다.

진단 평가의 설계와 구현

평가 시스템을 개발하고 검증하는 것은 진단 평가 시스템 구현의 일부분에 지나지 않는다. 진단 평가가 효과적이기 위해서는, 교수 활동에 맞는 전달 기술들이 정의되고 구현되어야만 한다. 형성 평가 요소를 위해 위에서 개략적으로 서술된 설계 요소들은 또한 학생이 소속한 반의 데이터의 축적, 저장, 검색 방법들 또는 보고서와 다음 단계들, 교실 상호작용 사이클 내(그림 8.1 참조) 및 교실을 넘어서 자원들의 융통성 있는 사용을 고려하여야 한다. 또한 시스템을 사용할 후보 기기로서는 스마트폰, 아이패드, 태블릿 컴퓨터들과 많은 수요가 예상되는 안정적인 네트워킹 기량 등과 일부 다른 강조점을 가진 진단 평가 시스템을 구현하여야 한다.

우리가 개발한 진단 평가 사용 모델은 두 단계로 구성되어 있는데, 하나는 학생들의 숙달과 진도의 공식적 평가와 관련된 것이며, 다른 하나는 그들의 반응과 관련된 피드백에 바탕하여 학생 탐구를 지원하는 것이다. 학생들과 교사들은 진단적 맥락 안에서 이 두 개의 양상 사이를 옮겨 다닐 것이다. 이에 따라 작성되는 리포트가 평가 수단이 구현된 양상을 분명하게 보여줄 것이다.

진단 시스템의 설계에 있어서 필수적인 요구 사항은 개별 항목들에 대해 단순히 숫자로 된 점수를 리포트하는 것뿐 아니라, 학생 진도가 갖는 의미에 대한 통찰을 가능하게 하는 것이다. 시스템의 진단적 가치는 학습 궤적과 관련되어 학생들이 수행한 추론에 대한 이해를 구체적으로 향상시키는 정보를 교사에게 제공하고, 그런 다음 교사가 그들을 어떻게 지도할 것인지에 대한 계획을 촉진하는 것에 있다. 진단 평가는 교실에서 수행하는 과업들에 걸쳐서 나타나는 개별 학생들과 그룹들의 강점과 약점에 대한 통찰을 제공하고, 계속되는 지도와 관련되어 복수의 숙달 수준들에 걸쳐 진도를 평가하고, 나타날 수 있는 오개념과 관련된 신호를 교사에게 줌으로써 시간이 경과함에 따라 학생들의 학습을 지원할 수 있어야 한다.

진단 평가 시스템 보고의 또 다른 설계 요소는 학생들이 주어진 작업을 나누고, 도움을 청하고, 협력하고, 검토하고, 서로의 작업에 대해 평가하는 소셜 네트워킹 도구들을 통해 정보의 교환과 상호간 협력을 기록하는 기록들을 만들어 주는 것이다(이 책의 6장과 10장 참조). 마지막으로, 진단 정보는 학생들과 부모들도 접근이 가능해야 한다. 진단 시스템을 통해 부모들을 교사들과 연결시킴으로써 부모들은 시스템을 통하여 교과과정에서 요구되는 적절한 지도 자료와 실행내용들을 위한 권고를 제공받게 되고 추가적인 공부를 수행하는 자녀들을 돕는 방법을 지원받게 될 것이다.

DTP의 미래

형성 평가를 지원하는 설계 요소들은 진단 평가의 요소들과 상당히 중복된다. 전체적인 환경은 학생들에게 연습, 동료들과의 협력, 멘토(교사, 부모, 그 외 사람들)와의 소통을 지원하고 기능을 제공해야만 한다. 다양한 소통 양상, 논평, 학생 작업의 병치, 조직의 다양한 수준(개인, 그룹, 전체 학급)에서의 보고와 같은 형성 평가 실천을 지원하는 자원들은 전체 교실 평가 시스템을 위한 기술적 지원들의 통합된 연속체를 이룰 뿐 아니라, 진단적 접근법이 가질 수 있는 지나치게 좁은 개념화를 완화시켜 줄 것이다.

마찬가지로, 교육의 큰 생각들과 관련되어 보고서와 분명한 제안들을 가진, 학습 궤적에 바탕한 진단 평가 시스템은 형성 평가 접근법들을 위한 보다 든든한 인지적 기초를 제공할 것이다. 우리는 학습 궤적들의 개념에서 서비스 전과 서비스 중인 환경 모두에서 교사들을 관여시킴으로써 지도에 영향을 미치는 것을 실험하였고(Mojica, 2010; Wilson, 2009), 학습 궤적에 기반한 지도의 개념을 개발하는 이 분야의 연구를 계속하고 있다(Sztajn & Confrey, 2010). 형성적인 것과 진단적 접근법들 모두를 촉진하는 탄탄한 플랫폼이 검증된 학습 궤적들을 학교교육에 포함시키는 속도를 가속화할 것이다.

궁극적으로, 그러한 DTP의 환경 설정은 교실 평가의 형성적이고 진단적인 평가 요소들과 교사들이 수행하는 교과과정 실행과 교과과정 중심의 시험들에 대한 모니터링을 결합시킬 것이다. 이들 요소들의 결합은 처음부터 제기된 세 가지 과제들이 시너지 효과를 낼 수 있도록 도울 것이다. 즉, 교실 상호작용과 학생들 자신의 학습의 인식과 책임을 향상시키고 학생 학습의 성장을 문서화하여 궁극적으로 학습 기회를 향상시키는 것이다. 이 세 가지 요소 모두를 하나의 직관적 인터페이스를 통하여 접근함으로써, 교사들, 학생들, 부모들 모두 풍부한·상호작용, 데이터 위주의 의사결정, 그리고 전반적으로 향상된 교실 교수와 학습을 지원하는 의사소통 및 모니터링 시스템에 참여할 수 있다.

우리는 이 접근이 교수와 학습의 이분법으로서의 지도에 대한 관심의 부활을 불러올 것이라 예상한다. 가르친다는 것이 단지 내용을 전달하는 것이라는 비효과적인 가정을 가지고 애쓰기보다는, 교육은 학습 궤적과 평가 프로토콜에 기반한 활동을 유도하는 것에서 시작될 수 있다고 본다.

학생들은 처음부터 풍부한 자료가 포함된 제대로 된 과제들을 수행하도록 도전받고 제 시간에 소개된 새로운 아이디어들과, 구조화된 내용 부분들에서 숙달을 개발하는 데 목표가 맞추어진 미니 레슨에 바탕하여, 그들의 처음 이해를 넘어서 움직이도록 격려될 수 있다. 교과과정 모니터링은 교사들이 내용을 배우는 학생들을 보다 자세히 들여다볼 기회를 보장하고, 진단 평가들은 보다 큰 아이디어들에 대한 학생 진도를 촉진하게 될 것이다. 이러한 교수-학습 접근법들에서 교과과정 자원들을 어떻게 활용할 것인지를 파악하는 것은 교사의 필수적인 기술이며, 교사들은 가르치는 데 필요한 의사결정을 향상시키고 역동적으로 다양한 그룹의 학생들을 위해 교과과정을 맞춤화하는 데 있어서 DTP로부터 지원을 받을 것이다.

그리하여 교수와 학습은 근본적으로는 구조화된 교과과정 부분들과 협력을 이룬 평가 자료들을 풍부하게 사용하는 것에 바탕한 반응적이고, 적응적인 피드백 시스템으로 인식될 것이다. 학생들이 만드는 결과물은 교수 중 또는 교수를 위해 사용되는 평가 실천들과 수단들을 포함하는, 다양한 인공물 제작, 담화, 업적과 관련되어 평가될 것이다. 우리는 이러한 시각이 독특한 강점과 스타일을 만들어 내고 보다 관심을 필요로 하는 학습자들이 지닌 약점을 구분하게 해주며 익혀야 될 핵심 요소들이 완전히 개발되게 보장하는 경험 많은 감독이 전문적 업적을 만들어 내는 방법과 유사하다고 말할 수 있다. 이러한 혁신들의 전반적인 결과는 개인들의 성장을 향상시키고, 그룹의 필요와 능력에 바탕하여 전체 학급의 정체성과 자신감에 대한 감각을 개발하는 [교실 평가]를 널리 사용하게 될 것이다.

참 고 문 헌

Battista, M. T. (2004). Applying cognition-based assessment to elementary school students' development of understanding of area and volume measurement. *Mathematical Thinking and Learning, 6*, 185–204.

Battista, M. T. (2007). The development of geometric and spatial thinking. In F. K. Lester (Ed.), *Second handbook of research on mathematics teaching and learning* (pp. 843–908). Charlotte, NC: Information Age Publishing.

Black, P., & Wiliam, D. (1998). Assessment and classroom learning. *Assessment in Education, 5*, 7–74.

Clements, D. H., & Sarama, J. (2004). Learning trajectories in mathematics education. *Mathematical Thinking and Learning, 6*, 81–89.

Clements, D. H., & Sarama, J. (in press). Learning trajectories: Foundations for effective, research-based education. In Maloney, A., Confrey, J., & Nguyen, K. H. (Eds.), *Learning over time: Learning trajectories in mathematics education*. Charlotte, NC: Information Age Publishing.

Clements, D. H., Wilson, D. C., & Sarama, J. (2004). Young children's composition of geometric figures: A learning trajectory. *Mathematical Thinking and Learning, 6*, 163–184.

Confrey, J. (2008, July). *A synthesis of the research on rational number reasoning: A learning progressions approach to synthesis*. Paper presented at the 11th International Congress of Mathematics Instruction, Monterrey, Mexico.

Confrey, J., & Maloney, A. P. (2011). *Engineering [for] effectiveness in mathematics education: Intervention at the instructional core in an era of Common Core Standards*. Paper prepared for the National Academies Board on Science Education and Board on Testing and Assessment for "Highly Successful STEM Schools or Programs for K–12 STEM Education: A Workshop."

Confrey, J., & Maloney, A. P. (in press). Linking mathematics standards to learning trajectories: Boundary Objects and Representations. In J. Confrey, A. Maloney, & K. H. Nguyen (Eds.), *Learning over time: Learning trajectories in mathematics education*. Charlotte, NC: Information Age Publishing.

Confrey, J., Maloney, A. P., Nguyen, K., Mojica, G., & Myers, M. (2009, July). *Equipartitioning/splitting as a foundation of rational number reasoning using learning trajecories*. Paper presented at the 33rd Conference of the International Group for the Psychology of Mathematics Education, Thessaloniki, Greece.

Confrey, J., Maloney, A., Nguyen, K. H., & Rupp, A. A. (in press). Equipartitioning, a foundation for rational number reasoning: Elucidation of a learning trajectory.

In Maloney, A., Confrey, J., & Nguyen, K. H. (Eds.), *Learning over time: Learning trajectories in mathematics education*. Charlotte, NC: Information Age Publishing.

Confrey, J., & Stohl, V. (Eds.). (2004). On evaluating curricular effectiveness: Judging the quality of K–12 mathematics evaluations. Washington, DC: National Academy Press.

Corcoran, T., Mosher, F. A., & Rogat, A. (2009). *Learning progressions in science: An evidence-based approach to reform*. New York: Center on Continuous Instructional Improvement, Teachers College, Columbia University.

DeBarger, A. H., Penuel, W. R., Harris, C. J., & Schank, P. (2010). Teaching routines to enhance collaboration using classroom network technology. In F. Pozzi & D. Persico (Eds.), *Techniques for fostering collaboration in online learning communities: Theoretical and practical perspectives* (pp. 224–244). Hershey, PA: IGI Global.

Dede, C., Honan, J., & Peters, L. (Eds.). (2005). *Scaling up success: Lessons learned from technology-based educational innovation*. New York: Jossey-Bass.

Dunn, K., & Mulvenon, S. (2009). A critical review of research on formative assessment: The limited scientific evidence of the impact of formative assessment in education. *Practical Assessment, Research and Evaluation, 14*(7), 1–11.

Heritage, M. (2007). Formative assessment: What do teachers need to know and do? *Phi Delta Kappan, 89*(2), 140–145.

Heritage, M. (2010). *Formative assessment and next-generation assessment systems: Are we losing an opportunity?* Washington, DC: Council of Chief State School Officers.

Krupa, E. E., & Confrey, J. (2010). *Teacher change facilitated by instructional coaches: A customized approach to professional development*. Paper presented at the Annual Conference of North American Chapter of the International Group for the Psychology of Mathematics Education.

Lehrer, R., Kim, M., & Schauble, L. (2007). Supporting the development of conceptions of statistics by engaging students in measuring and modeling variability. *International Journal of Computers for Mathematical Learning, 12*, 195–216.

Lehrer, R., & Schauble, L. (2006). Cultivating model-based reasoning in science education. In R. K. Sawyer (Ed.), *Cambridge handbook of the learning sciences* (pp. 371–388). Cambridge, UK: Cambridge University Press.

Maloney, A. P., & Confrey, J. (2010, July). *The construction, refinement, and early validation of the equipartitioning learning trajectory*. Paper presented at the 9th International Conference of the Learning Sciences, Chicago, IL.

Mandinach, E. B., & Honey, M. (Eds.). (2008). *Data-driven school improvement: Linking data and learning*. New York: Teachers College Press.

McManus, S. (2008). *Attributes of effective formative assessment*. Washington, DC:

Council of Chief State School Officers.

Means, B., Padilla, C., DeBarger, A. H., & Bakia, M. (2009). *Implementing data-informed decision-making in schools—Teacher access, supports and use*. Menlo Park, CA: SRI International.

Minstrell, J. (2001). Facets of students' thinking: Designing to cross the gap from research to standards-based practice. In K. Crowley, C. D. Schunn, & T. Okada (Eds.), *Designing for science: Implications from everyday, classroom, and professional settings* (pp. 369–393). Mahwah, NJ: Lawrence Erlbaum Associates.

Mislevy, R. J., Steinberg, L. S., Almond, R. A., & Lukas, J. F. (2006). Concepts, terminology, and basic models of evidence-centered design. In D. M. Williamson, I. I. Bejar, & R. J. Mislevy (Eds.), *Automated scoring of complex tasks in computer-based testing* (pp. 15–47). Mahwah, NJ: Lawrence Erlbaum Associates.

Mojica, G. (2010). *Preparing pre-service elementary teachers to teach mathematics with learning trajectories*. Unpublished doctoral dissertation, North Carolina State University, Raleigh, NC.

North Carolina Department of Public Instruction (NCDPI). (n.d.). *Accountability and curriculum reform effort*. Retrieved from http://www.ncpublicschools.org/acre/

Popham, W. J. (2008). *Transformative assessment*. Alexandria, VA: Association for Supervision and Curriculum Development.

Porter, A. C. (2005). Prospects for school reform and closing the achievement gap. In C. A. Dwyer (Ed.), *Measurement and research in the accountability era* (pp. 59–95). Mahwah, NJ: Lawrence Erlbaum.

Shepard, L. A. (2000). The role of assessment in a learning culture. *Educational Researcher, 29*, 4–14.

Shute, V. J. (2008). Focus on normative feedback. *Review of Educational Research, 78*, 153–189.

Sztajn, P., & Confrey, J. 2010. *Building a conceptual model of learning-trajectory based instruction*. Grant proposal funded by U. S. National Science Foundation.

Stiggins, R. J. (2005). From formative assessment to assessment FOR learning: A path to success in standards-based schools. *Phi Delta Kappan, 87*, 324–328.

Tarr, J. E., McNaught, M. D., & Grouws, D. A. (in press). The development of multiple measures of curriculum implementation in secondary mathematics classrooms: Insights from a three-year curriculumevaluation study. In I. Weiss, D. Heck, K. Chval, & S. Zeibarth (Eds.), *Approaches to studying the enacted curriculum*. Greenwich, CT: Information Age Publishing.

Thissen-Roe, A., Hunt, E., & Minstrell, J. (2004). The DIAGNOSER project: Combining assessment and learning. *Behavior Research Methods, Instruments, & Computers,*

36(2), 234–240.

Wilson, M. (2005). *Constructing measures: An item response modeling approach.* Mahwah, NJ: Lawrence Erlbaum.

Wilson, P. H. (2009). *Teachers' uses of a learning trajectory for equipartitioning.* Unpublished doctoral dissertation, North Carolina State University, Raleigh.

9

형성 평가
_DTP의 핵심 요소

_ Michael Russell

형성 평가는 학생의 학습 개선을 위한 목적으로 교수 전 또는 교수 중에 학생들의 지식과 이해에 대한 정보를 수집하고 분석하여 교수 과정 대한 정보를 제공하는 프로세스이다(이 책 8장 참조). DTP에서 또는 다른 형태의 교실 지도에서 학생의 학습을 지원하는 형성 평가의 효과에 영향을 미치는 것에는 최소 세 가지 특징이 있다. 첫째, 교수자(가르치는 사람)에게 제공되는 정보는 현재의 학습 목표들과 연관된 것이어야 한다. 둘째, 정보는 적시에 전달되어 교수자가 학생 또는 학생들 그룹에 개입할 기회를 갖도록 해야 한다. 셋째, 교사 또는 학생이 행동을 취할 수 있도록 정보가 충분히 구체적이어야 한다(Black & William, 1998a, 1998b).

　오늘날, 학생들의 학습에 관한 정보를 수집하는 데 사용될 수 있는 많은 컴퓨터 기반의 도구들이 존재한다. 그럼에도 불구하고, 그런 정보가 학습 목표들(지금 현재 또는 다음의 수업을 위한)에 밀접하게 연관되고, 적시에 수집되지 않으면, 이는 형성 평가 본연의 목적을 만족시키지 못한다. 이러한 이유 때문에, 광범위한 학습 목표들과 관련된 성취를 모니터링하기 위해 실시되는 정기적인 시험들은 형성 평가의 정의 안에 속하지 않는다. 대신에, 이러한 정기적인 평가들은 한시적인 것으로 간주된다. 유사하게, 총괄 평가의 결과가 학생들이 숙달이 필요한 것으로 보이거나 또는 더 발전시켜야 할 필요가 있는 주제와 기술들을 식별하는 데 사용될 수 있는 한편, 누적된 정보의 입수와 특정한 지식과 기술을 더 발전시킬 다음 기회 간의 시간적 차이로 인해 총괄 평가가 형성 평가의 목적으로 사용되는 것이 불가능하다.

이 장의 전체적인 맥락에서 볼 때, 컴퓨터 기반 테크놀러지라 함은 정보를 기록, 처리, 제시하는 컴퓨터 기반의 알고리즘을 사용하는 어떤 기기로도 정의할 수 있다. 이는 데스크톱과 노트북 컴퓨터, 포켓용 컴퓨터(예, 팜파일럿), 학생 반응 기기들, 웹 기반 애플리케이션, 그리고/또는 웹 기반의 의사소통을 가능하게 하는 최신식 휴대폰과 같은 도구들(예, 아이폰)을 포함한다. 이들 기기들 중 어느 것이나 또는 모든 것이 형성 평가를 지원하기 위해 DTP에 통합될 수 있다. 형성 평가를 지원하기 위해 컴퓨터 기반 기술들이 사용될 수 있는 방법들이 많이 있지만, 이 장에서는 인지적 진단 평가, 상호작용 항목의 재생, 학생 작업 샘플의 채점 또는 코딩의 외부 위탁을 포함하는 세 가지 유용한 사용 분야에 초점을 두기로 한다. 이 장에서는 먼저 DTP에서 형성 평가의 역할과 형성 평가의 타당성 고려의 중요성에 대하여 간략히 숙고한 뒤에 이러한 측면의 여러 가지 예를 추가하겠다.

인지적 진단 평가

수십 년 동안, 교사들과 시험 개발자들은 수학 문제를 푸는 동안 학생들이 저지르는 오류들을 구별하기 위해 학생 반응들을 검토해 왔다. 대부분의 경우, 오류의 분석은 한 부류의 문제들을 푸는 데 사용되는 공통의 알고리즘의 잘못된 적용에 집중되었다. 문제-해결 알고리즘이 적용되었을 때, 발생하는 오류를 바로잡음으로써 주어진 영역에서 학생들이 더 강력한 수학적 기술을 개발하리라고 생각되었다.

또한 학생의 오류가 감소함에 따라, 개념적 이해가 향상되었다고 간주되었다. 그러나, 오류 분석의 한계점 중 하나는 이것이 통상, 학생의 개념적 이해에 대해서보다는 학생이 문제를 풀기 위해 주어진 절차를 따르는 정확성에 집중된다는 것이다. 그렇기 때문에 오류 분석이 문제-해결 전략의 적용에서 학생이 오류를 저지르기 쉬운 부분의 구별에는 효과적인 한편, 지속적이고 체계적인 개념적 오류 또는 오개념을 식별하지는 못한다.

진단 평가들은 학생들이 문제를 풀 때 따르는 단계들에 집중하기보다는 문제를 풀 때 학생이 적용하는 인지적 이해에 집중한다. 인지적 이해는 측정되는 구인에 한정되며, 그 이해로부터 따라오는 인지적 과정들의 평가는 그 구인에 한정된 인지 이론에 바탕을 두고 있다. 따라서, 학생들이 새로운 개념에 처음 노출되었을 때 개념의 잘못된 이해와 충분하지 않은 추론의 적용이 일관성 없음을 깨닫게 하고 통계적 모형들의 한 개 항목보다는 다양한 사건들에 걸쳐 잘못된 이해 또는 불충분한 이해에 문제가 있음을 파악하는 데 적용될 수 있다. 이에 따라, 진단 평가들은 교사들로 하여금 문제를 푸는 데 필요한 특정한 단계를 수업 목표로 하는 활동들보다는 학생들의 개념적 이해에 집중하는 활동들에 집중하도록 할 수 있다.

진단적 대수와 기하 평가 프로젝트

진단적 대수 평가(DAA: Diagnostic Algebra Assessment)와 진단적 기하 평가(DGA: Diagnostic Geometry Assessment)는 교사들이 대수와 기하의 주어진 영역에서 잘 못하고 있는 학생들을 식별하는 것뿐 아니라, 그들이 "왜" 제대로 못하는지를 식별하는 것을 돕기 위해 설계된 진단 평가의 사례들이다. DTP의 과정들과 일관되게, 특정한 "왜"에 의하여 파악된 식별된 학생들을 돕기 위해, DAA와 DGA는 교사들과 학생들을 그 오개념을 바로잡기 위한 교수 자원들과 연결해 준다. 이러한 교수 자원들은 오개념 뒤의 배경 지식을 설명하고 교실 안에서 그 오개념을 바로잡기 위한 교수 전략들을 제공하는 데 중점을 둔다. 이러한 방법으로, DAA와 DGA는 시스템 접근법을 사용하는데, 이는 1) 학생의 현재 이해 상태에 대한 정보를 수집하고, 2) 그 정보를 효율적이고 유익한 방식으로 돌려주고, 3) 교사들과 학생들을 주어진 오개념을 중심으로 한 정된 지도 및 학습 자원들에 연결시키고, 4) 교사들로 하여금 학생의 이해에서 나타나는 변화를 평가하는 기회들을 제공하는 것을 포함한다. 또한 DTP와 일부 컴퓨터 기반의 학습 또는 튜토리얼 시스템들과는 달리, DAA와 DGA는 학생의 학습 프로세스에서 교사의 적극적 참여에 의존한다.

교수가 시작되기 전, 교사들은 학생들이 지니고 있는 선행 지식과 개념들을 평가하고 이러한 선행 지식과 개념 뒤의 사고를 조사하고 난 다음 그 결과들에 기반하여 적절한 교수를 설계해야 한다. 학생들이 백지상태에서 교실에 들어오지 않기 때문에, 교사들은 이러한 학생들이 지닌 이해들에 기반하거나 이를 발전시키기 위해서 최초의 이해들을 끌어낼 필요가 있다(Airasian, 1991; Bransford & Vye, 1989; Bruer, 1993; Fennema &

Franke, 1992; Fisher & Lipson, 1986; Mestre, 1987; Popham, 1995; Resnick, 1983; Wittrock, 1986).

학생들의 사전 지식 때문이라는 이러한 믿음에 기초하여 지도가 시작되기 전 평가가 실시되고 관리되어야 한다는 것이 DAA와 DGA의 기본 토대로, DAA와 DGA는 대수와 기하에서 존재하는 오개념을 식별하는 데 중점을 두는 방대한 양의 인지적 연구의 결과들을 활용하고 있다. DAA와 DGA는 변수의 개념, 등호, 도식화, 도형의 속성, 변환, 측정과 같은 오개념들에 집중하였다.

테스트 개발하기 각 오개념에 대처하기 위해 각각 10개에서 12개 항목을 포함하는 두 종류의 짧은 시험이 개발되었다. 각 시험의 의도는 목표로 한 오개념을 가지고 학습할 가능성이 있는 학생들을 식별하기 위해 지도 과정에서 일찍 사용될 수 있는 한 가지의 테스트를 교사들에게 제공하고, 그 학생의 개념적 이해가 바뀌었는지 여부를 검토하기 위해 나중에 교수 과정에서 사용될 수 있는 두 번째 테스트를 제공하는 것이다. 각 테스트는 그 학생의 목표 개념에 대한 이해의 수준과 그 학생이 목표 오개념을 적용한 정도를 동시에 추정하도록 설계되었다.

이들 테스트를 개발하는 데 있어서 첫 번째 단계는 각각 특정한 오개념에 집중하는, 복수의 항목 세트를 만들어 내는 것과 관련되어 있다. 이 과정은 Confrey와 Maloney에 의해 채택된 것과 유사한데(이 책 8장 참조), 다른 점이 있다면 초점을 학습 궤적 내에서의 현재 위치보다는 특정한 오개념들에 두고 있다는 것이다. 앞으로 이루어질 개발 내용에서는, 학습 궤적 내에 학생을 두는 Confrey와 Maloney의 접근법과 그 경로를 통과하는 학생의 진도를 지연시킬 수 있는 현재 위치와 연관된 특정한 오개념을 식별하는 우리의 접근법을 결합하는 것이 의미 있을 것으로 판단된다.

테스트 항목들은 기존의 인지적 연구에 기반하여 설계되었다. 각 테스트 항목은 정답이나 만약 학생이 목표 오개념을 적용한다면 선택될 응답 옵션, 목표 오개념에 관련 없는 추가 선택지들을 포함한다. 이러한 테스트들은 예비 테스트를 했으며 가장 믿을 수 있고 1차원적인 척도를 형성하기 위해 각 테스트 항목들의 하위 집합이 선택되었다.

인지적 타당성 연구 성적이 가장 좋은 항목들로부터 새 테스트들이 만들어진 후, 특정 오개념에 관한 정보를 어느 정도까지 제공할지를 결정하기 위하여 인지적 타당도 연구가 진행되었다. 이때 Messick의 타당성 모형이 사용되었다(1989). 이 모델에서 타당도는 내용 타당도, 구인 타당도, 기준 타당도, 결과 타당도라는 네 가지 측면으로 구성된 통일된 개념으로 정의된다.

1) 내용 타당도는 평가가 관심 영역을 적절하고 대표적으로 표집하는 지를 평가하는 정도이다. 내용 타당도는 미국의 전국 수학표준교사평의회에 의해 정의된 대수 영역에 테스트 항목들을 비교함으로써 평가되었다.

2) 구인 타당도는 피시험자가 직접적 이해가 없는 추가 구인을 적용하지 않고, 이해 관련된 구인을 적용할 것을 요구하는 평가의 정도이다(즉, 테스트가 측정하고자 하는 것을 측정하는가?). 구인 타당도는 개입 연구를 사용해서 평가되었고, 각 척도의 내부적 구조에 집중한 통계적 분석을 실시하고, 주어진 개념과 관련된 오개념을 측정한 다수의 진단 항목 세트에 기반한 분류의 일관성을 검토한다.

3) 기준 타당도는 평가가 이해의 구인에 관한 피시험자의 다른 정보

와 일관성 있는 정보를 제공하는 정도이다. 기준 타당도는 각 학생의 학급 활동에 기반한 교사 평가들과 DAA 결과를 비교함으로써 평가되었다.

4) 결과 타당도는 평가에 의해 제공된 정보의 사용이 긍정적이고 바람직한 결과로 이끌고 바람직하지 않거나 부정적인 결과들을 제한하는 정도이다. 결과 타당도는 네 그룹 클러스터 임의 통제 시도 설계를 사용한 예비적 효과 연구를 실행하여 평가되었다.

테스트 실행하기 테스트를 실행하기 위하여 다음과 같은 네 개의 그룹이 구성되었다. 그룹 1은 DAA로부터 전통적인 피드백만을 받는 대조군(정답의 백분율과 항목-수준의 맞음/틀림 정보), 그룹 2는 전통적 피드백과 학생 오개념에 중점을 둔 진단적 피드백을 받았고, 그룹 3은 전통적 피드백과 교수 자원 패키지를 받았고, 그룹 4는 완전한 개입이라고 말할 수 있는 진단적 피드백과 교수 자원 둘 다를 받았다. 테스트를 위하여 교사들은 네 개 군 중 하나에 무작위로 배정되었다. 또한 교수 자원 효과를 진단적 피드백 효과들로부터 분리하기 위해 복수의 군들이 사용되었다.

44명의 교사들이 예비 연구를 위한 모든 요구사항들을 끝냈다. 이 교사들은 DAA 전과 후의 테스트를 905명 학생들에게 실시하였다. 사전 테스트를 운영한 후, 그들의 군 배정에 따라 교사들에게 전통적 또는 진단적 피드백이 주어졌다. 지도 자료를 받은 군의 교사들은 다음 3주 동안에 걸쳐 이 자료들을 사용하도록 지시받았다. 마지막으로, 모든 군의 교사들이 사후 테스트를 실시하였다. 사전 사후 테스트 각각은 각 오개념을 위한 10개에서 12개 항목으로 설계된 34개의 항목을 포함하였고 내용과 난이도에 의해 관련성이 있도록 분류하였다.

DAA를 위한 구인 타당도 및 기준 타당도 연구들은 DAA가 목표로 하는 대수 오개념의 효과적 평가라는 예비적 증거를 제공한다. 구체적으로, DAA는 지속적으로 높은 성취를 나타내는 학생들과 목표하는 오개념을 나타내는 학생들로 분류하였다. 분류 일관성은 오개념에 따라서, .73에서 .87에 걸쳐서 나타났다. 초기 타당도 연구들이 완료된 후, 시범적 효과 연구가 실시되었다. 이 연구는 14%의 학생들이 변수 개념의 오개념을, 12%가 도표의 오개념을, 11%가 등호의 오개념 아래에서 조작하였음을 발견하였다.

네 개 그룹의 사전 테스트 점수들 간의 차이점들도 분석되었다. 통계적 분석은 완전한 개입(그룹 4)이 다른 세 개의 개입(그룹 1~3)과 비교했을 때 능력 점수에서 크고 통계적으로 유의한 효과를 가졌음을 나타내었다(효과의 크기는 0.76에서 0.91 표준편차들에 걸쳐 있었다). 이러한 결과들은 완전한 개입군의 학생들이 세 개 비교군들의 학생들보다 사후 테스트에서 더 높은 능력 점수를 나타냈음을 의미한다(Russell, O'Dwyer, & Miranda, 2009).

학생이 오개념을 나타내는지를 파악하기 위한 항목들이 채점된 경우에도 유사한 결과들이 발견되었다. 완전한 개입군(그룹 4)의 표준화 평균은 대조군, 교수 자원 없이 진단적 오개념 보고를 받은 군, 그리고 진단적 오개념 보고 없이 교수 자원을 받은 군보다 각각 표준편차가 0.72, 0.63, 0.80 정도 낮았다. 이러한 차이들은 완전한 개입군의 학생들이 세 개 비교군들의 학생들보다 사후 테스트에서 낮은 오개념 점수를 가지고 있음을 가리킨다. 이러한 오개념 결과와 능력 결과는 중간에서 큰 효과 크기를 나타낸다. 처리 효과를 추정하기 위해 사용된 추가적인 다단계 회귀 모형도 효과 크기 분석과 마찬가지로 동일한 결과의 패턴을 드러냈다(Russell et al., 2009).

DAA와 DGA 테스트의 영향 DAA는 학생 오개념을 식별하고 이러한 오개념들을 목표로 하는 교사들을 돕는 데 있어서 성공적이고, 광범위한 영향을 나타냈다. 약 26개 주에 걸쳐 84명의 교사와 2,000명의 학생들이 실험과 타당성 시험에 참가하였다. 추가로 44명의 교사와 거의 1,000명의 학생들이 최초의 시범적 효과 연구에 참여하였다. 뿐만 아니라, DAA는 메인, 뉴 햄프셔, 로드 아일랜드, 버몬트 주 평가 담당 이사들과 협력하여 그들 주 평가에 적응적인 진단 요소를 만드는 것의 타당성과 효용성을 검토하기 위해 실행된 연구를 위한 발판이 되었다(Russell & Famularo, 2008).

대수와 기하를 위한 진단 평가 시스템 개발을 완성하기 위해서는 아직 많은 일을 해야 하지만, 이 프로젝트들의 초기 성공은 교육용 테스트가 학생 능력을 추정하는 것보다 더 많은 일들을 할 수 있음을 보여준다. 지금까지 행해진 작업은 인지적 이해와 특정한 오개념의 존재를 동시에 측정하기 위해 잘 구성된 응답 옵션이 개발될 수 있다는 증거를 제공한다. 더군다나, 지금까지 행해진 타당화 작업은 주어진 개념에 대하여 강력하게 개발된 이해를 가진 학생들은 지속적으로 그 개념적 이해의 정확한 적용을 나타내는 응답 옵션들을 선택한다는 증거를 제공한다. 유사하게, 오개념을 가진 학생들은 정확한 개념을 측정하기 위해 설계된 테스트 항목들의 샘플에 걸쳐 지속적으로 그 오개념을 사용한다는 증거를 보여준다. 마지막으로, 시범 효능 연구 결과들은 주어진 오개념을 바로잡는 것을 돕기 위해 설계된 지도 활동들이 시행되었을 때, 오개념이 바로잡히고 개념적 이해가 향상됨을 보여준다.

DAA와 DGA는 앞으로 DTP 프로세스와 일관되게 학생 성취와 미성취의 이유 둘 다에 초점을 두는 교실 평가의 새로운 접근 모델이 될 잠재력을 가지고 있다. 비록 진단 항목들과 관련된 교수 활동들이 많은 노력과 시간 투자를 요구하지만, DAA와 DGA를 위해 적용된 기술들은 넓은 범위의 과학 및 수학 개념들에 적용될 수 있다. 게다가, 결과적 측정치는 비교적 단순하지만 교사들에게 즉각적 피드백을 제공하기 때문에 이러한 평가들은 DTP 및 다른 형태의 교실 지도에 쉽게 통합될 수 있다. 피드백 및 지도 노력에서 오개념을 다루기 위한 교사의 적극적 관여가 이 책 1장에 묘사된 DTP 내 두 번째 루프와 일관됨을 인식하는 것이 중요하다.

상호작용적 항목 재생

형성 평가를 컴퓨터 기반 시스템으로 실시하는 것은 학생의 현재 이해 상태와 문제 해결 과정들을 평가하기 위한 상호작용적 항목의 유형들을 이용하는 데 중요한 방법들을 제공한다. 전통적 평가들은 종종 선다형 문항 또는 짧은 단답형 문항에 의존해 왔다. 이러한 문항 유형들은 문항 개발 및 문항 채점의 측면 모두에서 효율적이다. 그러나 이러한 방식에서 학생들이 문제를 해결할 때 취하는 단계들에 대한 설명은 부족하다. 그러나 콘텐츠에 포함된 상호작용적 항목들은 학생들이 문제를 해결할 때 취하는 단계들을 기록할 수 있다. 상호작용적 항목들은 일반적으로 학생들에게 문제 상황을 제시하면서 시작한다. 그런 다음 학생들은 문제 해결을 위한 도구들을 제공받는다. 어떤 경우에 그 도구들은 학생들이 모의 실험을 할 수 있도록 한다. 예로, 전미 교육진 도평가(NAEP: National Assessment of Education Progress)에서는 테크놀러지를 충분히 활용하여 해결해야 하는 과제들에서 학생들에게 [열기구의 부피], [탑재량의 질량], [열기구가 탑재량을 띄울 수 있는 높이 간의 관계를 탐색할 것을 요구한다. 학생들은 그들이 열기구의 부피와 탑재량의 질량을 변경할 수 있는 일련의 가상 실험들을 행할 수 있게 하는 도구들을 제공받는다. 학생들은 또한 열기구의 고도와 도표에 기록 정보를 측정할 수단들도 제공받는다. 그런 다음 이러한 도구들을 통해, 학생들은 부피, 탑재 질량, 높이들 간 관계를 탐색하고 분석하는 데에 이용되는 데이터를 수집하기 위해 일련의 실험들을 실행할 수 있다. 이 책의 7장은 몰입적 인터페이스들이 어떻게 학생들이 무엇을 알고 모르는지 평가할 수 있게 하기 위하여 더 풍부한 학습 경험들을 제공할 수 있는지 설명한다.

다른 상호작용 항목들은 학생들에게 어떤 개념을 이해했는지 보여주기 위해 조작하도록 기대되는 대상들을 제시한다. 그림 9.1은 위에서 간략하게 논의된 도형의 오개념을 위한 상호작용 항목의 스크린 샷을 보여준다. 이 항목에서 학생들은 직사각형을 만들기 위해 선분을 움직일 수 있다. 선들은 작업공간 내에서 어디로든 이동될 수 있고 어떤 순서로도 조작될 수 있으며 언제라도 원위치로 되돌릴 수 있다.

또한 이 항목은 학생들에게 그들이 만드는 사각형의 숫자에 대해 명확히 얘기하고 왜 일부 선분들이 사용될 수 없는지 설명할 것을 요구한다. 오개념의 측정을 위해 개발된 비슷한 상호작용 항목은 학생들이 그들이 면적을 측정하기 위해 어떻게 공간을 구성하는지에 대한 사고 과정들을 보일 것을 요구한다. 학생들은 사각형의 면적을 결정하기 위해 대상들(이 경우 정사각형 타일)을 조작할 것을 요구받는다. 학생들은 또한 그들의 면적 추정을 가리키는 숫자 응답과 타일을 사용해서 면적을 어떻게 알아냈는지 설명도 제공해야만 한다.

이 항목들 둘 모두를 위해 학생들이 제공하는 숫자 응답은 그들의 이해 수준을 추측하기 위해 분석될 수 있다. 그러나 숫자 응답을 만들기

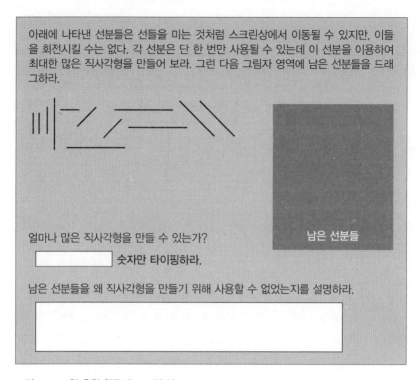

아래에 나타낸 선분들은 선들을 미는 것처럼 스크린상에서 이동될 수 있지만, 이들을 회전시킬 수는 없다. 각 선분은 단 한 번만 사용될 수 있는데 이 선분을 이용하여 최대한 많은 직사각형을 만들어 보라. 그런 다음 그림자 영역에 남은 선분들을 드래그하라.

얼마나 많은 직사각형을 만들 수 있는가?

[   ] 숫자만 타이핑하라.

남은 선분들을 왜 직사각형을 만들기 위해 사용할 수 없었는지를 설명하라.

남은 선분들

그림 9.1. 도형 혼합 항목의 스크린 샷

전에 취해진 단계들을 검토함으로써 추가적 정보가 획득될 수 있다. 그림 9.1의 항목의 경우에, 둘 또는 그 이상의 채점 범주에 학생들 선분의 조작을 분류하기 위해 자동화 채점 알고리즘이 또한 적용될 수 있다. 사실, 이 항목을 위해서 학생들의 반응을 세 가지 범주로 분류하기 위한 절차들이 개발되었다. 즉, 완전한 이해, 불완전한 이해, 제한된 이해이다. 완전한 이해를 위해서는, 학생들의 선 조작은 세 개 직사각형으로 귀결되었는데, 하나는 긴 쪽이 수평으로 위치했고, 하나는 수직으로, 하나는 대각선 방향이다.

불완전한 이해를 위해서는, 학생들은 수평 및 수직 지향 사각형들은 만들 수 있으나, 대각선 방향은 아니다. 제한된 이해를 위해서는, 사각형이 없거나 단지 수직 또는 수평 사각형만이 만들어졌다. 응답들을 자동적으로 채점하기 위해서, 알고리즘이 선분들 간 거리를 검토하고 주어진 응답을 위한 거리들의 유형을 애초에 두 명의 인간 채점자가 채점한 일련의 응답들에서 보여진 거리들의 유형과 응답자들이 제시한 선분들 간의 거리를 검토하고 비교하는 알고리즘이 사용되었다.

학생들을 분류하기 위해 조작 그리고/또는 숫자적 응답이 요구되는 과제를 제시하는지에 상관없이, 이러한 방법의 잠재력이 갖는 장점은 학생들이 수행한 절차들을 재생시켜 볼 수 있다는 점이다. "오개념 소유자"로 또는 불완전한 이해를 가진 학생들로 분류된 학생들을 위해서는, 그들이 실행한 바를 재생시켜 봄으로써 교사들에게 학생들이 문제를 풀 때 취하는 과정들에 대한 중요한 통찰을 제공할 수 있다. 그림 9.1에 그려진 선분 문제를 위해, 재생 기능은 문제를 풀 때 학생이 한 각각의 조작을 디스플레이해 준다. 시간을 절약하기 위해, 각 조작 사이의 시간은 없이, 재생은 조작들의 시퀀스로 일어난다. 이러한 방법으로, 교사는 학생들이 어떤 선분을 조작하려 의도했었는지와 조작의 순서, 선분을 조작할 때 학생이 마주쳤을 법한 혼동을 식별할 수 있다.

비슷하게, [면적]의 학생 이해를 측정하기 위해 설계된 항목은 학생들에게 도형의 면적을 추정하기 위해 다양한 모양의 타일들을 조작하라고 요구한다. 이러한 면적 문제들은, 재생을 통해 교사가 학생이 취한 각 단계를 볼 수 있게 하고 학생이 도형에 맞는 타일의 숫자를 세기 위해 면적을 채우려고 했는지, 주어진 알고리즘(예, 길이×너비)을 적용했는지, 면적을 둘레와 혼동했는지 또는 다른 전략을 채택했는지에 대한 통찰을 제공한다. 이 재생은 이 책 7장에 묘사된 것처럼, 아주 많은 데이터를 제공할 수 있다. 재생이 갤러리를 통해 다른 학생들과 공유될 때

(6, 8, 10장에 설명된 바와 같이), 교사들은 개념, 문제를 풀기 위한 다른 전략들, 그리고 특정한 오개념에 대한 토론에서 학급의 주의를 끌기 위한 학생 반응들을 사용할 수 있다. 이와 같이 피드백의 획득, 분석, 디스플레이는 DTP의 주요한 잠재적 강점의 하나이다.

우리의 연구에서 학급 상황의 녹화 동영상 사용은 아직 검토되지 않았다. 그러나, 우리는 자동화된 채점, 학생들의 현재 이해의 분류에 대한 피드백, 학생 과정들의 녹화 동영상이 교사들에게 학생 사고와 문제-해결 절차들에 대한 더 깊은 통찰을 제공할 것을 보장한다. 게다가, 녹화 동영상은 교사들이 도움을 필요로 하는 학생들을 식별하고, 녹화 동영상을 같이 보면서 생각한 것들을 얘기하는 기회들을 제공할 수도 있다.

외부 위탁

교육에서 데이터에 기반한 의사결정이 많이 강조되어 왔다. 교실의 한계 내에서, 교사들은 종종 학생 학습에 관한 상당한 양의 데이터를 모으지만 그 데이터를 잘 사용하기 위해 고군분투한다. 학생 데이터 수집의 효율성을 더욱 증가시키기 위해, 외부 위탁(Out Sourcing)이 이용될 수도 있다. 일부 사람들은 외부 위탁이라는 단어를 부정적으로 인식한다. 많은 이들이 외부 위탁을 재배치(relocation)와 혼동하는데, 이는 미국에서 노동력이 덜 비싼 다른 나라로 일자리를 전환하는 것과 연관되어 있다. 그러나 외부 위탁은 단순히 일자리를 한 곳에서 다른 곳으로 옮기는 것보다 더 복잡하다. 외부 위탁은 조직의 일부분을 다른 조직으로 전환하는 것에 연관된다. 이 전환은 집단의 더 낮은 수준의 단순한 측면들에 집중하며, 이런 것의 제거는 신중하게 행해졌을 때 조직으로 하여금 보다 도전적이고 수익성 좋은 측면들에 집중할 수 있도록 시간과 자원을 자유롭게 사용할 수 있게 할 것이다.

예를 들면 단순한 소득 신고와 복잡한 소득 신고 둘 모두를 다루는 세무법인을 생각해 볼 수 있다. 회사는 단순한 신고를 처리하기 위해 내부적 자원들을 투자하기보다는 복잡한 신고에 그 전문성을 쏟기로 결정할 수 있다. 단순한 신고 일감의 감소 없이 이 일을 효율적으로 하기 위해 회사는 단순한 신고를 처리하기 위해 더 낮은 수준의 전문성을 가진 회계사들을 고용하는 지점을 내든가 또는 단순한 신고를 효율적으로 처리하기 위해 설립된 별도의 조직에 이러한 신고들을 외부 위탁할 수도 있다. 어느 경우에나 회사는 잘 훈련된 회계사들을 상당히 단순한 신고에 일하게 하는 데 시간을 투자하기보다는 그러한 신고들을 외부 위탁하여 더 많고 복잡한 신고에 그들의 광범위한 지식을 적용할 수 있게 한다.

읽기 평가의 외부 위탁

교육 분야에는 교실 밖 누군가에 의해서 보다 효율적으로 행해질 수 있는 평가의 일부 측면이 있다. 예를 들면 읽기 기록은 학생들이 읽은 것을 교사가 듣고 코딩하자면 상당한 시간 투자를 요구한다. 교사들이 학생들이 읽는 것을 들으면서 학생이 보여주는 읽기 과정의 특정한 측면들에 대한 중요한 정보를 배우기는 하지만, 읽기 기록의 주의 깊은 코딩을 외부에 위탁하는 것은 교사들로 하여금 다른 활동들에 관여할 시간 여유를 만들어 줄 수 있다.

많은 저학년 초등학교 학급에서, 교사들은 읽기 기술을 개발하는 데 학생 진도를 모니터링하기 위해서 자주 수집한 "진행되는" 읽기 기록들을 사용한다. 움직이는 기록들은 학생이 구절을 소리 내어 읽음에 따라 교사들이 개별 학생을 관찰할 것을 요구한다. 전통적으로, 교사는 동일한 구절의 종이에 기반한 사본을 가지고 있으며 잘못 발음되거나, 건너뛰거나, 반복되거나 또는 다르게 학생에게 도전을 제시한 부분들을 표시한다. 학생이 읽기를 끝내면 곧바로 교사는 전형적으로 나타나는 실수의 범주들을 합계 내고 기록부에 그 합계를 기록한다. 시간이 감에 따라, 이러한 기록들은 교사가 학생의 읽기 기술의 발전을 평가하기 위해 사용할 수 있는 증거를 제공한다.

비록 읽기 기록들이 수천 개의 초등학교 교실에서 사용되고 있지만, 종이에 기반한 기록들을 사용하여 진도를 기록, 추적, 보고하는 과정은 번거롭고 제한적이다. 너무 자주, 읽기 기록들에 의해 제공된 풍부한 데이터는 파일 캐비닛에 방치되고 읽기 진도를 총평가하기 위해서만 사용된다. 그러나, 이들의 세부적 성격 때문에, 읽기 기록들은 학생들이 읽을 때 경험할 구체적 도전들에 대하여 상세한 평가를 제공할 잠재력을 가지고 있다.

읽기 기록들의 효율성과 유용성을 높이기 위해, 와이어리스 제너레이션은 "mCLASS: Reading[28]"을 개발하였는데, 이는 palm 기반의 애플리케이션으로 교사들이 학생의 읽기 기술에 대한 정보를 전자적으로 획득하는 것을 가능하게 한다. 이 애플리케이션은 교사들이 그들 학급에서 각 학생들을 위한 프로파일을 작성할 수 있게 한다. 여기서는 학생이 소리 내어 읽는 본문의 전자적 사본을 디스플레이한다. 학생이 문서

---

28. 이 애플리케이션의 보다 나은 이해를 위해서는 http://www.wirelessgeneration.com/assessment/ mclass-reading3d/overview/ 참조.

를 읽음에 따라, 교사는 PalmPilot 또는 다른 모바일 기기에 직접 오류들을 기록한다. 구절이 완성됨에 따라, mCLASS는 자동으로 각 실수 유형에 기록된 표시의 숫자를 합계 낸다. 그런 다음 교사들은 학생의 새 기록을 컴퓨터에 있는 데이터베이스에 업로드한다. 일단 업로드되면, 교사는 다양한 시각적 디스플레이를 사용하여 학생 기록을 검토할 수 있다. 어떤 경우에는 교사가 관찰 기간에 걸쳐 특정한 유형의 실수가 일어나는 빈도를 볼 수 있게 한다. 다른 디스플레이에서는 교사가 일정 기간에 걸쳐 학생의 읽기 수준의 변화를 검토할 수 있게 해준다. 다른 디스플레이는 비슷한 도전들을 가지고 있거나 비슷한 읽기 수준에 있는 동료들을 식별하기 위해 교사가 주어진 학생을 그의 동료들과 비교할 수 있게 한다. 이러한 장면들을 사용하여, 교사는 소그룹 지도 또는 읽기 파트너에 대해 학생들을 보다 잘 알고 결정을 내릴 수 있다. 또한 관련 소프트웨어는 교사들이 학생의 현재 읽기 수준과 도전들에 일치하는 책들을 식별할 수 있게 한다.

데이터를 전자적으로 수집하고, 중앙 데이터베이스에 이 데이터를 업로드하고, 읽기 기록들의 결과를 탐구하는 몇몇 도구들을 제공함으로써, mCLASS: Reading은 형성 평가를 가능하게 할 수 있다. 이는 세 가지 방법으로 학생 읽기 역량 평가를 단순화한다. 첫째, 애플리케이션에는 공통적으로 읽히는 많은 수의 텍스트가 데이터베이스에 수록되어 있다. 학생이 자신의 읽기 기록을 위해 읽을 텍스트를 선택할 때, 교사는 텍스트의 종이 사본에 접근할 필요가 없다. 대신에, 교사는 PalmPilot에서 텍스트에 접근하고 모든 오류를 직접 기록할 수 있다. 이는 읽기 기록을 실행하기 전에 요구되는 준비를 줄여준다.

둘째, 읽기 오류의 수와 유형을 종이에 표로 만들고 난 다음, 이 기록을 데이터베이스로 옮기지 않아도 된다. mCLASS: Reading은 자동적으로 이러한 작업들을 실행한다. 자동적 도표 작성은 시간을 절약하고 교육활동에 대해 잘 알고 내리는 결정을 적시에 하는 데 도움되는 데이터를 보장한다. 마지막으로, 데이터는 숫자 및 도해적 디스플레이를 사용하여 제시된다. 하나의 진행되는 기록이나 특정한 한 학생의 여러 개의 진행 기록들 또는 학급 내 모든 학생들의 종합을 요약하는 보고서들이 생성된다. 이러한 보고서들은 교실 교수에 대해 잘 알고, 결정을 내리기 위해 요구되는 여러 가지의 관찰과 몇몇 학생들로부터 수집된 데이터를 분석하는 과정을 단순화한다. 전통적인 방법인 종이를 활용한 기록들에 비교하면, mCLASS: Reading과 같은 컴퓨터 기반의 도구들은 평가 과정을 합리화하고 해석하기 쉬운 형식으로 풍부한 데이터를 제공할 수 있다. 이 애플리케이션은 또한 휴대 기기들이 DTP에서 더 큰 컴퓨터들을 보완할 수 있는 방법들을 표현한다.

전자적 데이터 수집과 형성 평가의 효율과 효용을 향상시키기 위한 분석의 잠재력을 깨닫고, 응용특별기술센터(CAST: Center for Applied Special Technology)는 컴퓨터 기반의 도구인 [Thinking Reader]를 보유하고 있는데, 이는 학생들의 구두 읽기의 전자적 견본들을 교사가 수집할 수 있도록 한다. 교사들은 그런 다음 코딩을 위해 이 전자적 읽기 견본들에 접근할 수 있다. 일단 코딩되고 나면, 교사는 각 학생의 강점과 약점을 식별하기 위해 점수를 검토할 수 있을 뿐 아니라, 시간에 따른 변화도 기록할 수 있다.

mCLASS와 Thinking Reader 같은 도구들은 학생 작업 샘플이 수집되고 코딩되는 것과 관련된 효율성을 향상시키기 위한 기술을 활용한다. 이러한 도구들은 또한 교사들이 더 쉽게 학생들이 지원을 더 필요로 하는 기술들을 식별하기 위해 평가 데이터를 분석하고, 시간의 경과에 따라 실행의 변화를 검토할 수 있도록 하는 전자적 도구들을 제공한다. 그러나 이러한 도구들은 아직도 평가의 이점들이 실현될 수 있기 전에 필요한 학생 반응들을 코딩하는 교사의 상당한 시간과 노력을 요구한다.

이 예에서, 학생 읽기 분석을 외부 위탁하는 것은 발화 인식 능력을 가진 컴퓨터 기반의 프로그램이나 또는 교실 밖에 위치한 사람에 의해 행해질 수 있다. 그런 다음 그 결과는 신속하게 교사에게 보내질 수 있고, 교사는 이 결과에 따라 지도를 수정할 수 있도록 한다. 학생 읽기들에 대한 전자적 사본을 유지함으로써, 교사들은 학생들이 보인 결과들의 요약에 접근하고 선택적으로 목표가 되는 문제를 가진 학생들을 위한 샘플들을 확인할 수 있다.

본질적으로, 이 효율성은 DAA와 DGA에 의해 제공된 것과 유사한데 이는 오개념을 가지고 학습한다고 판단되는 학생들을 식별하고, 교사들이 일부 학생의 작업 견본들의 재생을 선택적으로 볼 수 있게 하여 교사를 학생의 현재 지식 상태에 맞춘 특정한 지도 자원들에 연결시킬 수 있게 한다. DTP는 교사들을 도울 수 있는 다양한 형태의 외부 위탁이 보다 매끄럽고 집중적이며 효과적이 될 수 있게 하는 데이터 인프라구조를 가능하게 한다.

외부 위탁의 또 다른 교육적 사용 사례

외부 위탁의 개념은 채점과 같은 평가의 다른 영역들에도 적용될 수 있다. 많은 교사들에게 있어 과제와 문제 세트를 채점하는 것은 지루한 일이다. 교사가 채점하는 대부분의 문제들은 맞게 되어 있다. 교사의 주목을 정말 필요로 하는 것은 오직 많은 문제들에서 성취하지 못하는 학생들이다. 그러나 실제적으로 교사들은 문제들에 대한 답이 맞는지 아닌지를 들여다보는 데 대부분의 시간을 쓴다.

채점을 외부 위탁하는 것은 학생의 과제 수행 내용을 교실 밖 누군가에게 보내고, 그는 그 샘플들을 분석하고, 작업을 채점하고, 교사에게 성취 요약을 돌려보내는 것을 의미한다. 제공되는 요약 정보는 학생 성취, 한 명 또는 그 이상의 학생들이 가졌던 공통적 이슈들, 아주 못했던 학생들의 목록과 왜 그랬는지에 대한 가능한 설명, 그들 작업의 견본에 집중할 수 있다. 이렇게 되면 교사들은 채점에 시간을 보내기보다는 유사한 정보를 상당히 적은 시간에 입수할 수 있어 교수의 다른 측면들에 집중할 수 있게 해방시켜 준다.

같은 일이 쓰기 과제에도 일어날 수 있다. 모든 읽기 과제를 읽고 평하기보다는, 이 일의 일부는 쓰기 피드백을 제공하는 데 전문화되어 있는 교육자들에게 위탁될 수 있다. 학생들은 여전히 예비적 피드백을 받을 것이고, 교사들은 여전히 학생들의 최종 산출물을 보겠지만, 교사들은 모든 학생들로부터의 초안을 읽기보다는 보다 많은 학생들과 개별적으로 일하는 데 더 많은 시간을 가질 것이다. 인간을 통하여 이루어지는 외부 위탁과 유사한 방법으로, DTP는 개별 교실을 넘어서서 교사의 교육 효과성에 힘을 실어줄 수 있는 원거리에 있는 자원들로 확장된다.

타당성

검사의 타당성은 검사 점수에 기반하여 내리는 추론과 후속 결정에 중점을 둔다. 검사 성적, 추론, 의사결정 간의 주어진 관계에서, 평가의 목적이라는 맥락에서 검사 타당성의 중점을 두는 것이 중요하다. 논의된 바와 같이, 형성 평가의 주된 목적은 교수에 정보를 주기 위해서 학생들의 지식과 이해의 현재 상태에 대한 정보를 수집하는 것이다. 이 주어진 목적에서, 형성 평가에 보다 관련 있는 검사 타당성의 측면들은 검사에 의해 제공된 정보가 관심 있는 지식과 기술에 관련되어 있는 정도, 그 정보가 해석 가능하고 제때에 제공된 정도, 그리고 교사들이 하나 또는 그 이상 학생들 지식 또는 이해의 현재 상태에 기반하여 교수를 맞춤화하기 위해 그 정보를 사용할 수 있는 정도에 집중한다. 추가적으로, 교수 결정과 연관되어 있는 이해관계들이 상대적으로 낮을 때, 높은 신뢰성을 지닌 정보는 다소 여유를 가지고 요구될 수 있다.

위에서 제시된 예들은 형성 평가와 가장 관련이 깊을 수 있는 검사 타당성의 이슈들을 고려할 수 있는 흥미 있는 기회들을 제공한다. 전에 설명된 바와 같이, 진단 평가들은 아주 구체적인 구인과 연관된 오개념들을 측정하기 위해 개발되었다. 관심의 구인을 잘못 명시하거나, 표적 오개념의 부정확한 표현인 응답 옵션을 채택하거나 또는 부적절하게 응답을 오개념으로 분류하는 것은 평가에 의해 제공된 정보의 질을 낮출 것이다.

낮은 정보의 질로 인하여 학생이 잘못 분류되면, 두 가지 결과가 생길 수 있다. 첫 번째 경우에, 오개념을 "바로잡기" 위해 설계된 교수로부터 혜택을 받아야 하는 학생이 탈락될 수 있고, 이는 학생이 오개념에 고착되는 결과를 초래한다. 두 번째 경우에, 오개념을 가지고 있지 않은 학생은 그의 현재 학습 욕구를 만족시키지 못하는 지도를 받을지도 모른다. 두 번째 경우에, 지도는 학생의 개념적 발달을 저해하지는 않을 것이나, 보다 적절한 학습 기회를 지연시킬 수 있다. 이에 따라 첫 번째 경우는 해로운 교수 행동으로 귀결될 수 있다. 잘못된 진단을 피하기 위해, 진단 평가들은 여러 차례 관리되도록 설계될 수 있으며, 이는 DTP의 인프라 구조 안에서 하기 쉽다. 사실, 이는 DAA와 DGA가 교사들에게 각 진단 테스트의 두 개 버전을 제공하는 이유의 하나이다.

또한 위에서 탐색된 다른 두 개 예들은 중요한 타당성 이슈들을 제기한다. 구체적으로, 항목들과 학생 상호작용의 재생은 학생들의 문제-해결 전략과 절차들에 대해 강력한 통찰을 제공할 수 있다. 그럼에도 불구하고 이 잠재력을 활용하기 위해서 교사들은 관찰된 행위들을 특정한 전략 또는 절차와 연관 지을 수 있도록 훈련받아야만 한다.

이와 비슷하게 외부 위탁의 잠재적 효용을 활용하기 위해, 교실 밖에 있는 전문가들은 학생 작업 샘플에 반영되어 있는 실수, 오개념, 미개발된 지식을 식별할 수 있도록 훈련받아야만 한다. 정보가 적절하게 해석되듯이, 이 정보를 교사에게 다시 효과적으로 전하는 방법들 또한 요구된다. 일단 이것들이 달성되면, 외부 위탁의 잠재적 이점들이 교사가 학생들 작업 산출물의 분석에 직접적으로 관련되지 않았을 때 발생되는 잠재적 정보 손실과 비교 검토되어야 한다. 이는 DTP 연구에서 중요한 이슈이기도 하다.

DTP의 미래

형성 평가는 교실 내 교수에 정보를 제공하는 데 중요한 역할을 해야 한다. 학생 학습에 형성 평가가 가질 수 있는 긍정적 효과들을 극대화하기 위해서는, 이러한 평가들이 지도 목표들과 밀접하게 연결된 정보를 수집하고, 학생들의 인지적 이해와 과정들에 대한 통찰을 제공하고, 교사에게 적시에 해석하기 쉬운 방식으로 되돌려지는 것이 중요하다.

이 장에서 탐구된 예들은 컴퓨터 기반의 테크놀러지들이 이러한 단계들 각각을 어떻게 도울 수 있는지 보여준다. 진단 평가들은 학생들의 현재 이해 상태를 효율적으로 정확히 집어내고, 그 이해의 발전을 방해하는 오개념들을 식별하는 데 사용될 수 있다. 디지털 환경에서 학생들의 상호작용을 재생하는 것은 학생들의 인지적 과정들에 대한 의미 있는 통찰을 제공할 수 있다. 외부 위탁은 교사에게 학생 작업의 모든 세부사항을 분석하는 데 지도 시간을 투자할 것을 요구하지 않고서도, 신속한 정보의 반환을 제공할 수 있다. 이들과 관련된 다른 디지털 솔루션들이 DTP에 통합됨으로써, 형성 평가는 학습 지도의 부담없는 구성요소가 될 수 있다.

참 | 고 | 문 | 헌

Airasian, P. W. (1991). *Classroom assessment*. New York: McGraw-Hill.

Black, P., & Wiliam, D. (1998a). Assessment and classroom learning. *Assessment in Education, 5*(1), 7–74.

Black, P., & Wiliam, D. (1998b). Inside the black box: Raising standards through classroom assessment. *Phi Delta Kappan, 80*(2), 139–148.

Bransford, J. D., & Vye, N. J. (1989). A perspective on cognitive research and its implications for instruction. In L. Resnick & L. Klopfer (Eds.), *Toward the thinking curriculum: Current cognitive research* (1989 ASCD Yearbook) (pp. 173–205). Alexandria, VA: Association for Supervision and Curriculum Development.

Bruer, J. T. (1993). *Schools for thought: A science for learning in the classroom*. Cambridge, MA: MIT Press.

Fennema, E., & Franke, M. L. (1992). Teachers' knowledge and its impact. In D. Grouws (Ed.), *The handbook of research on mathematics teaching and learning* (pp.147–164). New York: Macmillan.

Fisher, K. M., & Lipson, J. I. (1986). Twenty questions about student errors. *Journal of Research in Science Teaching, 23*, 783–803.

Messick, S. (1989). Personality consistencies in cognition and creativity. In S. Messick and Associates (Eds.), *Individuality in learning* (pp. 4–22). San Francisco: Jossey-Bass.

Mestre, J. (1987). Why should mathematics and science teachers be interested in cognitive research findings? *Academic Connections* (pp. 3–5, 8–11). New York: The College Board.

Popham, W. J. (1995). *Classroom assessment: What teachers need to know*. Needham Heights, MA: Allyn & Bacon.

Resnick, L. B. (1983). Mathematics and science learning: A new conception. *Science, 220*, 477–478.

Russell, M., & Famularo, L. (2008). Testing what students in the gap can do. *Journal of Applied Testing Technology, 9*(4), 1–28.

Russell, M., O'Dwyer, L. M., & Miranda, H. (2009). Diagnosing students' misconceptions in algebra: Results from an experimental pilot study. *Behavior Research Methods, 41*, 414–424.

Wittrock, M. C. (1986). Students' thought processes. In M. C. Wittrock (Ed.), *Handbook of research on teaching* (3rd ed). New York: Macmillan.

PART

4

D I G I T A L   T E A C

4부에서는 텍사스 주 달라스 지역과 뉴욕 시 학교에서의 타임투노우 교육과정과 DTP를 교육 현장에서 실행한 내용을 검토한다. 10장에서는 타임투노우가 학급에서 가르치는 교사에게 힘을 실어주기 위해 어떻게 설계되었는지, 전문성 개발이 이 혁신적 테크놀러지의 성공에 왜 필수적인지를 묘사한다. 이 패러다임에 따르면, 교실에서 사용되는 교육용 테크놀러지는 더 이상 부분적인 프로젝트가 아니며 단순히 교사를 지원 대체하는 것이 아니고, 오히려 총체적 시스템이라는 것이다. 타임투노우 시스템은 솔루션을 만드는 5개의 구성요소로 이루어져 있다. 그 요소들에는 인프라 구조, 인터랙티브 핵심 교과과정, DTP, 교수법적 지원, 기술적 지원이 포함되어 있다.

11장에서는 미국 텍사스에서 타임투노우의 DTP를 처음으로 실행시켜 본 결과를 기술하고 있다. 이 장에서는 3개 핵심 이슈들을 중심으로 다룬다. 그것은 평가를 위한 실행의 충실함 대 실행의 다양함, 교수 실천에 맞추기 위한 기술의 맞춤화, 그리고 DTP가 어떻게 학생들을 더 높은 학업 성취로 이끌 수 있는지 등이다. 인터뷰와 회고적 교수법 매트릭스(RPM)를 통해, 필자들은 타임투노우 자원의 유연성과 적응성으로 인해 교사들은 교과내용에 그들의 교수 접근법을 대응시키기 위해 교수를 맞춤화하고 학생들의 필요를 충족시킬 수 있음을 발견한다.

DTP는 교사들에게 발판과 지식 전달자 역할로부터 벗어나게 할 수 있는 자유를 제공한다. 타임투노우 시스템은 유비쿼터스 컴퓨터 사용과 학생 성취 향상을 위한 컴퓨터 사용에 관한 논의에서 학생들로부터 학업 성취를 최대한 얻어내기 위한 교수 전략들로의 변화라는 논의로 논의 주제를 변화시킨다.

12장에서는 책에서 제시된 아이디어들을 종합하여 DTP의 현재 상태에 대해 전체적인 요약을 제공한다. 설계에 기반한 연구로부터 실천적이고, 확장 가능한 교실 실행으로의 DTP의 진화는 여전히 진행 중인 작업이다. 연구, 실천, 정책 관점에서, 필자들은 DTP의 진화에서 다음 단계들을 서술하고 있다. 그들은 DTP의 잠재적 역할을 현재 상황에서 추진되고 있는 계획들과 연결시키는데, 이 계획에는 공통 핵심 표준, 정상으로의 경주, 2010 전미 교육용 테크놀러지 계획 같은 것들이 포함된다. 그들은 또한 DTP를 위한 성공이나 맥락과 요구되는 인프라 구조 등의 조건들을 요약한다.

10

T2K(Time To Know) 환경의 교수 설계

_ Dovi Weiss, Becky Bordelon

이 장에서는 DTP에서 상호작용적, 포괄적 교과과정을 내재화한 1:1 교육용 테크놀러지를 활용하는 혁신적 접근법을 다룬다. 이 조합은 교사를 대체하는 것이 아니라 교사에게 유용하도록 설계된 교수·학습 환경을 만들어 낸다.

타임투노우의 교육학적 비전

일반적인 교실에 교사들이 들어갈 때, 그들은 가르치는 일의 성공에 있어서 세 가지 주요 장애물에 직면한다. 그것은 학생 개개인에 따른 맞춤화, 전통적인 수업 방법에 대한 학생들의 인식, 피드백이다. 표 10.1은 이러한 도전들을 묘사하고 타임투노우(T2K)가 어떻게 이 각각을 다루는지를 보여준다. 타임투노우의 DTP는 교사와 테크놀러지 모두의

표 10.1. 오늘날 교사들이 직면한 장애물들에 대한 타임투노우의 솔루션

장애물	T2K 솔루션
차별화	
Q: 어떻게 한 명의 교사가 모두 서로 다른 25~35명 학생들의 필요에 대답할 수 있는가?	A: 다양성을 기회로 바꾸어라. 능력과 학습 스타일에 따라 차별화된 수업 활동들을 제공함으로써, 모든 학생들이 성공을 위해 준비된다.
전통적 수업	
Q: 교사가 어떻게 하면 전통적 칠판 강의에 잘 반응하지 않는 디지털 원주민인 학생들을 관심 갖게 하고 몰입하게 할 수 있는가?	A: 의미 있는 학습 경험을 만들어라. 타임투노우는 21세기 교수와 학습에 맞추어진 관련된 활동들과 학습 기회들에 학생들을 연관시킨다.
피드백 제공	
Q: 어떻게 교사가 적시에 피드백을 주고 계속 늘어나는 학생들을 지원하는가?	A: 타임투노우는 평가와 실시간 피드백을 교수와 학습 프로세스에 통합시킨다.

장점을 이용하는 동반자 관계를 만들어 낸다.

배경: 타임투노우 솔루션

T2K 수업과 학습 환경은 다음의 다섯 가지 요소로 구성되어 있다.

- 인프라 구조 T2K 시스템을 구현하기 위한 환경은 학생용 1:1 네트워크화된 노트북과 네트워크화된 교사용 데스크톱 워크스테이션 및 각 교실 내 프로젝터와 화이트보드를 포함한다.
- 상호작용적이고 포괄적인 교과과정 각 주의 표준들에 일치하는 상호작용적 학습 활동들의 권장 순서가 있다. 교사들은 자신의 베스트

수업 자료들을 수업 흐름에 직접적으로 업로드하거나, 수업들을 재배열하거나 수업의 일부분을 재배열함으로써 이들 순서를 수정할 수 있다. 교과과정은 4학년과 5학년 읽기/언어 및 수학을 위해 개발되었다.

- DTP 이 플랫폼은 교사가 수업을 진행 및 계획하고, 평가 보고서를 받아 보고, 자신의 콘텐트를 더하고, 수업 필요에 맞게 상호작용적 학습 활동들을 조정하고, 학생 작업을 디스플레이하고 공개할 수 있게 한다.
- **교수법적 지원** 지속적인, 고품질의 전문적 학습의 경험들이 21세기 수업 전략들에 힘을 싣고 교사들을 변화 과정을 통해 지원하도록 설계되었다.
- **기술적 지원** DTP의 완전한 실행과 포괄적 교과과정을 지원하기 위해 인력과 지원 콜 센터가 제공된다.

이와 같은 다섯 가지 요소들이 종합되었을 때, 이들은 개별화 기술, 학생 지원, 교과과정 평가를 종합하는 총체적인 솔루션을 만든다.

학생들의 개인차 지원

학생들이 학습에서 보이는 개인차를 고려하기 위한 독특한 차별화 전략들이 수업 흐름에 내재되어 있고 학습 과정 중 학생들이 그들의 통찰과 관점을 제공하도록 허락한다. 교사는 조정자 및 안내자로서의 역할을 수행하며, 공유된 산출물을 만들거나 또는 공동으로 문제를 해결하도록 그룹을 이끈다. 차별화는 수학과 영어/언어 교과과정의 주춧돌이다. 학생들은 학습할 때, 모두에게 동일한 개념들을 제시하지만 필요시 어휘의 복잡성, 차별화된 용어, 그리고 다양한 배경 지식 수준들이 수정된 자료들을 지원받는다. 수학에서는 학생들은 그들의 개인적 학습 수준에서 집중된 일련의 활동들을 통해 개념적 이해들을 발견하도록 한다.

차별화는 또한 치열한 토론과 대안적 접근들이 부상함에 따라 동료들로부터 학습할 기회를 촉진하는 개방형 질문들의 사용을 통해서도 일어난다. 고심하는 학생들은 꼼꼼하게 그들을 지원하고 힌트에 접근하고 기회를 제공받는데, 이것은 학생들이 기술을 습득하는 발판이 된다. 모든 학생들은 성공을 경험하고 더 높은 성취 수준을 경험할 기회를 가진다.

교과과정 활동들은 문제 해결을 향해서 체계적으로 학생을 이동시키는 맥락적 힌트가 들어 있는 일련의 지원 도구들을 포함한다. 참고 자료들, 과목에 집중된 일련의 애플릿들, 웹 기반 사이트로의 링크는 학생에게 활동의 더 넓은 이해와 문제 해결에 도움을 제공한다. 각 학생은 도구들을 선택하고, 이들을 어떻게 사용할지 정하고, 이들 도구들을 활동에 포함시키는 책임을 지게 된다. 예를 들면, 수학적 곱셈 방정식을 풀려고 노력하는 중에, 학생은 방정식을 시각적인 방법으로 나타내는 곱셈 애플릿을 사용하는 것을 선택할 수도 있다. 또 다른 방법으로, 다른 학생들은 방정식 문제들을 풀기 위해서 시각적이고 단계별 알고리즘을 제공하는 스프레드시트를 사용하기로 정할 수 있다. 이 모든 것을 학생들이 직접 선택하게 함으로써 자신에게 유리한 방법을 선택하게 한다.

DTP는 다른 그룹들에게 동시에 차별화된 자료들을 제시하고 같은 주제를 위해 다양한 학습 수준들을 지원하기 위해 설계되었다. 만약 교사가 바란다면, 학급은 주어진 주제에 대해 비슷한 숙달 수준을 가진 동질적 학생 그룹으로 나뉠 수 있다. 예를 들면, 수학을 가르칠 때, 교사는 학급을 3개의 숙달 수준으로 나눌 수 있다. 이 경우, 각 그룹의 학생들은 그들의 현재 숙달 수준에 적합한 과제에 대해 작업할 것이다. 이에 따라 수업 내용의 맥락 또는 성취되어야 하는 요구 표준이 아니라, 수준들 간 난이도만이 영향을 받는다.

유사하게, 언어 과목에서, 교사는 학급을 하 수준, 중 수준, 상 수준 그룹들로 나눌 수 있다. 그런 다음 학생들은 텍스트를 비교하기 위한 과제를 받는다. 모든 수준을 통틀어 학습하는 주제와 맥락은 동일하지만, 각 그룹별로 더 쉬운 단어 또는 다른 구문을 제공하는 어휘적 차이가 있을 것이다. 과제를 끝낸 후, 모든 학생들은 응답들이 토론되는 공동의 [갤러리]로 그들의 산출물을 보낸다.

어휘와 수학 기술의 적응적 획득이 아래와 같은 세 가지 요소로 구성되는 연습과 학습(PAL) 메커니즘과 통합되어 촉진된다.

- **지식·수준 테스트** 이는 학습자의 현재 지식 지도의 스냅샷을 만들어 내는 학생에 의해 행해진 테스트이다. 이 시점에서, 교사는 주어진 주제에 대한 현재의 지식 지도를 반영하는 학생 보고서 또는 특정 학급 보고서를 생성할 수 있다.
- **일반 지식 획득** 지식 수준 테스트에 기반하여, 학생은 테스트 단계 동안 보여주지 못한 기술들에 집중된 어휘 세트 또는 수학 익힘 문제를 연습하도록 요구받는다. 이 과업들을 끝낸 후, 학생의 지식 지도는 시스템 내에서 업데이트되고, 이는 교사가 학습 과정의 결과로서 그 학생 지식의 증가에 대한 보고서를 받도록 한다.
- **기억 유지 게임** 학습자의 장기 기억에 지식의 유지와 통합을 증대

시키기 위해 학생들은 게임 기반의 환경에서 습득된 기술들의 추가
적 연습이 요구된다.

타임투노우 플랫폼은 수없이 많은 방법을 통하여 학생들에게 적응적
으로 제공되는 학습 속도를 지원한다. 첫째, 교사는 수업 중 특정 학생
과 다른 학생들 사이에 서로 다른 학습 활동들의 노출 비율을 통제할
수 있고, 학생들은 다른 질문들과 화면들을 통해 그들 자신의 속도로
진행할 수 있다. 이는 학생들이 프로그램에 몰입되어 있는 동안에도 자
아 존중감을 유지할 수 있도록 하고, 이 책 4장에서 논의된 바와 같이,
모든 학생들은 그들의 도전 영역을 확장할 수 있다.

추가적으로, 동료들보다 먼저 과제를 끝내는 상급 학생들은 쉽게 몰
입적인, 게임-기반의 활동들에 접속할 수 있다. 컴퓨터화된 평가를 행
할 때 교사는 필요한 경우 학생들을 위해 추가 시간을 할당할 수 있다.
교과과정은 다른 학습 필요를 위해 다양한 수준에서 여분의 자료들을
제공하도록 만들어졌다. 예를 들면, 수학에서 교과과정은 심화 자료
들, 각각의 특정 수업을 위한 익힘 문제 자료들, 중재 자료들을 포함한
다. 교사는 특정한 필요와 학습 속도에 따라 그 자료들을 서로 다른
학생들에게 배분할 수 있다.

의미 있는 학습 경험 창조

수업 흐름은 유도된 사회적 구성주의(Guided Social Constructivism) 교육
철학에 기반하고 있다. 교사가 안내하는 개별 수업은 몰입적 탐구, 실
험, 토론의 순환을 통해 진행된다. 이는 학생들에 의한 자료의 보다 깊

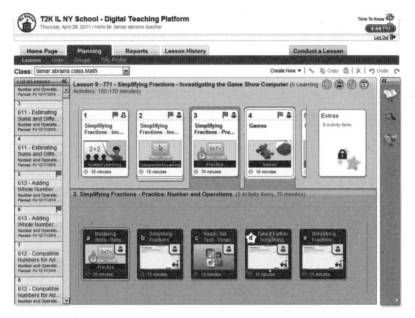

그림 10.1. 수업 흐름은 안내된 학습에서 독립적 학습으로 이동한다.

은 이해와 새로운 개념들의 학습을 촉진한다. 그림 10.1의 수업 사이클을 보자. 1에서 4까지의 학습 활동들은 가르치는 것을 용이하게 하는 안내되는 수업 부분을 구성한다. 학생들은 그런 다음 차별화되고 필요에 기반하여 배정된 독립적 학습 활동들로 옮겨 간다. 수업은 또한 과외(extra) 활동들을 포함하는데, 이는 교정 및 가속 활동들이 위치한 곳이다.

예를 들면, 수학에서 교사는 애니메이션으로 수업을 시작하는데, 이는 분수와 같은, 특정한 학습의 주제를 위한 계기로 사용된다. 그 다음에는 주제에 대한 학급 토론이 학생들의 호기심을 증대시키며, 그들은 주제를 탐색하고 분수 애플릿을 사용하여 개별적으로 안내된 실험들을 한다. 학생들은 그 다음 학급 갤러리에 학습 결과물을 제출하는데, 교사는 학생 활동 결과를 프로젝터로 보여주고 학생들을 토론에 관여시키는데 이는 개념의 일반화로 학습자들을 유도한다.

개방형 애플릿은 탐구적인 발견 학습 환경을 제공한다. 학생은 주어진 과업 또는 더 깊이 있는 문제 탐구에 몰입하여 애플릿과 여러 표현들을 조작한다. 예를 들면, 언어 과목에서, 학생은 주어진 텍스트를 읽고 분석하는 것이 요구된다. 학생은 라이브 텍스트 애플릿에서 단어들과 단락들 같은, 다른 부분들을 부각하고 강조함으로써 쓰여진 텍스트를 탐구하는 도구들을 사용할 수 있다. 학생은 단어들에 대한 추가 설명 또는 정보에 접속하기 위해 사전에 정의된 중요 단어들을 검토할 수 있다.

수업 전체를 통해, 학생에게는 현실 세계에서 문제들을 해결하는 구성주의 원칙들을 촉진하는 맥락적 환경으로 기능하는 일관되고, 창의적인 스토리 라인이 주어진다. Grand Prairie 독립 학교 구역(ISD: Independent School District)의 위트 초등학교의 한 5학년 교사는 언제나 독립된 기술들을 가르칠 수 있었지만, "나는 타임투노우 교과과정에서 나에게 제공되는 통합적 단원들은 절대 계획할 수 없었다"라고 말하였다(개인적 커뮤니케이션, 2010년 4월).

통합적 단원들을 통한 이러한 기술 발달의 한 예는 서로 다른 [철로-기반의 아케이드]를 포함하는, 테마 파크에 대한 이야기로 시작되는 수학 수업을 말하는 것이다. 이 학습과정에서 학생들은 특정한 기하학 원칙들에 따라 공원을 위한 새로운 철로를 계획하는 기하판 애플릿을 사용한다. 이는 학생들에게 도전하고 호기심과 상상력을 촉진하며, 그러함으로써 작업을 더 재미있고 몰입하게 만들고, 학생들을 동기부여하며 현실-세계 문제들에 개념의 적용을 촉진한다.

[갤러리는 학생들이 자신들이 수행한 작업을 올리고 검토하는 공적

인 공유 공간으로 사용이 가능하다. 교사는 학급에서 학생들 간의 활동들을 비교하고 대조하기 위해 갤러리를 프로젝터로 보여주고 동료들로부터 모델링하고 배우는 것을 격려한다. 이런 활동을 통하여 학생들은 다른 학생들의 아이디어에 기여하고 사회적 학습을 촉진하는 상호평가와 검토 의견을 제공하기 위해 갤러리 논평 도구들을 사용할 수 있다. 이러한 유형의 공적 디스플레이와 공통의 담화는 학생 성취를 향상하는 중요한 도구이다(이 책의 5장 참조).

[다수사용자 활동] 항목들은 '짝' 또는 '그룹'으로 협력을 촉진하기 위해 설계되었다. 학생들은 팀으로 모여서, 활동 항목 내에 이름들을 등록하고, 그룹 협력 활동을 행한다. 교사가 효과적인 협력을 보장하기 위해 학생들을 안내하면서, 학생들은 같이 작업하고, 지식을 나누며, 공동의 산출물을 구성한다. 그런 다음 협력 결과물은 학급 토론과 검토를 위해 각 팀에 의해 갤러리로 보내진다.

교사와 학생 폴더들은 웹 페이지와 멀티미디어 파일 같은, 외부의 교과과정 자료들을 위한 저장 도구를 제공한다. 이 기능은 교사와 학생들이 실제적인 자료들을 모으고, 개인 저장 공간에 이를 저장하고, 나중에 학급 폴더를 사용하여 전체 학급과 공유할 수 있게 한다. 이는 조사 자료들을 저장하는 인프라 구조로 기능하고 학습에 추가적인 실제성을 제공한다. 학생들은 자료들을 저장하고 웹 2.0 기반의 도구들을 사용하여 서로 협력할 수 있는데, 이는 다른 주제들에 대한 상호적 지식 기반을 창조한다. 예를 들면, 학생들은 공유된 학급 용어사전을 만들기 위해 타임투노우 위키(wiki) 기능을 사용할 수 있다. Parker와 Chao(2007)에 의해 보여진 것처럼, 위키는 유연한 협력을 촉진한다. 이들은 연구 프로젝트 개발, 협력적 주석 달린 문헌 목록 구성, 개념 지도 구성, 집단 저술을 위해 사용될 수 있다. 이들은 또한 위키가 쓰기 과정을 자극하고, 소통 및 협력 도구로 기능하며, 읽기와 교정을 촉진함을 보여준다(Parker & Chao, 2007). 교사가 프로그램을 개별화할 수 있는 유연성은 그들로 하여금 자신들의 전문성을 유지할 수 있도록 하고, 매일의 일에서 경력을 쌓음에 따라 갈고 닦아진 최고의 실천적 솔션이 포함될 수 있도록 보장한다.

평가를 교수와 학습에 통합

타임투노우 DTP의 몇 개 특징들은 학생들에게 의미 있는 피드백을 제공해 준다. 자동 피드백은 교육적으로 내용 및 맥락 특수적으로 설계되었다. 이 피드백은 가능한 오개념에 민감하며 각 학생에게 그들의 입력에 기반하여 독특한 도움을 준다. 이는 학생들에게 도전하도록 하며 결론에 도달하는 것을 돕는다. 모든 피드백은 청각적, 문자적, 시각적 경로를 포함한 다중모드로 제공되며, 이는 메시지가 일관되고 모든 학생들에게 그들의 학습 스타일과 상관없이 도달되도록 보장한다.

예를 들면, 언어 과목에서, 학생은 텍스트에서 긍정적인 감정을 나타내는 모든 단어들을 찾아내는 것을 요구받을 수 있다. 학생은 전부는 아니지만 일부 감정들을 선택하고 확인 버튼을 클릭한다. 학습 수행 중에 피드백 창이 열리고 "당신은 일부 긍정적 감정들을 찾았지만, 텍스트에는 긍정적인 감정들이 더 있다. 텍스트에서 강조된 단락에 집중하여 이들을 찾도록 노력하시오."라는 요구가 주어지는 시점에서, 피드백의 일환으로 텍스트 안에서 특정한 단락이 강조되면서, 학생이 감정들을 찾아내는 것을 돕는다. Azevedo와 Hadwin(2005)은 학생들을 보다 정교한 멘탈 모형으로 옮겨가게 하고, 서술적 지식을 증대시키고, 자기

-주도적 학습 전략을 촉진하는 데 이러한 형태의 적응적 발판이 효과
적임을 보여 주었다.

타임투노우 DTP는 교사에게 형성(계속적) 평가와 총괄 평가 둘 모두
를 제공한다. 교과과정은 과제의 다른 단계들에서 계속적인 평가 수단
으로써 제공되는 지속적 평가의 장기적 과제들 및 프로젝트들을 포함
한다. 예를 들면, 언어 수업에서는 학생들에게 쓰기 과제가 주어진다.
그들은 주제를 정하고 초안을 쓴다. 교사는 이를 검토하고 일련의 지
시문에 바탕한 피드백을 제공한다. 학생들은 초안을 발전시켜 두 번째
안을 만든다. 이 원고는 [갤러리]로 보내어져 교사로부터 추가적 피드
백과 함께, 급우의 피드백을 받는다. 학생들은 추가적인 수정을 하여
최종 산출물을 교사에게 제출한다. 교사는 그런 다음 채점 가이드를
사용하여 학생들에게 그들의 산출물에 최종적, 구어 형성 평가와 함께
누적적 평가를 제공한다.

타임투노우 DTP는 총체적 환경으로 기능하는데, 학생은 데이터와
정보를 검색하고(교과과정 활동들, 참고들, 웹 도구들을 사용하여), 데이터를 처
리하고(워드 프로세싱 기능들, 스프레드시트, 독특한 애플릿 등을 사용하여), 데이터
를 저장하고(학생 폴더를 사용하여), 데이터를 게재하고, 피드백을 받고, 교
사와 급우들에게 평가받을 수 있다. Sadler(1989)는 수행의 향상은 학
생이 어떻게 발전하는지를 아는 능력에 달려 있음을 보여 주었다. 정보
는 교사뿐 아니라, 학생들 자신에 의해서도 제공되어야만 하는데, 이는
학생들이 평가의 전문성을 획득하도록 해주기 때문이다. 학생들이 진행
중인 다른 학생들의 작업에 대해서 논평하는 능력은 고등 사고 능력을
향상하고 편집과 같은 특정 기술을 연마하게 한다.

수행 과업 애플릿은 대안적 평가를 위한 기회를 제공한다. 학생들은
웹사이트 템플릿 또는 잡지 페이지와 같은 창조적 산출물을 만들 것을

요구받는다. 학생들은 과업에서 제공된 다른 기능들을 활용하는데, 이는 배경 선택하기, 적절한 위치에 대상 배치하기, 서술적 텍스트 작성하기 같은 것이다. 교사는 지시문을 사용하여 이 과업을 검토하고 평가할지, 갤러리를 사용하여 작업의 학급 평가를 촉진할지 아니면 학생들에게 급우들 작업에 논평을 쓰도록 요구함으로써 동료 평가를 촉진할지를 결정할 수 있다. DTP는 과업의 다른 단계들을 통해 학생을 안내하고 필요 시 발판을 제공한다. 예를 들면, 학생들은 작문을 위한 아이디어를 얻기 위해 문장 은행을 사용할 수 있다.

타임투노우 DTP는 교사가 빠르고 쉽게 학생 학습을 검토할 수 있게 하는 평가 환경을 포함한다. 교사는 학생 작업을 (각 학생을 위한 전체 문제 세트를 확인하는 것과 같이) 수직적으로 또는 (모든 학생들에 걸쳐 특정한 한 문제를 확인하고 비교하는 것과 같이) 수평적으로 분류할 수 있다. 이 환경은 교사에게 자동적으로 확인되는 선다형 문제와 같은 질문들이 컴퓨터에 의해 자동적으로 점수를 받는 각 평가 활동을 위한 지시문을 제공한다. 교사는 그런 다음 자동으로 부여된 점수를 수정하고 개방형 문제를 위해 점수를 부여하는 지시문을 사용할 수 있다. 교사는 평가 활동 내 어떤 문제를 위해서도 학생에게 쉽게 구두로 피드백을 제공할 수 있다.

교사가 평가를 끝낸 후, 결과와 피드백이 학생들에게 주어지고 교사에 의해 보고서로 인쇄될 수 있다. 필요 시 교사는 학생들을 위해 교정 사이클을 제공할지 결정할 수 있는데, 이는 그들이 결과를 향상시키고 또 다른 평가를 치를 수 있도록 한다.

실시간 학급 모니터링은 계속되는 교실 행위의 즉각적 스냅샷을 제공한다. 교사용 모니터는 교사에게 학급 진행의 전망을 제공하고 교사가 각 학생의 특정한 진도를 파고들어 탐색할 수 있도록 한다. 모니터는 학생이 어떤 실수를 하거나 또는 학급 나머지에 따라가지 못하는 경우 교

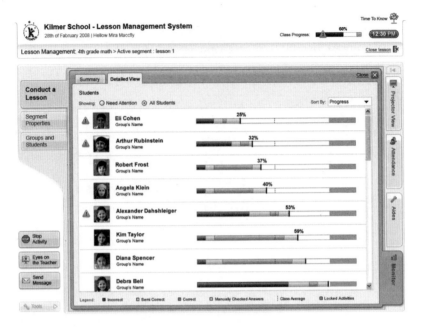

그림 10.2. 교사를 위한 학생 감독용 실시간 학급 모니터링 대시보드 화면

사에게 경고를 한다. 그림 10.2에 그려진 것과 같은 이 대시보드는 학생
이 잘 진행하고 동료들보다 앞서 나갈 경우도 나타낼 수 있다.

 모니터는 특정한 활동에 있어서 학급 대부분이 이해하지 못할 때를
강조하여 교사가 자동적으로 수업을 중지하고 집단을 위해 추가적인
설명을 제공할 수 있도록 한다. 교사는 각 학생의 상태를 실시간으로
평가하고 이해할 수 있으며, 결과적으로, 수업의 지속적인 흐름을 통해
서 지원, 중재 또는 추가 자료를 제공할 수 있다. 관련된 연구들에서는
학생들에게 그들의 학습에 대한 빈번한 피드백이 학습 성과를 얻을 수
있음을 보여 주었다(Black & Wiliam, 1998).

 보고서 메커니즘은 교사를 위한 학급 및 학생 상황을 나타내며 데이
터 위주의 의사결정 과정을 지원한다. 보고서들은 여러 가지 다른 수준

의 정보를 제공하는데 학급 수준, 특정 학생 수준, 심지어 특정 활동 수준(특정한 활동에서 학생들 행위를 비교)이 그것들이다. 교사는 교과과정 콘텐트와 표준들에 걸쳐 학생들 진도의 개괄을 볼 수 있으며, 각 활동 내 특정한 성취 수준을 탐색할 수 있다. 보고서에 나타나는 가시적인 학생의 성취 경향의 결과로, 교사는 학생들에게 어떤 추가적 활동들이 부과되어야 할지 결정할 수 있다.

교사는 자기 반성을 촉진하는, 자기 성취 보고서를 학생들에게 제공할 수 있다. 테크놀러지가 교실 교과과정과 완전히 통합되었다는 사실은 평가 프로세스에 중요한 향상을 가져오게 한다. 학생 진도, 성공의 수준, 콘텐트 커버리지, 활동에 사용된 시간, 테스트 점수, 피드백을 포함하는 수업의 모든 데이터가 기록되고, 교사는 학습 프로세스의 이해에 쉽게 접근하게 된다.

21세기 역량을 교실로 가져오기

비판적 사고와 문제 해결, 소통, 협력, 창의성과 혁신이라는 21세기 역량들이 교과과정에 통합되어 있다. 교과과정은 개방형 질문과 문제 같은 광범위한 아이디어 창조 기술을 포함하고, 이는 브레인스토밍을 촉진하고 가능한 많은 해결책을 제시한다. 타임투노우 DTP는 학습자가 아이디어를 가지고 놀기에 충분히 안전하다고 느끼는 사회 분위기를 창조한다. 프로젝트 환경은 현실성 있고 관련 있는 주제의 맥락에서 문제 해결에 집중된 창조적이고, 팀 기반 과제를 위한 인프라 구조이다. 그래픽 조직자와 수행 과업 같은 도구들은 구체적으로 창조적 사고 프로세스, 아이디어 개발, 창조적 제품 개발을 촉진하기 위해 설계되었다.

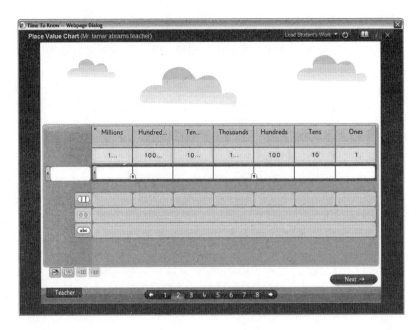

그림 10.3. 자리값 차트는 프로그램에서 제공되는 애플릿들 중 하나이다.

비판적 사고와 문제 해결

교과과정 자료에 포함된 게임들은 귀납적인 것과 연역적인 추론을 촉진한다. 예를 들면, "기사(Knight) 게임에서, 학생은 기사가 다리들을 건너 성으로 가는 길을 도와야 한다." 각 다리에서, 학생에게 규칙이 제공되고 주어진 규칙에 합치하는 대상들로 다리를 채워야 한다. 다른 도해로써, 과학 실험실 게임에서는 학생이 과학자를 만나는데 그는 학생에게 주어진 모든 기준들의 조합 뒤에 숨겨진 규칙을 발견할 때까지 특정한 변화하는 기준들에 합치하는 대상들을 제거할 것을 요구한다.

그림 10.3에 나타난 자리값 애플릿 같은 개방형 애플릿 도구들은 전

통적인 방법과 새로운 방법 둘 모두에서 생소한 문제들을 푸는 데 추가적 지원과 발판을 제공한다. 예를 들면, 학생은 계산기 도구를 사용해서 수학 방정식을 풀거나 그래픽 형태로 방정식을 표현하기 위해 곱셈 애플릿을 사용할 수 있다.

소통과 협력

교과과정은 다른 학생들에게 같은 내용을 다루지만 다른 맥락을 가진 과제들이 주어지는 활동들을 포함한다. 한 학생은 애니메이션으로 정보를 표현하는 그래프를 구성할 것을 요구받는다. 다른 학생은 다른 일련의 정보에 기반한 그래프를 구성한다. 학생들은 갤러리를 사용하여 산출물들을 교환하고, 서로의 작업을 검토하고, 필요 시 서로 돕는다. 다수-사용자 활동 항목들과 빠르고 쉽게 학생들을 그룹으로 나눌 수 있는 교사는 다양한 팀으로 일하고 협력 산출물을 위한 책임을 공유하는 것을 촉진한다. 학생 폴더는 학생들이 다른 미디어 파일들을 교실로 가져올 수 있도록 하며(사진, 오디오, 비디오, 애니메이션, 웹 페이지), 이는 동료들과 교사에 의해 공유되고 검토될 수 있다. 학생들은 다른 매체 경로의 영향과 효과를 어떻게 평가할지를 배울 수 있다.

프로젝트 환경은 탐구적 조사 프로젝트를 수행하기 위해서 교사가 다른 그룹들을 쉽게 안내할 수 있도록 한다. 교사와 팀 구성원들은 전체로서 그룹의 평가와 아울러, 프로젝트에 대한 각 구성원들의 개별적 기여도를 순위 매기고 평가할 수 있다.

정보 매체와 테크놀러지 기량

학생들은 로컬 및 웹 기반의 도구와 자료들에 접근할 수 있는 컴퓨터화된 환경에서 학습하며, 이는 정보 및 기술적 소양의 향상을 돕는다. 학생들은 학습 프로세스 동안 다양한 정보 원천들에 접근할 수 있으며, 이는 도구 영역의 참고 자료들, 인터넷, 그리고 수업 흐름에서 제공된 가외 자료들을 포함한다.

학생들은 [갤러리] 피드백 메커니즘의 적절한 사용 규칙을 배운다. 개별적 학습은 정보 기술의 적절하고 윤리적인 행동의 주제에 대한 학급 토론으로 유도된다. 행동 과업은 매체 산출물을 쉽게 만드는 것을 촉진하기 위해 설계되고 중점을 두었는데, 이는 교사와 학급에 의해 나중에 발표되고 평가될 수 있다.

삶과 기술 경력

교과과정에 위치한 추가 자료들은 학생들에게 시간을 어떻게 관리하는지 가르치고 풍부한 테크놀러지 환경에 의해 제공되는 역량들에 대한 학생들의 인식을 높임으로써 시간과 작업량의 효율적 활용을 촉진한다. 프로젝트 환경은 원하는 결과를 달성하기 위해 학생에게 목표를 설정하고, 우선순위를 관리하고, 계획 시간을 수행하는 것을 가르침으로써 생산성과 책임감을 촉진한다.

학생들은 유연하고 변화에 적응하도록 요구받는다. 그들은 수업 중 다른 역할들을 하게 되는데, 이는 토론에서 적극적 참가자와 청자가 번갈아 된다든지 또는 개인으로 일하다가 다음 파트너와 같이 하다가 마지막으로 협력적 학습 그룹에서 하는 것 같은 것이다. 학생들은 수업 전체를 통해 교사와 동료들 모두로부터 건설적 피드백을 받음으로써 피드백을 고려하는 것을 배우게 된다.

디지털 교실에서 교사의 역할

타임투노우는 모든 교사들이 새로운 21세기 교실에서 일하도록 준비한다. 교사들은 지도 코치로부터 체계적으로 지원받는다. 이들 코치들은 잘 훈련된 교과목 전문가들로서 교사들이 학생 위주 학습을 위한 분위기를 만드는 도전을 돕는다. 이는 교사들과 관리자들에게 지속적인 지원을 제공함으로써 행해진다.

교사들이 시스템을 사용하기 전 그들을 위한 집중적인 지원이 제공된다. 교사들은 프로그램 기능들을 어떻게 사용하고 1:1 기술 요소를 포함하는 교실 환경을 어떻게 관리할 것인지 배운다. 일단 학기가 시작되면, 지도 코치들이 교사들과 직접 같이 일하면서, 수업을 계획하고, 개인적으로 최고의 수업 전략들을 포함하고, 교실 환경에서 모델링과 멘토링을 제공하는 것을 돕는다. 콘텐트에 통합된 일련의 교육적 튜토리얼을 통해서뿐 아니라, 비디오 라이브러리와 다른 지원 자료들을 통해 교사들에게 가상 지원을 제공하는 전문적 학습 포탈에 계속적인 접근을 제공함으로써 지속적으로 콘텐트가 발전된다. 계속되는 웹 세미나는 참가자들을 시스템의 부분들뿐 아니라 깊이 있는 교육적 지도를 탐구하는 데 관여시킨다.

수업 계획 재편과 DTP에서의 학습

이 새로운 학습 환경에서, 수업 계획은 신선한 의미를 가지게 된다. 교사들은 학생 평가를 검토하고 학생 필요, 프로그램 범위, 시퀀스에 기반하여 그들의 [디지털 라이브러리]에 어떤 수업들을 위치시킬 것인지를 결정한다. 비디오, 웹사이트, 파워포인트 프레젠테이션, 그래픽 조직자와 같은 수업 흐름을 지원하는 추가 수업 자료들은 교사의 베스트 수업들로부터 선택되어 DTP로 업로드된다. 학생들은 적절하고, 동적인 학습 그룹들에 배치되어 각자의 필요에 따라 차별화될 수 있다. 복수 개의 교수와 학습의 양태들은 교사가 수업의 각 부분을 어떻게 전달할지 결정함에 따라 수용할 수 있도록 설계되었다.

교사들은 프로그램에서 제공되는 실시간 경고를 통해 수업을 지속적으로 모니터링하는 한편 학생들이 의미를 발견하고 지식을 구성하도록 격려한다. 교사 컴퓨터에서 학생에 대한 경고를 확인한 후, 교실을 돌아보며 학생들을 격려하고 이해 정도를 확인하는 것은 효과적인 교수 활동을 위한 전형적인 행동 양식이 된다.

타임투노우 DTP의 실행과 온라인 교과과정의 통합은 교사들에게 교실 관리에 있어서 새로운 도전거리를 제공하였다. 이를 개선하기 위해, 교사와 코치는 수업 계획과 효과적인 수업 전략들을 논의한다. 초기 모니터링과 효과적인 조정들로, 교사들은 컴퓨터를 세팅하고 최소한의 방해로 수업을 시작하는 과업을 재빨리 마스터할 수 있다. 교과과정의 블렌디드 수업 접근법은 교사들이 학생들과 루틴을 연습할 것을 요구하는데, 그럼으로써 학생들이 온라인과 오프라인 컴퓨터 활동들로부터 이행함에 따라 수업시간 손실이 최소화된다. 협력 그룹 작업은 개별 작업과 번갈아 일어나며, 교사들은 상호작용 학습 환경에 따르는 어느 정도의 소음과 이동을 수용하는 것을 배울 필요가 있다.

평생 학습을 수용하는 것은 교사들이 교실 안에서 디지털 기술에 보다 능숙해짐에 따라 직면하는 또 다른 역할이다. 교과과정은 있는 그대로 활용될 수 있는 반면에, 많이 아는 교사들은 미리 정해진 수업 흐름에 베스트 수업 자료들과 전략들을 포함할 수 있도록 하는 많은 플랫폼 기능들을 빨리 활용할 수 있기를 원할 것이다. 코치 및 동료들과의 정기적인 회의들을 통하여 교사들은 시스템의 지평을 확장할 수 있다. 교사 전문성 학습 경험에 참여하는 것을 통하여 역량 습득과 창의성을 증진시켜 나갈 수 있을 것이다. 21세기 역량을 지닌 학생은 "최고의 목표에 도전하기"를 두려워하지 않으며 새로운 기술들을 배워 나간다. 이는 교사에게도 동일하게 요구되고 있는 점이다.

DTP 활용에 능숙한 교사들은 자신들 및 학생들 모두를 위해서, 변화 에이전트로서의 역할도 또한 맡을 것이다. 우리가 학생들에게 교육을 어떻게 전달할 것인가를 바꾸는 것에 대한 가장 큰 장애물은 현재의 상황이다. 일부 교육자들은 우리의 학생들이 생산 근로자들과 시민들이 되는 것을 보장하는 데 필요한 21세기 기술들을 포용하지 않고 있다. 우리의 교사들이 DTP를 활용하는 데 달인이 됨에 따라, 그들은 교수와 학습에서 이 새로운 시대의 이점들을 홍보하는 옹호자들이 될 필요가 있다. 플랫폼에 대한 경험들에 대해 질문을 받았을 때, 그랜드 프레리 ISD의 한 5학년 교사는 타임투노우를 사용하지 않는 구역에서 일하는 것을 상상할 수조차 없다고 말하였다.

교육학적 변화 실행

가장 중요한 실행의 변화는 교사 주도로 진행하는 수업으로부터 학생들이 자신의 학습을 스스로 구성하도록 격려받는 환경으로의 초점 이동이다. 교사들은 안내자와 촉진자로 핵심적 역할을 계속 해나갈 것이지만, 주안점은 학생들이 독립적인 사고를 하는 사람으로 성장하는 학습 환경을 만드는 데 있다. 이 분위기를 조성하기 위해 교육구와 학교 캠퍼스 리더십 역할들 모두 학생 중심의 비전에 집중되어야 한다.

교육구의 리더십은 자원들을 배치하기 위하여 우선순위들을 검토해야 한다. 교사들은 새로운 수업을 배우고 학생 중심의 수업을 계획할 수 있는 시간이 주어져야만 한다. 교육구 리더들은 기술적 자원들이 어떻게 배분될지를 다시 생각해야 한다. 워드 프로세싱과 같은, "대상"으로 기술을 생각하는 것으로부터, 여러 가지 형태의 학습을 조성하는 플랫폼과 도구들을 개념화하는 것으로의 이행이 있어야만 한다. 학생들은 최신 기술에 언제나 접근할 필요가 있으며, 그럼으로써 교사들은 혼합적 학습 접근법에 요구되는 플랫폼 자원들 안팎을 이동하여야 한다.

교육구 수준 교육구의 수준에서, 진정한 디지털 교수와 학습 환경으로의 변모는 재정적 지원을 요구하나 이를 통하여 상당한 이점들을 거둘 수 있다. 교육구와 같이 성장할 교수와 학습 플랫폼을 활용함으로써, 지속성이 주요한 이득이 된다. 새로운, 구역이 정한 베스트 수업 전략들이 시스템으로 쉽게 통합될 수 있다.

학교 구역 관리자들은, 리더십을 발휘할 기회들을 통해, 이니셔티브를 검토하고 촉진하는 것들이 자신들의 비전과 일치하도록 격려할 수 있다. 구역 계획의 프레임워크 안에서 교수와 학습의 플랫폼을 모니터링하고 지원하는 전략적 프로세스들을 격려한다. 구역 리더들은 시스템에서 제공 가능한 많은 보고서들에 즉각적으로 접근할 수 있으므로, 이는 프로그램의 효과뿐 아니라, 학교, 교실, 그리고 개별 학생들에 대한 실시간 정보를 제공받을 수 있다. T2K 가상 지원 사이트에 24시간, 일주일 내내 접속하는 것은 모든 구성원들이 교과과정뿐 아니라 학습자들의 진정한 공동체를 지원하는 많은 자원들에 접근하는 능력을 가질 수 있게 한다. 교육자들은 그들이 블로그 및 위키 같은 사이트 구성요소들에 참가함에 따라 기술들을 확장하고, 이는 베스트 수업들과 실행 전략들의 동료 간 공유를 격려한다.

학교 수준 학교 수준에서는, 공유된 비전은 효과적인 수업들에 일관성을 촉진하는데, 이는 향상된 과업에 대한 학생 및 교사 행동들, 학생 진도가 모니터링되고 있음을 보장하는 것 같은 것이다. 학교가 시스템을 실행함에 따라, 수업시간은 재구성되고 자원들은 효과적으로 교수와 학습을 지원하기 위해 조정된다.

　　학교 및 구역 리더들은 교사들이 프로그램에 가치를 두고 성공적으로 실행하는 것을 격려하는 중요한 역할을 한다. 교수와 학습을 위한 이러한 혁신적 방법의 효과를 모니터링하고 평가하는 것이 요구된다. 커뮤니케이션 도구들은 관리자, 교사, 교직원, 학생, 학부모들을 포함하는 진정한 학습자 공동체의 확대를 촉진한다. 학생들과 학부모들이 집에서 프로그램에 접속할 수 있게 하는 것은 오늘날 학습자에게 동기 부여하는 방법으로 지도 도구들의 성공적 사용을 촉진한다. 학부모들은 보고서와 교과과정에 접속함에 따라 자녀들의 학습 경험에서 진정한 파트너가 된다.

　　교실에의 영향은 엄격한 교과과정 및 교수 전략들, 방해하는 학생 행동의 감소 모두를 통해 볼 수 있다. 동기를 부여하고, 스스로 만든 프로젝트와 활동들에 참여하는 학생들은 교육적 작업 시간과 타당한 학습 활동들에 참가하는 자발성을 증가시킨다. 교실 자원들은 교사들이 DTP 도구들로 옮겨 감에 따라 모든 학생들에게 점점 더 제공될 수 있다.

교사 수준 교사 효과성의 증대는 DTP의 또 다른 중요한 이점이다. 교사들이 일단 플랫폼을 사용할 수 있도록 준비되면, 그들은 지속적으로 엄격한 교과과정 콘텐트에 노출되고 즉각적으로 제공되는 많은 추가 자원들을 활용할 수 있게 된다. 코치들에 의해 교사들에게 제공되는 지속적인 전문 연수는, 그들의 현재 기술 레벨에 상관없이, 모든 교사들이 효과적으로 플랫폼을 활용하고 콘텐트를 마스터할 수 있도록 해준다. 성실하게 교사의 수업에 초점을 맞추게 한 결과 교사 효과성과 학생 학습 모두에게 긍정적 영향을 미치는 것으로 나타났다.

타임투노우 DTP로의 이행을 옹호하는 교사들은 21세기 역량을 이미 포용한 다른 전문가들에게 제공되는 지원과 도구들에 접근하는 것으로 보상받는다. 교사들은 더 이상 스스로 수업 자료들을 만들거나 자료들을 찾아 다니느라 셀 수 없이 많은 시간을 보낼 것이 요구되지 않는다. 오늘날의 교사는 편리하게 자료들과 자원들을 찾을 수 있을 뿐 아니라, 동료들의 생각, 아이디어, 베스트 수업들에 접속할 수 있다. 교사들은 자유롭게 쓸 수 있는 최신의 도구들을 가질 뿐 아니라, 21세기 역량을 위한 일류 멘토가 되는 것을 배운다.

그러한 전통적 수업 방법으로부터의 전환은 많은 지원을 필요로 한다. 지도 코치들로부터 제공되는 지속적인 전문 학습 경험들은 이 여정에서 교육구, 캠퍼스, 교사들을 안내한다. 계획과 필요에 대한 평가는 수업이 시작되기 전에 일어나야 한다. T2K 스텝의 이러한 지원과 함께, 교육구와 학교 관리자들은 문서화되고 다루어진 필요와 기대들을 검토한다. 그 다음에는 실행 및 전문 연수 계획이 개발되고, 실행 역할 및 책임의 식별이 뒤따른다.

일단 참가자들이 DTP 사용에 능숙해지면, 지도 코치들은 코칭, 멘토링, 본뜨기 프로세스를 통해 지속적 지원을 제공한다. 교사들은 수업을 계획하고, 효과적인 교실 관리 전략들, 혼합 학습 수업 모델을 만들게 되지만, 처음에는 안내를 받는다. 교사들과 관리자들이 수업을 이끌기 위하여 학생 성취 데이터를 효과적으로 사용하는 것을 보장하기 위해 추가적 지원이 제공된다. 교사들에게는 학생 구성과 학습을 격려하는 방법들을 토론하고 실천하기 위한 기회들이 제공된다. 교사들이 새로운 21세기 역량을 습득함에 따라, 교사 리더십을 위한 기회들이 부상한다. 이러한 교사 리더들은 학교와 교육구를 위한 새로운 확장 기회들을 위한 주춧돌이 된다.

DTP의 미래

DTP를 채택하는 것이 왜 그렇게 중요한지를 알기 위해서는 지금 어린이들이 어떻게 살고 있는지를 한번 생각해볼 필요가 있다. 그들은 디지털이 되기 위해 기다리는 것이 아니라 디지털 그 자체이다. 오늘날의 어린이들은 학습을 구성한다. 즉, 그들은 그저 사실을 암기하지 않는다. 어린이들은 이미 정보를 어떻게 찾고, 인증하고, 종합하는지 알고 있다. 그들은 영향을 주고, 협력하고, 소통하고, 문제 해결을 할 수 있다. 그들이 학습이 일어나기를 앉아서 기다리는 유일한 시간이 있다면 교실에 있을 때뿐이다.

현재 교육학의 근본적 구성은 지난 세기의 수업에 바탕하고 있으나, 디지털 시대에 유의미하게 남기 위해서는 오늘날의 현실이 교실 지도에서도 바로 수용되어야만 한다. 오늘날의 교사는 지식과 지도를 산출물, 해결책, 그리고 새로운 정보로 변모시키기 위해 기술의 힘을 사용하려 해야만 하고 그럴 수 있어야만 한다.

학습에 있어서 정말 흥분되는 시대이다. 우리는 우리가 우리 자신의 아이들이 가지기를 원하는 학습 환경을 만들어 내야만 한다. 만약 우리가 학생들에게 생각하고, 창조하고, 분석하고, 평가할 수 있는 능력이 필요함을 안다면, 우리는 우리의 교사들이 같은 일을 할 수 있는 도구들을 갖도록 해주어야만 한다. 이것이 타임투노우의 비전과 사명이다.

감사의 글

필자들은 타임투노우의 Danny Livshitz와 Adi Kidron, Catherine Page의 지원에 감사한다.

참 | 고 | 문 | 헌

Azevedo, R., & Hadwin, A. F. (2005). Scaffolding self-regulated learning and metacognition: Implications for the design of computer-based scaffolds. *Instructional Science, 33,* 367–379.

Black, P., & Wiliam, D. (1998). Assessment and classroom learning. *Assessment in Education, 5,* 7–71.

Parker, K. R., & Chao, J. T. (2007). Wiki as a teaching tool. *Interdisciplinary Journal of Knowledge and Learning Objects, 3,* 57–72.

Sadler, D. (1989). Formative assessment and the design of instructional systems. *Instructional Science, 18,* 119–144.

T2K 평가
_ 연구 개념과 실제적 결정

_ Saul Rockman, Brianna Scott

교육자들은 50년 이상 테크놀러지를 가지고 어떻게 교수와 학습에 사용할 것인지에 대해 우려해 왔고 관심을 가져 왔다. 테크놀러지의 열렬한 지지자들은 교실 내에서 그 존재와 함께 확실히 일어날 학습의 진보를 알려 왔다. 연구자들은 다양한 기술의 사용을 교실 행동, 사고 과정, 학문적 성취의 변화들에 연결시키는 것을 추구해 왔다. 교사들은 기술 자체에 대한 생각에 압도되었는데, Larry Cuban(2001)은 이것은 교사들이 기술을 어떻게 사용하는지를 모르고 학습하는 것을 꺼려하기 때문임을 설득력 있게 검토하였다. 모든 이들—부모, 교사, 학교 관리자, 이사회 구성원들, 정책 입안자, 주 및 연방 정부 관리들—이 어린 이들이 기술로부터, 기술을 가지고 학습할 수 있을지, 비용 지불은 어떻게 해야 할지 궁금해하였다. 과연 테크놀러지를 사용하는 것은 시간 낭비인가? 이는 시험 성적을 향상시킬 수 있는가? 학생들이 새 테크놀러지와 다른 데서 배울 수 없는 능력을 개발할 것인가?

대중의 눈에는 어떤 종류의 테크놀러지인가는 문제 되지 않았다. 연구자들, 교육자들, 부모들은 이것이 교수와 학습을 제공하거나 향상시킬 수 있게 이용될 수 있는지를 물어 왔다. 정책 입안자들에게 받아들여질 수 있을지에 상관없이, 특정 나이 또는 모든 나이의 학생들이 테크놀러지로부터 배울 수 있다는 힘을 북돋아 주는 증거가 누적되어 왔다. 이 증거는 테크놀러지가 교수를 위해 효과적으로 사용될 수 있고 학생들은 그들이 직접 사용하거나 또는 교실에서 교사들이 사용함으로써 배울 수 있다는 생각을 뒷받침한다. 40년도 더 전에, Chu와 Schramm(1967)은 텔레비전으로부터의 학습에 대한 연구조사 모음집에서—그리고 그들은 어떤 테크놀러지에 대해서라도 쓸 수 있었다—제기해야 할 질문은 "더 이상 학생들이 이로부터 배울 수 있는가가 아니라, 도리어 (1) 상황이 이를 요구하는가? 그리고 (2) 주어진 상황에서 어떻게 효과적으로 사용될 수 있는가?"라고 했다(p. 98).

새롭게 부상하는 테크놀러지에 대해 학생들이 그로부터 배울 수 있는지의 질문은 계속될 것이다. 이제 DTP가 복수의 매체를 교실에서 가르치는 교사의 관리와 통제하에 둘 수 있게 되어, 우리는 좀 더 중요한 적절성(상황이 이를 요구하는가?)과 효과성(주어진 상황에서, 어떻게 효과적으로 사용될 수 있는가?)의 질문들에 대한 연구를 수행할 능력을 갖기 시작하였다. 타임투노우는 교실에서 이러한 질문들을 탐구할 기회를 제공해 왔다. 우리의 예비 프로젝트는 대답을 제공하기 위한 첫걸음을 내딛을 것이다.

이 장에서는 두 개의 내러티브를 따른다. 첫째는 역사적 관점을 제공한다. 둘째는 보다 기능적이다. 먼저는 타임투노우를 테크놀러지를 변화의 지렛대로 사용하고자 하는 것에 초점을 둔 학교 혁신이라는 상황에 두는 것이다. 다른 것은 교육 시장 내에서 제기된 질문들에 답변하는 것을 추구한다.

타임투노우의 발상

타임투노우(T2K)의 보다 최근 발전계도의 관점에서 T2K가 지향하고 있는 바를 살펴보기로 하자. 지난 20년 동안, 컴퓨터 기반의 기술들은 우리가 가르치고 배우는 방법을 변화시키도록 설계된 많은 계획의 중심이 되어 왔다. 1990년대와 2000년대 초반의 기술 기반의 학교 개혁 운동에서, 교수와 학습을 향상시키기 위한 일련의 솔루션들이 상정되었다. 실질적 연구보다는, 종종 희망 섞인 바람과 구성주의적 이론을 바탕으로 한 것들이었다. 1:1 컴퓨터 사용은 개인과 소그룹 작업을 위한 기술의 사용에 집중되었다. 기술로 지원되는 협력 학습은 교실이 변화할 기회를 제공할 것이며 웹 중심의 연구 과업은 다음 세대 학생들을 위해 새로운 기술 개발을 장려할 것이라고 여겨졌다.

　이 모든 접근들은 어떻게 가르치는 것과 학습의 성격을 바꿀지를 탐색하는 과정이었다. 이러한 접근은 결국 교사를 무대 위의 지식 전달자로부터 옆에서의 안내자로 역할의 이동을 고려하였다(예, Duffy & Cunningham, 1996; King, 1993). 이를 통하여 교실에서 일하는 사람 모두에게 꼭 매력적인 것은 아닌 교수 구조의 변화를 촉구한 것이다. 또한 이러한 접근들은 교사가 학생들 간 상호작용보다 덜 중요함을 고려하고, 이 믿음은 더 많은 새로운 개혁 계획으로 나타났다. 학생들이 정보를 흡수하기보다는 그들 자신의 지식을 구성한다는 구성주의는 컴퓨터 기술이 학생들이 독립적으로 다르게 학습할 수 있는 환경을 제공할 수 있다는 증거에 의해 뒷받침되었다.

　동시에, 아동낙오방지법(NCLB: No Child Left Behind)에 따른 잦은 평가와 당근과 채찍 접근법은 교사에게 교과과정 범위를 제공하고 시험 성적을 향상시켜야 하는 더 많은 책임을 지웠다. 교사들과 교장들은 궁극적으로 중간 관리자가 되는데, 왜냐하면 그들이 영향을 미칠 수 없는 위로부터의 힘에 떠밀리고, 학교 밖 기술 경험이 학교 내 경험보다 더욱더 연관성 있고 개인적으로 생산적인 학생들을 책임져야 하는 상황에 처했기 때문이다.

지난 20년간 기술로 지원되는 학교 개혁에 대한 연구에서 검토된 이슈들 중 하나는 교수와 학습에 있어서 매우 중요한 요소로서 테크놀러지의 역할이었다. 테크놀러지에 대한 강조는 더 큰 전환의 맥락에서 이루어진 것이다. 즉, 교사의 전문성 개발의 초점은 지도 과정에서 견고한 통제보다는 안내된 학습을 격려하는 것으로 바뀌었지만 이러한 변화들은 교사들에 의해 보편적으로 받아들여지지 않았다. 교사들 일부는 테크놀러지를 사용한다는 대안을 단호히 거절하기도 하였다. 다른 이들은 교실 내에서 테크놀러지를 사용하는 것에 따른 인센티브와 의욕을 저하시키는 것들을 비교 평가하고 그들이 가장 잘 아는 것을 이용하기로 결정하였다. 단지 몇몇 교사들만이 학생들이 테크놀러지를 가지고 할 수 있는 것들을 충분히 활용하였다.

교사들의 자연스러운 경향은 실제로 작동하는 것을 적용하는 것이지, 특정 교수법이나 테크놀러지에 대한 맹목적 입장을 취하는 것이 아니다. 시험 성적을 올릴 수 있는 지도 자료들을 만들라고 압력받고 있는 교과과정 개발자들은 교실에서 무엇이 행해져야 하는지에 대해 더욱더 권위적이 되었다. 이에 따라 그들은 테크놀러지 기반의 교실에서 활용될 수 있는 자원들을 만들었는데, 이런 재료들이 정확히 설계된 대로 관리될 것이라는 기대를 품고 한 것이었다. 그들은 애플리케이션 순서들, 평가의 지시문, 심지어는 교사들이 따라야 할 대본까지 확인하였다. 이에 따라 설계된 계획에 대한 중심적 부분이 되었는데, 이는 지도의 결과들이 테크놀러지 지원 처리에 밀접하게 연관될 필요가 있었기 때문이다. 타당하고 신뢰성 있는 방식으로 특정 계획에 따른 중재 효과를 측정하는 것은 교실에 걸쳐서 그 중재 실행의 충실함을 의미하는 것이었다(O'Donnell, 2008).

타임투노우는 우리가 지난 15년간 연구해 온 테크놀러지 중점의 학교 개혁 이니셔티브들에 비교해 볼 때 다른 접근법을 취하고 있다(이 책의 10장 참조). 비록 타임투노우는 유비쿼터스 컴퓨터 사용, 구성주의자 접근법, 21세기 기술, 통합적인 형성적 평가, 멀티미디어를 포함하고 있지만, 제일 주된 차이점은 교실에서 가르치는 교사에 의한 교수와 학습 과정의 통제력 증대이다. 테크놀러지 지원의 도구들과 교육적 대안들은 교사의 관리하에 있으며, 이는 더 큰 교사의 수용 및 교실 내에서 더 큰 통합과 기술의 사용을 가능하게 한다. 이 책의 1장에서 논의된 바와 같이, 이는 DTP의 보증 마크이다.

타임투노우는 연구자들이 과거 수십 년간 연구해 온 테크놀러지는 학교 개혁의 많은 요소들을 변화시키며, 통합적인 연구 및 평가 프로그램을 위한 기회를 제공한다. 그러나 이 플랫폼을 자신의 교수 스타일과 부합시키기 위한 대안은, 개념적으로 그리고 실무적으로, 몇 가지 평가를 위한 문제를 만드는 것이다.

비록 T2K를 위한 분명한 학습 목적들뿐 아니라, 이러한 목적들을 달성하는 것을 돕기 위한 교과과정과 교과과정 자료들이 있지만, 교사들은 그들의 교실이 취할 다른 길들을 선택할 수 있는 힘을 가진다. 또한 교사들은 정부 평가의 요구들과 필수적 지도 내용들을 염두에 두는 한편, 학생들의 필요와 능력에 대응시키기 위해 내용과 전략들을 맞춤화할 수 있다.

비록 두 교실이 같은 결과에 도달하려고 하더라도 같은 것을 하지 않는 것처럼 교수-학습에서 한 가지 처방은 없다. 결과적으로, 실행의 충실함에 대한 기대를 품기는 어려운 것이다. 교사가 이끄는 맞춤화의 기회가 항상 있기 때문에, 두 학생이 같은 경험을 하지 않을 수 있다. 실행의 충실함이 실행의 다양함이 되는데, 이는 각 교사가 적절한 교수법에 대한 자신의 최선의 판단 범위 안에서 학생들에게 책임을 지기 때문이다. 그렇기 때문에 교사 훈련 및 다른 전문적 개발 제공이 편차를 어느 정도 줄여줄 수 있다. 하지만 교사가 수업 중에 교실을 통제할 수 있는 가능성은 항상 열려 있다.

타임투노우의 결과에 대한 평가

이와 같은 논지에 의하면 이는 우리를 두 번째, 즉 시장에서 제기된 질문들을 다루는 보다 실용적인 논의의 장으로 넘어가게 한다. Rockman et al. (REA)이라는 샌프란시스코에 본사를 둔 독립적 연구 및 평가 그룹은 미국에서 실행 첫 해 동안 타임투노우의 평가를 실행하였다. 제한된 보급과 일련의 제약요인들을 고려할 때, 이 조직은 이 노력을 DTP에 포함된 일부 요소들을 탐색하기 위한 시범 적용으로 간주하였다. 비록 우리는 실행 이슈들과 결과들의 범주를 검토하였지만 (REA, 2010), 이 장에서는 실행의 충실함에 대한 구체적인 문제들에 관련된 이슈들에 집중하고자 한다.

평가에 있어서 변화이론 모델은 실행과 결과 사이의 관계를 강조한다. 프로그램이 의도된 대로 얼마나 실행되었는지와 실행의 정도(예, 처치량)가 결과에 영향을 어떻게 미치는지? 그런 다음, 실행의 단일한 모형이 존재하지 않아서, 각 교사, 학생, 교실에 따라 달라질 수 있다면 어떻게 되는가? 이것이 타임투노우 시스템을 평가하는 데 직면한 도전이다.

아주 작은 표본을 가지고 실행의 움직이는 타깃을 쫓기보다는, 우리는 실험과 유사한 설계를 사용하여, 과정이 아닌 교사와 학생 결과를 평가하기로 선택하였다(Weston & Bain, 2010). 우리는 타임투노우를 사용하는 경우와 그렇지 않은 경우 같은 모형 노출의 전체 영향을 아는 데 관심이 있었다. 이 경우는 결과만을 평가하는 것에 대한 우리의 경험들을 서술하며 프로그램 효과를 서술하기 위해 수집된 정보의 질을 반영한다.

타임투노우 연구의 매개변수

우리의 자원들은 언제나 그러하듯이 우리가 완벽한 세상에 살고 있다면 하지 않았을 결정들을 하도록 한다. 단기간의 연구조사 프로젝트 역시 현실 세계의 제한들이 있는데, 이는 실험실 밖 삶의 한 사실이다. 아래에, 우리는 우리가 지닌 제약들과 연구한 결과와 영향, 그리고 Rockman et al.에 의해 실행된 예비 연구로부터의 구체적 발견들을 어떻게 다루었는지 논의하고자 한다.

달라스 지역에 있는 두 개의 교육청이 예비 연구에 참가하기 위해 타임투노우 직원들에 의해 모집되었다. 4개의 통제 학교들이 자발적으로 표본이 되었는데, T2K를 적용하는 4개의 실험학교와 짝을 이루도록 학교가 위치한 동네, 교사, 학생 특성들과 같은 인구통계학적 바탕에서 "비교"되기 위해서였다.

교사들은 교장들에 의해 지명되고 참가할 수 있는 선택권을 부여받았다. 2009년 여름, T2K 교사들에게 2009년 가을 교실에 프로그램 도입을 준비하는 것을 돕기 위해 60에서 70시간의 전문성 개발 연수가 제공되었다. 통제 집단의 교사들은 타임투노우 전문성 개발을 받지 못했지만, 다른 여름 프로그램에 참가했을 가능성이 많았다. 8명의 T2K 교사들과 8명의 통제 집단의 교사들이 결과적으로 평가에 참여하였다. 학생 성취, 수업 실행, 그리고 T2K 제품과 운영에 대한 진정성 있고 열린 피드백을 얻기 위해, 우리는 모든 교사들에게 어떤 내부적 또는 출간되는 보고서/장들에서도 완전한 익명성을 약속하였다. 그리하여, 인용과 관련하여 어떤 이름 또는 구체적 인용구는 사용되지 않았으나 개인적 역할들은 기록되었다. 연구의 일원이 되기 위하여, 참가 교사들이 가르치는 교실의 학생 353명 전원의 부모 동의가 있었다. 이 학생들 중 대부분이 집에 컴퓨터가 있고 인터넷에 연결되었다.

연구 설계

우리의 기본적 연구 과제는 4학년 교실에 타임투노우 수학과 언어 자료들을 활용하는 수업체제를 구축하고 전반적인 실행을 기록하고 평가하는 것과, 실행 전략의 일관성과 변화를 학문적 결과에 결부시키는 것이었다. 우리는 일련의 여러 연구들을 수행하였지만, 이 장의 목적들을 위해, 단지 이들이 [실행의 충실함] 대 [실행의 다양함]의 이슈에 관련된 결과들의 샘플만을 보고한다.

우리는 Creswell과 Piano Clark(2007)가 지적한 바처럼, 어떤 단일한 방법론보다 더 믿을 수 있는 데이터를 제공하는 [혼합 방법론 접근법]을 취하였다. 다른 말로 하면, 우리는 양적 데이터와 질적 데이터 모두를 사용하였다. 앞서 기술한 이 예비 연구의 내재적 제약들을 고려할 때, REA는 결과를 삼각검증하였다. 가능한 한 많은 데이터를 수집하였는데, 데이터와 인터뷰, 회고적 교수법 매트릭스, 설문조사 및 비형식적 관찰이 사용되었다.

평가 도구

예산 제약으로 인해 우리는 정기적으로 현장을 방문하거나 구조적 관찰을 수행할 수가 없었다. 결과적으로, 우리는 실험 교실과 통제 교실 모두를 위해 교실에서 이루어지는 프로세스에 대한 충분한 양의 정보를 획득할 수 있다고 기대되는 대안을 개발하였다. REA는(사전 설문조사를 위해서는 지난 학년, 그리고 각 후속 설문조사를 위해서는 지난 2주라는 일정 기간 동안) 영어/언어 및 수학 교실에서 수업 실행의 빈도를 측정하기 위해 회고적 교수법 매트릭스(RPM: Retrospective Pedagogy Matrix)를 만들어 냈다.

조사는 두 가지의 다른 유형의 항목들로 구성되었다. 첫째, 교사들은 다른 활동들과 그룹화 구조들(예, 직접적 지도, 짝지어 또는 소그룹의 학생들과, 실제적인 과업들과 문제들을 사용해서)을 사용하여, 질문상의 과목을 가르치는 데 매일 사용하는 시간의 양을 추정할 것을 요청받았다. 교사들에게는 0에서 135까지 15분 간격으로 표시된 눈금이 보여졌다. 그들은 주어진 활동에 쓰이는 시간을 가장 잘 반영하는 간격에 체크하였다. 활동 범주들이 넓고 매일 일어날 것들이기 때문에, 교사들이 그들과 학생들이 이 활동에 연관되는 시간의 양을 식별할 수 있을 것을 기대되었다.

둘째, REA는 매일 일어나지는 않을 수 있지만, 일주일을 통해 시간의 블록으로 발생할 지도 활동들에 대해 알고자 원하였다. 예를 들면, 퀴즈 풀기, 저널 쓰기 또는 수학적 도구 사용하기 등이 그것들이었다. 이러한 활동들의 빈도를 평가하기 위해, 연구자들은 교사들에게 특정한 교수 및 평가 실행들에 사용하는 주당 시간의 양을 기록할 것을 요청하였다. 교사들은 "없음"에서, "일부"(주당 지도 시간의 11%에서 25%), "상당"(주당 지도 시간의 50% 이상)에 걸치는 척도를 사용하여 응답하였다. 척도와 많은 교수 실행들은 주 교육감 평의회의 실행 교과과정 설문조사(2009)로부터 채택되었다.

RPM은 각 교사가 매트릭스를 완성한 시점에서 기록된 온라인 조사 인터페이스를 통해 시계열 데이터 수집을 촉진하였다. 교사들은 조사 과정에 참여할 것을 상기시켜 주는 이메일로 서로 연락되었다. 전체적으로 볼 때, 전년도 RPM과 5개의 현재의 RPM이 완성되었다. 교실 프로세스들의 회고적인 측정에 더하여, REA는 교사들의 지도 철학, 학교 문화의 인식, 그리고 타임투노우가 어떻게 그들의 교수법과 학생들을 위해 차이를 만들어 낼 수 있는지에 대한 기대들을 좀 더 깊게 파고들기 위하여 학년 시작과 끝에 교사들과 관리자들을 인터뷰하였다.

학문적 결과 측정

이 장은 별개의 시간표와 학습 주제 내용 때문에, 주로 수학의 교수와 학습에 집중한 결과를 기술하고자 한다. 수학 평가는 통제 교실과 T2K 교실 모두에서 가르쳐진 "단기적 막대 그래프 단원"에 좁게 집중되었다. 그리하여, 평가는 단원 평가와 많이 유사했으나, 항목들은 뉴욕, 버지니아, 텍사스의 주 표준화 테스트에서 가져왔다. 비판적 사고 능력을 측정한 개방형 문항들은 타임투노우 수학 전문가들과 REA 직원 모두에 의해 개발되었다. 단원이 짧았기 때문에, 수학 평가는 오직 사후 테스트로 치러졌다. 그리하여, 평가 과정에서의 변동은 있음직하지 않다. 통제 및 결과 변수 모두로 사용하기 위해 학생들의 텍사스 지식 및 기술 평가(TAKS: Texas Assessment of Knowledge and Skills)에 대한 3학년 성적과 현재 수학 성적이 개별 학교 및 교육구로부터 취합되었다.

타임투노우 적용 예비 프로젝트에서 얻은 교훈

여기에 제시된 모든 결과들은 REA에 의한 타임투노우 평가 보고서에 기반을 둔 것이다(2010). 예비 프로젝트 평가 결과들이 갖는 잠정적 성격을 인식하는 것이 중요하지만 가장 중요한 우려는 처리 및 실험에 참가한 통제 교실과 교사의 적은 수를 고려할 필요가 있다는 것이다.

교사 통제: 테크놀러지 지원 도구와 교육적 선택

학기 초에, 예비 연구에서 타임투노우 교사들은 교실에서 그들의 역할을 촉진자 또는 안내자로 묘사하였다. 게다가, 교사들은 그들이 "학생들이 성장하는 것을 돕기" 위해 거기 있다고 말했고, 한 명은 그녀의 방식이 "교실 중간에, 언제나 서 있는" 것으로 보고하였다. 다른 교사는 학생들과 함께 시각적, 직접 해보는 접근법의 사용을 강조하였다. 그러나 다른 타임투노우 교사는 교실에서 자신의 역할을 묘사하는 데 촉진자 또는 안내자를 사용하는 것을 기피하였다. 대신에, 이 교사는 자신을 "멘토, 역할 모델, 리더"라고 말하였다. 이 교사는 어떤 때는 강의 스타일로 가르치는 것을 사용했음을 보고하였고, 교사들이 권위적이어야만 한다고 믿었는데, "이것이 아이들이 필요로 하는 것이다."라고 말하였다.

예비 연구의 통제 집단 교사들 가운데 다섯 명은 그들의 역할을 촉진자로 묘사하였다. 39년의 수업 경험을 가진, 6번째 교사는 조금 다른 응답을 하였다. "이는 내가 노력하는 만큼 성과가 나타나기 때문에 내가 모든 것을 정한다."라고 하였다. 이 교사는 대부분 학생들과 직접적인 교수를 사용하였음을 설명했는데, 이는 "내가 이렇게 할 때 마음이 편하고 성공적이기 때문이다"라고 주장하였다.

REA 연구자들은 간헐적이고 비형식적인 3개 타임투노우 교실의 관찰을 실행했고, 이는 학생-교사 상호작용, 학생 몰입, 학생-컴퓨터 상호작용, 테크놀러지 관련 이슈들이라는 4개 영역에 집중되었다. 타임투노우 수업은 화이트보드에 보여지는 비디오와 함께 교사가 이끄는 사전수업, 독립적 연습 시간, 독립적 작업에 대한 보고와 검토라는 3개의 주 구성요소들을 가진 것처럼 보였다. 사전수업 동안, 학생들은 교사 질문에 응답하기 위해 손을 들고 교사와 상호작용하였다. 교사들은 학생들을 무작위로 지명하고, 대답은 큰 소리로 공유되었다. 이 시간 동안, 로그인 문제가 없는 이상 어떤 학생들도 개별적 주목을 받지는 않았다.

독립적 연습 시간 동안, 학생-교사 상호작용의 수준은 그룹에 따라 달랐다. 한 수학 교실에서는, 교사는 교실 전체를 돌면서, 작업하고 있는 내용에 대해 여러 학생들과 상호작용하고, 질문에 답하였다. 다른 수학 교실에서는, 교사는 교실을 순회했지만 단지 몇 명의 학생들과만 상호작용하였다. 그 교사는 다른 시간에는 전체적으로 학급을 관찰하거나 자신의 책상에서 일하였다. 관찰한 영어/언어 수업에서는, 교사는 다른 학생들이 개별적으로 공부하는 동안 한 학생을 옆으로 데려와 1:1로 학습하였다. 교사는 그 시간 동안 다른 학생들과 접촉하지 않았다. 이는 교수의 충실함을 논하는 것을 본질적으로 어렵게 만드는 접근의 다양성을 보여준다. 이것이 평가에 있어서 얼마나 어렵든지 관계없이, 실행의 다양함은 교사로 하여금 더 다양한 적용과 맞춤화를 가능하게 한다. 교사들은 자신의 교수 방식을 고수하면서도 여러 방법으로 프로그램을 활용할 수 있도록 하여 보다 유능한 교사를 만들거나 적응하게 할 수 있다.

수학: 교수 전략

교실 프로세스들을 파악하기 위한 또 다른 접근법은 회고적 교수법 매트리스(RPM: Retrospective Pedagogy Matrix)이다. 앞에서 서술한 바와 같이, RPM은 모든 참가 교사들이 여섯 개의 다른 시점에서 완성할 기회를 가진 설문이었다. 아래의 분석에는 다음과 같은 규칙이 적용되었다.

각 15분마다 이루어지는 가점은 1점과 같다. 즉, 1에서 15분은 분석에서 1점과 동일하고 16에서 30분은 분석에서 2점과 같다 등이다. 이는 우리가 사용 시간 평균을 검사하고 그룹에 걸쳐 비교할 수 있도록 하였다. 예를 들면, 만약 타임투노우 교사들이 특정 시점에서 2.67의 평균 점수를 가졌다면, 이는 약 40분을 사용했음을 의미한다.

우리는 T2K 수학 교실들에서 향상된 능력 수준 그룹화의 패턴을 보았다. 그러나 수학 통제 집단 교사들은 작년부터 올해까지 능력 수준별로 학생들을 그룹화하는 데 사용되는 시간을 줄였다. 두 번째 시점에서, 통제 집단 교사들 4명 중 3명은 능력 수준별로 그룹화된 학생들을 가르치는 데 1에서 15분을 사용하였음을 보고하였는데, 3명 중 2명의 타임투노우 교사들은 능력별로 그룹화된 학생들과 함께 76분에서 90분을 사용하였음을 보고하였다. 5번째 시점에서는, 통제 교사들의 능력-수준 그룹에서 사용된 평균 시간은 1.50으로 전년도에 비해 .50 감소된 것이며, 타임투노우 교사들은 2.67의 평균 시간을 보고하였는데, 이는 전년 대비 1.92 증가한 것이다. 한 교사는 타임투노우가 어떻게 수준별로 그룹화된 학생들을 대상으로 교사가 학생들의 과제 수행을 돕는지를 다음과 같이 설명하였다.

나는 T2K [개별] 작업 동안 교실을 돌아다니면서, 높은 성취 수준의 학생들이 많은 활동들을 통해 재빨리 계속해 나가는 동안 잘 따라가지 못하는 학생들을 자주 확인합니다.

연말에, 이 교사는 타임투노우 수업이 어떻게 서로 다른 수준의 학생들을 위해 지도를 차별화할 수 있도록 했는지를 자세히 얘기했다.

[타임투노우] 프로그램 전체가 학생들이 자신의 수준에서 학습할 수 있도록 합니다. 많은 높은 수준의 학생들은 수업의 모든 부분들을 다 완성할 수 있었고 뿐만 아니라 개방형 질문들에도 쉽게 대답합니다. 한편 낮은 수준의 학생들은 내레이션과 힌트를 사용할 수 있었고 부분들에서 그들에게 질문되는 것이 무엇인지 정확하게 이해할 수 있었습니다. 그들은 더 느린 속도로 학습해 갑니다.

T2K 교사들은 전년도에는 통제 집단 교사들보다 더 적은 실제적인 과업과 문제를 사용하였다는 것을 보고하였지만, 시범 적용 연도 말에는 T2K와 통제 집단 교사들은 실제적인 과업과 문제를 사용하는 데 동일한 양의 시간을 사용했음을 보고하였다(그림 11.1). 게다가 T2K 교사들에게는 시간에 걸쳐 많은 다양함이 있었던 데 반해, 통제 집단 교사들은 학년 내내 상당히 한결같았고 이는 타임투노우 교실 내에서 더 큰

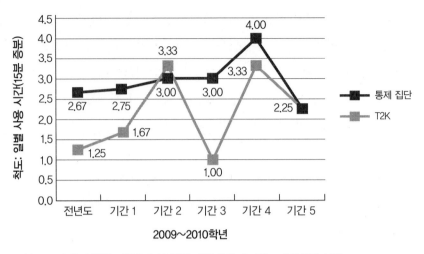

그림 11.1. 수학: 실생활 과업들과 문제들을 사용하여 가르치는 데 사용된 시간

실행의 다양함이 가능하다는 것에 대한 보다 많은 증거를 제공한다.

정성적 데이터는 T2K 교사들이 통제 집단 교사들보다 수학 과목과 관련된 현실 생활에서 구할 수 있는 예를 준비하는 데 더 적은 시간을 사용했을 것임을 드러내는데, 이는 이러한 예시들이 이미 타임투노우 교과과정에 통합되어 있기 때문이다. 그 전년도에, 한 T2K 교사는 "실생활의 예들을 찾는 일은 시간 소모적"이라고 언급했었다. 그 교사는 또한 타임투노우 교과과정에 실생활의 예를 사용하는 것에 대해 첫 번째 시점에서 언급하였는데, "T2K 수업에는 분수 수업들에 섞인 여러 실생활 문제들이 있다. 학생들은 이들을 푸는 도전을 즐기는 듯하다"라고 하였다. 한 통제 집단 교사는 "[그녀의] 모든 수업을 실제적으로" 만들려고 노력했다고 말한 반면에 어떤 T2K 교사는 "사용하기에 쉬우므로, 타임투노우는 수업 전체에서 두루 사용된다"라고 말하였다. 또 다른 T2K 교사는 단원 문제들이 "아주 창의적이며 차별화된 [타임투노우] 문제들"임을 발견하였다.

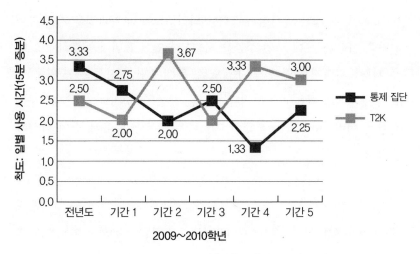

그림 11.2. 수학: 학생들이 대답을 정당화해야 하는 확장 응답 항목들에 사용된 시간

    교사들이 학생들이 과제로 사용할 수 있는 실제적인 문제들을 모으는 데 직면하는 어려움들과 이들이 학생들과 교사들 모두에게 제공하는 큰 이점을 고려할 때, 타임투노우 교과과정은 학생들을 효과적으로 몰입하게 하는 동시에 교사들의 준비 시간을 최소화하는 두 배의 효과를 제공하는 것으로 보인다.

    2008~2009학년부터 2009~2010학년까지, T2K 학생들은 학생들이 대답을 설명 또는 정당화해야 하는 확장적 반응 항목들에 소요된 시간의 양을 늘린 반면, 통제 학생들은 이 과업에 사용한 시간의 양을 줄였다. 이는 T2K 학생들이 통제 학생들보다 이러한 문제들에 더 적은 시간을 사용했던 2008~2009년의 변화를 나타낸다(그림 11.2 참조). 또한 T2K 교사들은 통제 집단 교사들보다 그들의 접근에서 더 큰 변동성을 보였다. 타임투노우 프로그램은 교수의 실행에 있어 유연성과 개인적 주체성을 위한 더 큰 기회를 제공한다.

    교수의 이러한 측면에 대해 언급한 교사들(n=19) 중에서, T2K 교사들

(n=10)은 통제 집단 교사들(n=9)보다 타임투노우 교과과정을 가지고 이 전략을 사용하는 데 느낀 성공을 서술함에 있어 표현이 풍부하였고 다소 과장되기까지 하였다. 대조적으로, 통제 집단 교사들은 "좋았음"과 같이 짧은 피드백을 제공하거나 중요한 시험을 "준비하느라" 대부분의 시간을 써버렸다고 언급하였다. 한 T2K 교사는 다음과 같이 작성하였다.

학생들이 컴퓨터에서 조작하고 문제에 답하는 직접 해보는 접근법은 놀랍습니다. 우리는 전부가 참여하기를 원하기 때문에 전에 한 번도 해보지 않았던 큰 학급 토론들을 하였습니다.

또 다른 교사는 T2K 교실의 다른 특징들을 강조하였다.

나는 학생들이 완전한 문장으로 응답할 것을 요구하는 마무리 섹션들을 좋아합니다. 이는 수업에 대해 효과적인 숙고를 가져옵니다. 그들은 우리가 각자의 키를 측정한 수업을 즐겼습니다. 직접 해보는 그런 유형의 활동들은 수업에 다양함을 가져옵니다. 또한 나는 교실을 모니터링하면서 학습에 관해 끊임없이 학생들을 관찰합니다.

비슷하게, 다른 T2K 교사들은 체계적으로 학생들을 관찰하는 데 사용된 시간 양의 증가를 보고하였다. 이와는 달리, 통제 교사들은 한 해를 통하여 학생들을 관찰하는 데 사용된 시간의 양을 줄였다. 이는 학생들이 자신의 컴퓨터에서 독립적으로 일할 수 있는 타임투노우의 구성 방식이 교사들이 체계적인 학생 관찰을 위한 더 많은 시간을 가질 수 있도록 하는 것이 가능함을 보여주는 것이다.

DTP의 미래

평가의 일환으로 수집된 데이터는 여러 수준들에서 성공의 밑그림을 제시하는 것이었다. 첫째, 비록 평가하기는 다소 어렵다는 것이 증명되었지만 타임투노우를 교실에 실행하는 오직 한 개의 표준적 방법은 없다는 것이다. 교사들은 교실에 여전히 통제권을 가지고 있으며 타임투노우에 의해 제공된 추가적 자원들과 관련 자료들로 인하여 더욱 힘이 실린 것을 느낀다. 대부분 교사들(통제 및 T2K)은 교실에서 그들이 촉진자 또는 안내자의 역할을 한다고 믿는다. 그렇지만 T2K 교사들은 교사들에게 부분적인 출발점 조건과 단순히 단상 위의 지식 전달자 역할로부터 풀어줄 자유를 제공하는 DTP를 가지고 있다.

실행의 충실함은 이 개별화 수준 때문에 측정하기 어렵다. 교사들이 기대된 대로 타임투노우를 사용하고 있는가? 대답은 모두가 동일하게 "그렇다"라고 해야만 할 것인데, 이는 교사들이 그들의 특정한 교실과 그들이 가장 성공적일 것이라고 느끼는 접근법에 맞는 방식으로 타임투노우를 실행할 수 있기 때문이다. 이 평가에서 얻은 데이터는 프로그램이 성장함에 따라 쉽게 측정될 수 있는 지속적인 실행 영역들에 정보를 제공할 수 있다. 다시 말해서, 같은 생각을 가진 교사들에 의해 공유되고 새로운 학교 또는 교육구에 전파될 수 있는 교실 내 타임투노우 사용을 위한 베스트 수업 실행 전략들이 있을 것이다.

타임투노우는 교육에서의 테크놀러지에 대한 대화를 유비쿼터스 컴퓨팅과 학생 성취를 향상시키기 위한 컴퓨터의 사용에 대한 토론으로부터 학생들로부터 최대한의 것을 얻기 위한 교수 전략으로 변화시킨다. 이 DTP에 의해 제공되는 개별화는 교사 수준에서 가장 유용한 것으로 보인다. 교사들은 테크놀러지에 의해 대체되지 않는다. 오히려 테크놀러지는 교사들에게 자신의 교수 방식을 확장 또는 변화시킬 기회를 제공한다. 결과적으로, DTP의 중심점이 실행의 충실함, "교사는 누구나 사용 가능한" 교과과정과 테크놀러지로부터 의도적인 실행의 다양함 및 교실 내 테크놀러지 사용을 증강하기 위해 교사가 그들의 경험과 개인적 교수법을 사용하도록 지원하는 것이다.

사실, 실행의 다양함에도 불구하고, 타임투노우 학생들은 평가를 위해 설계된 콘텐트 평가(예, 수학 선다형 시험, 비판적 사고 평가들)뿐 아니라 수학 표준 시험 성적에서도 비교 학생들을 여전히 능가하였다. 이는 교육구에서 교수나 학습에서 오직 한 가지 방법에만 고착되는 것은 학습의 이득이나 표준화된 시험 성취를 달성하는 데도 가장 좋은 방법이 아니라는 것을 보여주는 것이었다. 이에 반하여 타임투노우 DTP는 개별화된 지도, 테크놀러지에 의해 향상된 교사 경험, 콘텐트와 기술의 학생 몰입이 성공적인 조합이 될 수 있음을 보여주기 시작하고 있다.

Weston과 Bain(2010)처럼, 우리는 연구자들과 교육자들—그리고 특히 옹호자들—이 학교에서 유비쿼터스 컴퓨터 프로그램의 실행을 어떻게 고려하는지에 관한 대화를 다시 구성하기를 희망한다. 일단 테크놀러지가 배경이 되고 나면 교수법과 교과과정이 교실에서 아주 중요한 특징들이 되고 그에 따라 테크놀러지가 아닌 교사의 통제가 중요한 이슈가 된다. 이때 DTP를 사용함으로써 교사들은 교수법과 교과과정 모두에 더 큰 통제권을 가지며 학생들에게 다양한 전략들과 자료들을 제공할 수 있다. 그렇게 되면 실행의 공통성은 사라지고 더 큰 개별화가 부상한다. 그러므로 실행의 다양함은 각 학생이 학교에서 개인화된 경험에 더 폭넓게 접근할 수 있음을 의미한다.

참 | 고 | 문 | 헌

Council of Chief State School Officers. (2009). *Survey of Instructional Practices and Content for English, Language Arts, and Reading* [Survey]. Retrieved from http://seconline.wceruw.org/Reference/K12ELARSurvey.pdf.

Chu, G. C., & Schramm, W. (1967). *Learning from television: What the research says.* Stanford, CA: Institute for Communication Research.

Creswell, J. W., & Plano Clark, V. L. (2007). *Designing and conducting mixed methods research.* Thousand Oaks, CA: Sage.

Cuban, Larry. (2001). *Oversold and underused: Computers in the classroom.* Cambridge, MA: Harvard University Press.

Duffy, T. M., & Cunningham, D. J. (1996). Constructivism: Implications for the design and delivery of instruction. In D. Jonassen (Ed.), *Handbook of research for educational communications and technology* (pp. 170–198). New York: Simon and Schuster Macmillan.

King, A. (1993). From sage on the stage to guide on the side. *College Teaching, 41,* 30–35.

O'Donnell, C. L. (2008). Defining, conceptualizing, and measuring fidelity of implementation and its relationship to outcomes in K-12 curriculum intervention research. *Review of Educational Research, 78,* 33–84.

Rockman et al (REA). (2010). Time To Know: Program evaluation of a digital teaching platform. Unpublished manuscript.

Weston, M. E., & Bain, A. (2010). The end of techno-critique: The naked truth about1:1 laptop initiatives and educational change. *Journal of Technology, Learning, and Assessment, 9*(6), 5–25. Retrieved from http://www.jtla.org.

12

DTP의 진화
_통합과 미래

_ Chris Dede, John Richards

이 책은 DTP의 다양한 측면들을 제시하고 있다. 현재로서는 그려지는 그림이 조각그림 퍼즐같이 보인다. DTP의 다양한 면을 고찰한 각 그룹이 DTP의 성공을 위해 DTP가 필요로 하는 여러 조각들을 상술하고 있다. 결론적으로, 우리는 다음과 같은 질문들을 던져볼 수 있다. 만약 누군가 퍼즐을 맞추려 한다면, 정교하고, 성숙된 DTP를 완성하기 위해 필요한 모든 것이 현재 제공되는지, 아니면 조각들이 여전히 빠져 있는지, 묘사된 DTP의 다양한 측면들을 통합하는 데 있어서 도전들은 무엇인지, DTP들이 2010 전미 교육용 테크놀러지 계획(미 교육부, 2010)의 더 큰 맥락에 어떻게 들어맞는지 하는 점들을 고려해야 한다.

DTP의 차원 설명

본서의 1장에서는 세 가지 특징들을 묘사함으로써 DTP를 함께 정의하고 있다. 첫째, DTP는 교사와 학생 모두를 위한 상호작용적 인터페이스를 포함하는 네트워크화된 디지털 환경이 완전히 실현된 것이다. 교사들은 수업을 만들고 학생들에게 실현하고 학생들이 제출하는 작업을 관리하기 위해 이 디지털 환경의 관리 도구들을 사용한다. 둘째, DTP는 교수와 학습을 위한 교과과정 콘텐트와 평가를 디지털로 제공한다. 셋째, DTP는 교실에서 실시간 교사 주도의 상호작용을 지원한다.

필자들은 21세기 교실을 구축하기 원한다면 반드시 포함시켜야 하는 상호작용 디지털 환경, 교사 관리 도구들, 학생 도구들, 과정 저작 도구들, 교과과정 콘텐트, 평가 콘텐트, 교실 지원, 교육 지원과 같은 8가지 특징을 자세히 서술하고자 하였다. 이어지는 장들에는 이 8가지 특징과 관련된 DTP의 일부 측면들을 서술하였다.

콘텐트와 교수법

3장에서는 웹 기반의 탐구 과학 환경(WISE) 프로젝트에서 예시된 바와 같이 교사 주도의 개별화 학습에 중점을 두었다. WISE의 교육학적 모델은 지식 통합 프레임워크에 의해 정보가 제공되는 탐구 활동들을 위주로 한다. WISE 교수법은 아이디어 이끌어내기, 아이디어 더하기, 아이디어 구별하기, 아이디어 분류하기와 같은 4개 지식 통합 프로세스들을 관련 짓는 학습 진행에 기반하고 있다. 전체적으로 본다면, 평가들은 전통적 교과과정에 비해 개별화된 WISE 접근법이 더 우수함을 입중하였다.

4장에서는 DTP 맥락에서 읽기 교수를 지원하는 다양한 테크놀러지들을 설명하였다. 필자들은 여러 수준에서 텍스트를 분석하기 위한 컴퓨터 도구들이 어떻게 학생들과 교사들에게 풍부한 피드백을 제공할 수 있는지를 논의하였다. 이 피드백은 교사에 의한 맞춤형 교수를 보완하여, 읽기 지도를 위해 테크놀러지에 기반한 중재들을 안내할 수 있음을 보여 주었다. 이런 것들이 조화롭게 사용된다면, 이 모든 지원들은 학생들이 읽기 위해 배우는 것에서, 배우기 위해 읽는 것으로 전환하는 것을 도울 수 있다. 다음 도전은 7장에서 설명된 몰입 학습 환경 및 3장에서 Linn에 의해 개발된 시각화와 가상 실험 같은, 콘텐츠의 일상적 정신 모델 개발에서 학생들에게 도움을 제공하는 것이 될 것이다.

5장에서는 학생 반응에 기반한 튜터링뿐 아니라 학생들과 교사들 모두에게 진단 결과를 제공하는 웹 기반의 시스템, ASSISTments를 설명하였다. 교사들은 ASSISTments를 다양한 방법으로 사용할 수 있는데, 이는 분산된 DTP로서 학교 밖에서 부분적으로 학생 지도 기능을 제공하는 것도 포함한다. DTP는 교사들이 학생들의 사고를 끌어내고 그 사고의 질을 평가하는 것을 돕는 도구들을 제공한다. 교사들은 ASSISTments의 다양한 측면들을 수업 계획, 전달, 평가뿐 아니라 숙제 지원을 위해 사용할 수 있다. 이러한 유형들의 사용을 도시하는 사례 연구들은 이 장에서 자세히 설명되어 있고, 이는 DTP의 유연함과 교사 통제를 입증하고 있다. 전체적으로 ASSISTments를 통하여 이루어지는 유형의 교수를 위해서는 다른 수업 방식에 적용할 수 있는 능력이 뛰어난 DTP가 필요함을 알 수 있다.

6장에서는 교실 내 사용되는 연결성, 교과과정, 학생들과 교사들 간의 상호작용과 같은 DTP 구현의 세 가지 측면을 설명하고 있다. 필자들은 현대의 디지털 인프라 구조가 어떻게 풍부하게 사회적인 교실 내 의사소통이라는 새로운 형태를 지원할 수 있는지를 논하였다. 그들은 수학에서 깊이 있는 학습을 유도하기 위해 의미와 다양한 형태의 발표 유형을 사용하는 것이 풍성하고 지속적으로 학생들과 교사들 간 상호 작용을 만드는 것을 촉발시킬 수 있다고 주장한다.

SimCalc 수학세계와 관련된 과제들이 이 점들을 보여주기 위해 사용되었다. 그들은 DTP가 소프트웨어 지원과 고도로 적응적인 상호작용 교수를 가능하게 하는, 참여형 교과과정의 상승적 통합임을 보여 주었다. 이에 따라 DTP 없이는 가능하지 않았던 방법으로 각 학생이 아이디어들을 자세히 설명하고 도전할 수 있도록 한다는 것을 설명하였다. 전체적으로, 필자들은 DTP가 교사의 안내 아래 개인적, 참여적 학습을 통해 개별화를 지원할 수 있다고 받아들이고 있다.

개별화

7장은 몰입적 학습 환경에 대하여 묘사하고 있다. 저자는 진정한 맥락과 함께 하는 상황적 학습, 활동들, 그리고 전문가 모델링과 멘토링으로부터 안내와 함께 엮어진 평가와 같은 다수사용자 가상 환경들(MUVEs)이 어떻게 강력한 교수법에 의존하는 기술 집약적 교육 경험을 가능하게 하는지를 자세히 설명한다. 이 학습 유형은 교실 환경으로부터 현실 세계 성취로의 전환을 조성하는 데 있어서 중요하다. 만약 DTP의 교수과정에 더해진다면, 몰입적 환경은 학생들의 참여를 심화시키고, 맞춤화된 학습 경험을 가능하게 할 수 있으며 형성적이고 총괄적인 평가를 위한 자세하고 풍부한 피드백을 제공할 수 있다.

8장은 교실 평가의 교과과정 모니터링, 형성 평가나 내재적 평가, 진단 평가라는 세 가지 핵심 기능에 집중한다. 연구자들은 이들 기능들 각각을 지원하기 위해 DTP가 가져야만 하는 설계 요소들을 확인한다. 전체적으로, 그들의 작업은 DTP가 증대된 학습의 개인화를 조성할 수 있는 다양한 차원들의 풍부한 예들을 제공한다.

9장에서는 DTP 중심적인 형성 평가의 세 가지 특성을 묘사한다. 첫째, 교육자들에게 제공되는 정보는 현재 학습 목표에 연계되어야만 한다. 둘째, 정보는 적시에 전달되어서 교육자가 주어진 학생 또는 학생 그룹에 개입할 기회가 있어야 한다. 셋째, 정보는 교사 또는 학생에 의해 행해질 수 있도록 충분히 구체적이어야 한다. 또한 어떻게 상호작용 항목들이 문제를 풀어 가면서 학생들이 밟는 단계를 기록할 기회를 제공하는지 묘사한다. 요약하면, 이 장은 DTP를 통하여 이득을 볼 수 있는 다양한 형성 평가 전략들을 보여준다.

지금까지 요약된 모든 저자들에 의해 논의된 DTP의 다양한 측면들이 1장에서 자세히 설명된 21세기 교실의 8개 특징들과 어떻게 연관되는가? 전체적으로 이 특징들의 모든 측면은 위의 연구 팀들의 작업에 의해 하나 또는 다른 형태로 서술되었다. 콘텐츠, 교수법, 개별화가 DTP의 떠오르는 역량들에서 보증 마크로 부상하였다. 그렇지만 이 모든 기능들이 어떻게 규모 있게 통합되고 실행될 수 있는지 현실 세계 사례들이 제공 가능한가를 살펴볼 필요가 있다.

DTP 차원들의 합성과 통합

2장에서는 기술 집약적 교실들의 역사적 진화를 설명하고 있는데, 이는 지난 최근 10년간 점차적으로 성장하는 학생 한 명당 컴퓨터 한 대라는 교실 환경의 실행으로 귀결된다. 1:1 컴퓨터 사용에 성공한 학교와 그렇지 못한 학교들 간 핵심적 차이는 9개 실행 요인이라고 볼 수 있다. 성공하느냐 마느냐라는 이슈는 재정 문제가 아니며, 테크놀러지뿐 아니라 교육적 잠재력을 실현하는 방식으로 어떻게 이 인프라 구조를 관리하는 데 효과적일 수 있는지에 대한 지식의 부족임을 지적하였다.

이 장에서는 2차적 교육 변화를 위해 노력하는 것이 성공을 위해 필수적이라고 주장한다. 이는 강의 중심 교수법으로부터 1:1 접속이 가능하게 하는 다양한 유형의 능동적이고 협력적인 학습에 중점을 두는 완전히 개별화되고, 학생 중심적인 교수법으로 이동하는 것을 수반한다. 필자는 DTP가 어떻게 이런 교수의 비전을 이행하고, 성공을 위해 필수적인 9개 실행 요인을 포함하도록 구성되었는지 설명하였다. 시간이 감에 따라 그는 DTP를 1:1 컴퓨터 사용 교실의 미래 형태로 본다.

10장에서는 타임투노우 DTP가 1장에 나열된 모든 특징들을 실현한 방법들을 강조한다. 필자들은 타임투노우가 어떻게 포괄적 교과과정을 교사들이 학생들의 학습 경험을 맞춤화할 수 있게 하는 도구들을 제공하는 네트워크화된 인프라 구조로 통합하는지를 보여준다. 교육적 및 기술적 지원들 모두가 교사들에게 제공된다. 타임투노우의 주안점은 교수의 차별화에 있는데, 이 차별화는 교수 시스템으로부터 다양한 유형의 지원을 받는 학생들과 함께 동료들로부터 그리고 교사들로부터 제공된다. 각기 다른 유형의 내재된 평가가 형성적으로 그리고 총괄적으로 모두 타임투노우 시스템에 의해 제공된다.

이 독특한 1세대 DTP의 연구는, 11장에 묘사된 바와 같이, 상당한 희망을 보여 주었다. 텍사스에서 타임투노우 파일럿 테스트에 관련된 대부분의 교사들은 촉진자/안내자 교수법 모델에 따라 충실하게 교과과정을 실행하였는데, 그 결과는 타임투노우 전문성 개발 요소의 효과에 대한 찬사로 귀결되었다. 그들은 DTP가 교수의 차별화와 표준 교과과정보다 실제적인 현실 세계 이슈들에 콘텐트가 보다 많이 연관됨을 확인해 주었다. 교사들은 학생들과 개인적으로 더 많은 시간을 들여 작업할 수 있었음을 묘사하였다. 학생들은 표준 교과과정보다 타임투노우 DTP를 이용하여 학습했을 때 표준화된 시험에서 더 높이 성취하였다.

11장에서는 또한 타임투노우와 같은 DTP를 평가하는 데 연관된 도전들을 설명하였다. 각 학생이 차별화된 학습 경험을 얻기 때문에, 학생들이 집단적으로 받는 개입의 배합이 가장 강력한지 어떤지 판단하는 것은 매우 어렵다. 대조적으로, 학생들에게 "일률적으로 통일"된 교수가 주어지는 경우, 일부 변형들이 더 효과적일지 판단하는 측정상의 어려움에서 보자면 도전은 훨씬 쉽다. 그러나, DTP를 통하여 각 학생에게 제공하는 학습 경험의 맞춤화 없이, 가르치는 데 일원화된 모델이 더 낫다는 것은 있을 법하지 않은 말이다. 전체적으로 어떤 접근법이 좋은지에 대한 문제는 검증되지 않았으며, 학습 프로세스가 아주 복잡하고 다양한 경우에는 DTP를 보다 잘 이용하기 위한 다양한 방법을 찾는 것이 필요하다. 3장에서 논의된 WISE 개선은 타임투노우와 같은 DTP를 위해 이러한 유형의 개선이 어떻게 달성될 수 있는지 설명하고 있다.

DTP들의
2010 전미 교육용 테크놀러지 계획과의 관계

이 책은 미 교육부(2010)에서 발간된 전미 교육용 테크놀러지 계획(NETP:

National Educational Technology Plan)의 제안들과 유사하다. NETP의 처음 세 개 부분은 적절하게도, 기술이 아니라 학습, 평가, 교수에 중점을 둔다. 아래에서 우리는 DTP의 전망을 검토하기 위한 프레임워크로서 NETP의 이러한 주제들의 논의를 사용한다.

학습: 참여시키고 자율권을 부여하라

DTP는 학습에서의 사회적 구성주의자 학습 모델과 내재된 평가 및 연습을 결합시켰다. 그들의 태생적 개별화는 학생들이 자신들이 있는 곳에서 학습 자료를 접하고, 도전적 자료들을 통하여 학생들을 몰입시키도록 설계되었다. 이는 NETP의 주장과도 일치한다

몰입적이고 효과적인 학습 경험들은 특정한 학습자들을 위해 개별화되거나 또는 차별화될 수 있는데(그들의 학습 필요에 맞추기 위해 속도를 맞추거나 맞춤화된), 이는 속도를 맞추고, 맞춤화된 학습을 각 학습자의 관심과 사전 경험에 맞추기 위해 설계된 콘텐츠 또는 주제에서의 유연함과 결합시킨 것이다(pp.11-12).

또한 DTP 교실의 디지털 환경은 교실 외부의 네트워크에 연결된 멀티미디어 세상과 합치된다. 이는 모든 학습 경험들은 보편적 설계를 위한 3개 원칙들에 기반해야 한다는 NETP의 진술과 부합한다. 그 원칙들은 아래와 같다.

- 정보와 지식을 발표할 수 있는 다수의, 유연한 발표 방법들을 제공한다.

- 학생들이 학습한 것을 보여줄 수 있는 다수의 유연한 표현 수단들을 제공한다.
- 다양한 학습자들의 관심을 타진해 보고, 적절히 그들에게 도전하고, 그들을 배우도록 동기부여하기 위해 다수의 유연한 몰입 수단들을 제공한다(p. 19).

더 나아가, NETP는 "학습 과학으로부터 얻어진 설계 원칙들을 내재화하기 위해 기술을 사용하는 학습 자원들"을 요구하고 있다(USDE, p. 23). 이 책에서 논의된 바와 같이, DTP 개념은 학습 과학 실험실 및 교육구 실행권을 광범위하게 적용하기 위한 관련 연구조사로부터 구체화되고 있는 것이다.

평가: 중요한 것을 측정하라

NETP는 DTP의 강점들에 대해 직접적으로 얘기하는 21세기 평가에 관한 두 개 진술을 제공하였다.

멀티미디어, 상호작용, 네트워크와의 연결을 통해 우리가 중요하다고 믿고 인지적 연구에서 강조된 사고의 측면들인 능력들을 평가하는 것이 가능하다. 또한 시뮬레이션 환경에서 학습자에 의해 취해진 조치의 가시적 순서 만들기, 복잡한 추론 과제 모형 만들기, 그리고 사람들이 매일의 생활에서 염려하는 관련 있는 사회적 이슈와 문제들의 맥락 내에서 이 모든 것들을 수행하기와 같은 문제해결능력을 직접적으로 평가하는 것도 가능하다(p. 27).

책 전체를 통해 논의된 바와 같이, DTP는 정교한 개인 및 그룹 과제들에 대한 데이터를 모니터링하고 수집할 잠재력을 가지고 있으며 인프라 구조로 인하여 학습 과학의 발전이 포함될 수 있다. 뿐만 아니라, DTP들은 각각의 학생들에게 계속되는 형성 평가 및 학생, 교사, 관리자, 부모들에게 지속적인 보고를 제공할 수 있다. 이는 계획에서 제시되는 평가의 비전과 일치한다.

학생들이 온라인으로 공부할 때, 형성 평가를 위해 테크놀러지의 힘을 활용할 여러 기회들이 있다. 학습 활동들을 지원하는 동일한 테크놀러지가 평가를 위해 사용될 수 있는 학습 과정상에서 데이터를 모은다. ··· 학생들이 과제를 수행해 나가는 동안에 시스템은 그들의 입력을 획득하고 그들의 문제해결 순서들, 지식, 전략 사용의 증거를 수집할 수 있는데, 이는 각 학생들이 선택하거나 입력하는 정보, 그들이 시도하는 횟수, 주어진 힌트와 피드백의 수, 문제의 부분들에 걸친 시간 배분 등이 반영된 것이다(pp. 29-30).

그러므로 DTP에는 21세기 평가의 핵심 원칙들이 내재되어 있다고 말할 수 있다.

교수: 준비하고 연결하라

DTP의 강점 중 하나는 교실 내에서 교사를 지속적으로 지원할 수 있도록 설계되었다는 것이다. 너무 자주 최신 과학 기술 분야 전문가들은 디지털 솔루션에 의지하고 테크놀러지와 교과과정에서 "교사-배제"를 하려고 노력한다. 우리는 교사가 학생의 학습에 있어서 현재 가장 중요한 존재이며 앞으로도 그렇게 남을 것이라고 전망한다. DTP

는 교사가 수업을 준비하는 것을 돕고, 교과과정을 가르치고, 학급 관리를 돕고, 학생 성취의 계속적인 피드백을 지원하는 도구들을 제공한다.

DTP의 이러한 특징들은 NETP에서 발견되는 개별화를 위한 교수의 논의와 일치한다.

네트워크로 연결된 교수는 학습 개별화의 다양한 가능성을 제공한다. 과학, 역사, 그리고 다른 과목 영역에서 사용될 수 있는 시뮬레이션들과 모델들이 현재 온라인에서 이용 가능하며, 이는 학생들이 복잡한 모의 상황에서 탐구하고 의미를 구성하는 것을 권장하는 몰입적인 가상 및 증강 현실 환경을 포함한다(Dede, 2009). 학생들을 깊게 몰입시키기 위해서, 교육자들은 학생들의 목표와 관심에 대해 알고 학생들이 개인적으로 의미 있는 학습 경험 세트들을 계획하는 것을 도울 수 있는 학습 자원들과 시스템 지식을 가질 필요가 있다. 비록 학습을 개별화하기 위해 테크놀러지를 사용하는 것이 효과적인 교수를 가능하게 하더라도, 가르친다는 것은 근본적으로 사회적이며 감정적인 사업이다. 가장 효과적인 교육자들은 젊은이들이 개발 중인 사회적, 감정적 핵심을 다루는데(Ladson-Billings, 2009; Villegas and Lucas, 2002), 이는 창의성과 자기 표현을 위한 기회를 제공함으로써 가능하다.

테크놀러지는 여기에서도 역시 도움을 제공한다. 멀티미디어 프로젝트를 만들기 위한 디지털 저작 도구들과 세상과 이를 공유하기 위한 온라인 커뮤니티들은 학생들에게 교육자들, 급우들, 지역사회, 전 세계와 함께 사회적, 감정적 연결을 위한 출구를 제공한다. 교육자들은 학생들이 어떻게 하면 학교에 머무르도록 격려하기 위해 사용할 수 있는 정보들을 활용하여 학습 활동의 맥락 내에서 활용하도록 격려할 수 있고 무엇이 학생들을 동기부여하고 몰입하도록 하는지에 대한 통찰을 더 얻을 수 있다(pp. 41-42).

교사를 교수 과정의 중심에 두는 것과 보다 많은 교사들이 훌륭하게 되도록 만드는 도구들을 창조하는 것이 21세기 교육에 결정적인 학습과 성취 향상을 달성하기 위해 대단히 중요하다.

DTP 진화의 다음 단계들

DTP의 계속되는 진화와 효력은 NETP 계획에서 제안하는 관점에서 볼 때 거대한 도전의 수준에까지 이르렀다(NETP 참조, p.77). 우리 판단으로는, 거대한 도전들 중 하나는 DTP를 거대하게 활용하고 설계의 다양한 측면들을 검증하는 것이다. 이는 DTP로 하여금 내재된 평가들을 통해 모든 학습자들에게 학습을 최적화하는 난이도 수준들을 맞추고 도움이 제공되는 개인에게 맞추어진 학습 경험에 실시간으로 접근할 수 있는 기능을 제공하는 통합된 시스템이 되어야 함을 의미한다. 또한 공통적인 핵심 교육 콘텐트와 21세기 역량을 통합하는 교과과정으로서 DTP의 포괄적 성격을 다룰 것을 요구한다. 이에 더하여 DTP의 가장 도전적인 문제는 교사에게 오늘날의 종종 혼란스러운 교실 환경에서 계획, 교수, 관리에 실시간 지원을 제공하는 것일 것이다.

학교들이 직면하는 재정적 긴급사태로 인해 이 거대한 도전과 교육의 미래에서 DTP가 맡을 핵심적 역할의 중요성은 더욱 강조될 것이다. 우리는 사회의 필요를 충족시키는 데 있어 학교의 증가하는 비효과성뿐만 아니라 비록 분명히 좋은 이유이기는 하지만 현재의 교실 모델을 감당하지 못하는 상황이 늘어나는 것이 교육의 변화가 발생되는 더 큰 이유라고 믿는다. 지난 수년간의 사건들, 그리고 우리나라의 미래의 경제 예측들은 우리가 알고 있는바 학교의 재정적 타당성에 대해 암울한 그림을 그리고 있다. 그렇기 때문에 우리는 더 이상 비싼 노동력의 비효과적인 사용에 기반한 교육 시스템을 지원할 수 없다.

어떤 교육구들은 지금 교사당 45명 또는 심지어 60명의 학생이 있는 고등학교 교실로 옮겨가고 있다. 이러한 학급 구성에서 교사들을 도울 수 있는 DTP의 힘 없이는, 교육자들은 이러한 레벨들의 학생들과의 수업에서 성공할 수 없다. 이와 대조적으로 DTP를 사용하게 된다면 교육적인 효과성이 증대되어 사회로 하여금 이런 모델을 더 채용하도록 설득할 수 있는 지점까지 갈 수 있으며, 이로 인하여 기술의 힘과 가르침에 있어서 무엇으로도 대체할 수 없는 인간의 직관을 통합시키는 방향으로 자원을 투자하도록 할 수 있을 것이다.

참ㅣ고ㅣ문ㅣ헌

Dede, C. (2009). Immersive interfaces for engagement and learning. *Science, 323*(5910), 66–69.

Ladson-Billings, G. (2009). *The dreamkeepers: Successful teachers of African American children*. San Francisco: Wiley.

U.S. Department of Education, Office of Education Technology. (2010). *National education technology plan 2010: Transforming American education: Learning powered by technology*. Washington, DC: U.S. Government Printing Office.

Villegas, A. M., & Lucas, T. (2002). Preparing culturally responsive teachers. *Journal of Teacher Education, 53*(1), 20–32.

편저자 및 기고자 소개

Chris Dede, EdD

하버드 교육대학원 학습 테크놀러지(Learning Technology) 전공의 Timothy E. Wirth 석좌교수

Dede는 최신 테크놀러지, 정책, 리더십 등이 주된 연구 분야이다. 그는 미국 과학 재단(National Science Foundation)으로부터 4개의 과제를 수주하고 미국 교육부 산하 학습과학교사 양성협회(U.S. Department of Education Institute of Education Sciences)의 연구기금을 후원받았는데 이를 통하여 학습자 참여, 학습 및 평가의 도구로서 몰입형 시뮬레이션과 변환된 사회적 상호작용에 관해 연구해왔다. 2007년에는 하버드 대학의 우수 교수로 선정된 바 있으며, 2011년에는 미국 교육연구협회(American Educational Research Association)의 펠로우에 선정되었다. Dede는 교육심리평가 재단의 국가 과학학술위원회 회원으로 활동하였고, 2010년에는 국가 교육용 테크놀러지 계획 수립의 기술 부문 작업 그룹의 일원으로 활동한 바 있다. 그는 자문위원단 및 미국 공영방송인 PBS TecherLine, 21세기 역량(21st Century Skills) 위원회의 회원으로 활동하였으며, 피츠버그 대학의 피츠버그 학습과학센터 등의 자문위원으

로 활동하였다. 그는 『Scaling Up Success(성공의 크기를 키워라: 테크놀러지 기반 교육을 통한 진보로부터 배울 수 있는 것들)』(2005)과 『Online Professional Development for Teachers(온라인을 통한 교사 전문성 개발: 새로운 모델과 방법들)』(2006)을 공동 편집하였다.

John Richards, PhD.
교육 상담 서비스 주식회사(CS4Ed)의 설립자이자 대표
하버드 교육대학원 겸임교수

Richards는 교육, 공학 그리고 미디어 시니어 대표로 사업 개발, 전략 수립, 시장조사, 대중의 주목을 받을 만한 양질의 상품 개발과 론칭에 대한 방대한 경험을 가지고 있다. CS4Ed(www.cs4ed.com)는 출판사, 개발자, 교육 기구들과 협력하여 빠르게 변화하는 교육 시장에 맞춘 사업 계획 프로세스, 학교의 상품과 서비스에 대한 펀드 확보, 상품과 서비스의 개발, 평가, 정제 과정에 관여한다. Richards는 JASON 교육 기금, Turner 방송사의 교육용 자회사인 Turner Learning, BBN 시스템과 테크놀러지사의 교육용 테크놀러지를 포함한 몇몇 기업에서 시니어 대표 수준의 지위를 역임한 바 있다. 또한 NECC, 교실의 케이블, 소프트웨어 정보 산업 연합(SIIA)의 위원단으로 봉사하였다. John의 프로젝트는 Golden Lamp상과 CODIE상, 에이미상 등 다양한 상을 수상한 실적이 있다. 그는 국제적으로 미디어와 테크놀러지를 교육적 필요에 융합시키는 분야에서 선구자로 주목받고 있으며 조지아 대학과 MIT 대학에서 수학한 바 있다. Richards는 기조연설자로 주목받았으며 3권의 책과 80편 이상의 기사를 저술하거나 편집하였고, 1,000권 이상의 교육 출판물을 출간하는 책임을 맡고 있다.

Becky Bordelon, MEd.

타임투노우사(Time To Know Inc.)의 교수와 학습 부문 총괄

Bordelon은 25년 경력의 공립학교 교사로 재직하였고, 캠퍼스와 학구 관리자로 활동하였다. Bordelon은 1학년부터 9학년까지 가르쳤으며, 5개의 주에서 재직한 경력과 6개의 주에서 교사직 및 관리직에 대한 자격증을 가지고 있다. Bordelon은 타임투노우에 입사하기 전에 온라인 테크놀러지 산업에 14년간 종사한 바 있다.

Jere Confrey, PhD.

노스 케롤라이나 주립대학에서 수학교육 전공(지도교수: Joseph D. Moore)

교육 혁신과 확장을 위한 윌리엄과 아이다 금요일 협회(William and Ida Friday Institute for Educational Innovation and extension)의 시니어 연구원으로 활동하였다. Confrey는 일반적이고 핵심적인 주 단위의 표준 수립을 위한 타당성 검토 위원회의 일원이었고, 국가 수학교사 협의회의 연구위원회 회원으로 활동한 바 있다.

Michele Bennett Decoteau

인증받은 작가이자 편집자

Michele은 전공 분야는 과학, 교육, 환경 문제 등으로 플로리다 주립대학과 매사추세추 대학에서 신경과학과 행동에 대해 연구 했다.

Arthur C. Graesser, PhD.

멤피스 대학 지능 시스템 협회의 공동 책임자
멤피스 대학 심리학과 교수

그는 '교육심리학 저널(Journal of Educational Psychology)'(2009~2014)의 편집자이며, 그 이전에는 '담화 과정(Discouse Processes)'(1996~2005)의 편집자로 일했다. 그는 12권이 넘는 책(『Handbook of Discourse Processes』를 포함하여)을 집필했고, 오토튜터, 코메트릭스, ARIES 조작, 질문 이해 수단(Question Understanding Aid), QUEST, Point&Query 등을 포함한 학습, 언어, 담화 테크놀러지에 관한 지능형 소프트웨어를 개발하였다.

Thomas Greaves

The Greaves Group의 설립자
NetSchools의 공동 설립자

Greaves는 학생의 컴퓨팅에 관한 연구와 관계있는 특허를 다수 보유하고 있다. 그는 소프트웨어 정보산업협회(SIIA)의 모바일 컴퓨팅 경향 보고서의 편집자이다. Greaves의 대표적인 연구는 2006년과 2008년의 미국 디지털 학교 연구로, 1:1 컴퓨팅 기기와 적용에 관한 광범위한 내용을 다루고 있다.

Cristina L. Heffernan, MA.

ASSISTments의 공동 설립자
Worcester Polytechnic Institute의 수석교사

Heffernan은 공립학교와 사립학교에서 가르친 경력이 있으며, 보스턴의 연합수학 프로젝트 커리큘럼에서 교사들을 가르쳤다.

Neil T. Heffernan, PhD.

ASSISTments의 책임자이며, 부교수
Worcester Polyttechnic Institute의 학습과학과 테크놀러지 PhD 프로그램의 공동 책임자

Heffernan은 학습과학과 테크놀러지 분야에 대한 24개 이상의 상호 심사 저널을 출판하였다.

Stephen J. Hegedus, PhD.

STEM 교육 혁신과 연구와 관련된 James J. Kaput 센터의 책임자
매사추세츠 다트머스 대학(University of Massachusetts Dartmouth) 교수

Hegedus는 NSF 또는 미국 교육부의 IES로부터 재정지원을 받는 프로젝트의 PI 또는 공동 PI이기도 하다. 그는 2009년에 명망 있는 유매스 다트머스 장학금을 수여한 바 있다.

Marcia C. Linn, PhD.

버클리 대학 교육대학원 교수

Linn은 수학, 과학, 공학 교육 관련 인지와 발달 관련 강의를 담당하고 있다. 또한 AAAS 교육 섹션에서 좌장으로 활동한 바 있으며 학습과학에 대한 국제 사회의 대표이기도 하다. 그녀는 NSF로부터 재정지원을 받는 테크놀러지 기반 학습과학센터(Technology-enhanced Learning in Science: TELS)의 책임자이다.

Alan Maloney, PhD.

노스 캐롤라이나 주립대학의 교육 혁신과 확장을 위한 윌리엄과 아이다 금요일 협회(William and Ida Friday Institute for Educational Innovation and extension)의 연구원

그는 Graphs N Glyphs와 Fuction Probe를 비롯하여 수학교육의 소프트웨어를 공동 설계하였다. 그는 노스 캐롤라이나 주립대학의 DELTA와 LPPSync 프로젝트의 리서치 코디네이터로 활동하고 있다.

Danielle S. McNamara, PhD.

멤피스 대학의 인지 프로그램과 지능 시스템 협회의 회원

McNamara는 교육과학연구원, 국가과학재단(National Science Foundation), 국립건강협회(National Institute of Health)로부터 재정지원을 받아 연구하고 있다.

Matthew Militello, MEd, PhD.

노스 캐롤라이나 주립대학의 리더십, 정책, 평생교육 관련 학과의 조교수

Militello는 『탐구와 활동을 통하여 이끌다』(2009)와 『법을 가르치는 법』(2010)을 공동 집필했다. 그는 NSF(GK-12)의 평가위원으로 지능형 튜터링 시스템 사용 전문가로 인정받고 있다.

Saul Rockman

샌프란시스코에 본사가 있는 Rockman et al.의 대표

이 회사는 독립적인 평가와 연구, 컨설팅을 수행한다. 현재 20년의 역사를 지니고 있으며 형식적 교육으로서 유·초·중등학교와 성인교육 및 비형식적 교육 프로젝트에 대해서도 상당한 수요층을 확보하고 있다.

Jeremy Roschelle, PhD.

SRI의 테크놀러지와 학습 센터 책임자

Roschelle는 텍사스 인스트루먼츠, 애플, 스콜라스틱과 같은 교육에서의 혁신적 테크놀러지 적용에 관여하는 회사들을 컨설팅해주는 일을 하고 있다. 그는 5개의 선도적 저널의 편집국에서 활동하고 있다.

Michael Russell, PhD.

린치 사범대학의 조교수이며, 님블 이노베이션 연구실의 책임자
Measured Progress의 부대표

Russell은 컴퓨터 기반 검사와 전달시스템, 그리고 다양한 주 단위의 검사 프로그램을 개발하였다. 그는 '테크놀러지, 학습, 평가 저널(Journal of Technology, Learning and Assessment)'의 창립자이면서 편집국장이다. 또한 검사, 평가, 교육정책 센터(CSTEEP)에 소속되어 있다.

Brianna Scott, PhD.

Rockman et al.의 시니어 연구원

Scott은 REA팀에 합류하기 전에 전미대학경기협회(NCAA: National Collegiate Athletic Association)에서 재직하며, 방대한 분야의 연구 프로젝트를 관리하였고, 국가정책에 기여하기 위한 운동선수의 대학에서의 학문적 수행에 대한 높은 수준의 통계 모델링을 수행하였다.

Joseph Walters, EdD.

교육 컨설팅 서비스 주식회사의 대표 연구자

Walters는 리버딥, 러닝 컴퍼니의 평가와 측정 책임자를 역임하였고, TERC의 시니어 과학자로 재직하였으며 하버드 교육대학원의 프로젝트 제로에서 활동한 바 있다. 그는 50개 이상의 제안서를 작성하였고, 20개의 재정지원을 받는 연구를 수행하고 프로젝트를 개발하였다.

Dovi Weiss, MEd, MBA, PhD 후보생.

타임투노우 주식회사의 공동 설립자이자 최고 교육학 책임자

Weiss는 e-이노베이트의 CEO와 SIT 주식회사의 최신 테크놀러지 혁신부장을 역임하였으며, 오닉스 인터랙티브에서 상호작용적 훈련과 학습부장을 역임하기도 하였다. 2010년에는 교육분야에서 영향력 있는 이스라엘인 50인에 선정되기도 하였다.

찾아보기

기타

역자 약력

송기상
한국교원대학교 컴퓨터교육과 교수
미국 워싱턴대학(University of Washington) 박사
World Bank, UNESCO, KERIS, KOICA 등 ICT 기반 교육 분야 전문가
주 연구 분야: 뇌기반 학습과학, 스마트 교육 및 지능형교수시스템 등
저서 및 번역서: 모바일학습의 탐구, 신경과학 연구로의 초대, 컴퓨터의 이해와 활용 등
_kssong@knue.ac.kr

채창환
네모파트너즈 공공 부문 부대표(Managing Partner)
서울대학교 경영학과
미국 위스콘신대학 법학박사/경영학석사(벤처경영 전공)
(University of Wisconsin in Madison − Law School (Doctor of Law), MBA in Entrepreneurship)
전 삼성, 웅진그룹 등 근무 (신규사업, 해외사업 담당)
전 이스라엘 타임 투 노우(Time To Know)사 한국대표
_ottochae@gmail.com

김순화
대전교육과학연구원 교사
한국교원대학교 교육학 박사
전국교육정보화연구대회 교육부장관상 수상
여성공학기술인양성사업 최우수상 수상
_soona6570@edurang.net

Digital Teaching Platforms

스마트 교육을 위한
디지털 티칭 플랫폼

발행일 2015년 3월 16일 초판 발행
편저 Chris Dede, John Richards | **옮김** 송기상, 채창환, 김순화
발행인 홍진기 | **발행처** 아카데미프레스 | **주소** 413-756 경기도 파주시 문발동 출판정보산업단지 507-9
전화 031-947-7389 | **팩스** 031-947-7698 | **이메일** info@academypress.co.kr
웹사이트 www.academypress.co.kr | **출판등록** 2003. 6. 18 제406-2011-000131호

ISBN 978-89-97544-62-2 93370

값 18,000원